Über die Autorin:
Lilli Gruber, geboren 1957 in Bozen, ist eine der bekanntesten italienischen Journalistinnen und Moderatorinnen. Nach Stationen u. a. bei *La Stampa* und *Corriere della Sera* moderierte sie als erste Frau die Hauptnachrichtensendung und war auch für das deutsche Fernsehen tätig. Von 2004 bis 2009 war sie Abgeordnete im Europäischen Parlament, wo sie gegen Berlusconi Partei ergriff. Derzeit leitet sie eine Sendung auf *LA7,* in der sie aktuelle Nachrichten kommentiert. Die Bestsellerautorin hat sich weit über Italien hinaus einen Namen gemacht. Dort stand *Das Erbe* mehrere Monate auf Platz 1.

Lilli Gruber

Das Erbe

Die Geschichte meiner Südtiroler Familie

Aus dem Italienischen
von Franziska Kristen

Die italienische Originalausgabe erschien 2012 unter dem Titel »Eredità«
bei Rizzoli, Mailand.

Besuchen Sie uns im Internet:
www.droemer.de

© 2012 RCS Libri S.p.A., Milano
© 2013 der deutschsprachigen Ausgabe Droemer Verlag
Ein Imprint der Verlagsgruppe
Droemer Knaur GmbH & Co. KG, München
Alle Rechte vorbehalten. Das Werk darf – auch teilweise –
nur mit Genehmigung des Verlags wiedergegeben werden.
Covergestaltung: Network! Werbeagentur, München, nach einem
Entwurf von Francesca Leoneschi (Images Art Director) / Emilio Ignozza /
theWorldofDOT (Graphic Design)
Coverabbildung: © Valentina Sani / Trevillion Images
Landkarten und Stammbaum: Computerkartographie Carrle
Alle Fotos: Privatarchiv Lilli Gruber
Satz: Adobe InDesign im Verlag
Druck und Bindung: CPI books GmbH, Leck
ISBN 978-3-426-30072-5

Inhalt

Für meine Familie,
ihre großartigen Frauen und besonderen Männer:
Herlinde und Micki, Alfred und Winfried.
You are so nice to come home to.

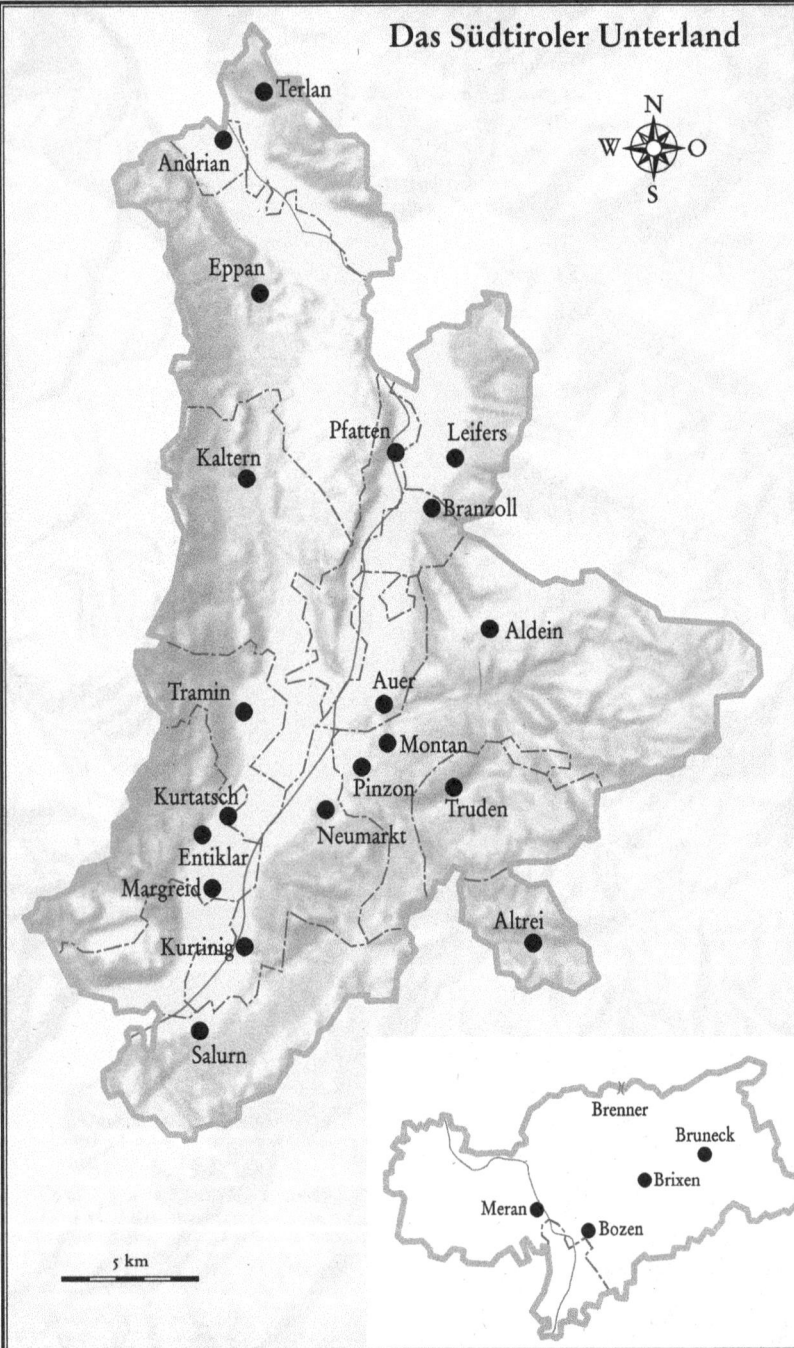

Das Südtiroler Unterland

N
W ✦ O
S

Terlan

Andrian

Eppan

Kaltern

Pfatten   Leifers

Branzoll

Aldein

Tramin   Auer

Montan

Kurtatsch   Pinzon

Truden

Entiklar   Neumarkt

Margreid

Kurtinig

Altrei

Salurn

5 km

Brenner

Bruneck

Brixen

Meran

Bozen

Vorbemerkung

Das Schreiben dieses Buches hat über zwei Jahre dokumentarischer Arbeit erfordert. Die geschilderten historischen Ereignisse sind tatsächlich geschehen, die Personen hat es gegeben. Einige Teile der Handlung, Situationen und Dialoge sind jedoch das Werk der Fantasie. Dabei habe ich mich strikt auf die von meiner Familie zur Verfügung gestellten Informationen, auf das Tagebuch, die Briefe und schriftlichen Zeugnisse, auf Bücher zur Lokalgeschichte und Archivunterlagen gestützt und so einige Begebenheiten erzählerisch rekonstruiert.

In der Zeit, in der diese Geschichte beginnt, gehörte Südtirol seit Menschengedenken zum Kaiserreich Österreich-Ungarn, und alle Ortschaften hatten deutsche Namen. Als Südtirol an Italien fiel, wechselte die Sprache. Und während die Autorin im italienischen Original die üblichen italienischen Bezeichnungen verwendet hat, werden in der deutschen Übersetzung, trotz des historischen sprachlichen Bruchs, fast durchgehend die deutschen Entsprechungen verwendet, auch wegen der Lesefreundlichkeit, auf die es der Autorin im italienischen Original ankam. Nur an manchen Stellen, insbesondere in Zitaten von Zeitungsartikeln oder amtlichen Schreiben aus der Zeit des faschistischen Regimes, tauchen die italienischen Namen auf. Unter Mussolini war die Sprache und Kultur der deutschen Minderheit unterdrückt und die Verwendung der deutschen Ortsnamen im öffentlichen Diskurs verboten. Im Anhang sind die im Text vorkommenden deutschen Ortsbezeichnungen mit ihren italienischen Entsprechungen aufgeführt.

Dieses Buch ist eine Hommage an Rosa, die sich wie so viele nie wirklich italienisch gefühlt hat.

Dreifach ist der Schritt der Zeit:
zögernd kommt die Zukunft hergezogen,
pfeilschnell ist das Jetzt entflohen,
ewig still steht die Vergangenheit.

Motto des Tagebuchs von Rosa Tiefenthaler,
zitiert nach Friedrich von Schiller,
Sprüche des Konfuzius.

Der Riss

Rosa ist es schwer ums Herz. Sie sitzt im Wohnzimmer ihres großen Hauses und starrt auf die holzvertäfelte Wand. Am Ende ist die Katastrophe eingetroffen.

Mit aufrechter Haltung, in ihrem grauen, hochgeschlossenen Kleid, schlägt sie auf dem Schreibtisch vor sich das in braunes Leder gebundene Tagebuch auf, dem sie ihre Gedanken anvertraut. Sie greift nach einer Feder und taucht diese in die schwarze Tinte. Ihre Handschrift, alte deutsche Kurrentschrift, ist sauber und leicht geneigt. Sie beginnt, eine weitere Episode ihrer Geschichte zu erzählen, für Nachkommen, denen sie niemals begegnen wird.

Zuallererst schreibt sie den Namen des Ortes nieder, an dem sie sich befindet: »Pinzon.« Sie hat dieses kleine Dorf in Südtirol, abgesehen von kurzen Reisen, nie verlassen. Hier hat sie vor sechzehn Jahren begonnen, Tagebuch zu führen. Hier, auf den Höhen über der Etsch, hat sie ihre Wurzeln. Zwischen Weinbergen, Apfelhainen und den großen Bäumen, die die Gebirgshänge mit sattem Grün überziehen.

Sie fügt das Datum hinzu: »November 1918.«. Rosa braucht nicht genauer zu werden. Für sie bedeutet der gesamte Monat Unglück: Er hat die Niederlage gebracht und einen schmerzlichen Riss. Und er kündet von neuen Tragödien. Rosa weiß, dass ihre Welt zusammengebrochen ist, dass ihr Leben nie mehr so sein wird wie zuvor. Dass ihre Familie, ihre Gemeinschaft, ihre Identität in Gefahr sind.

Rosa, diese 41-jährige Frau, hat ein offenes, gütiges Gesicht, in dem zwei blaue Augen leuchten. Sie hat hohe Wangenknochen, eine ebenmäßige Nase und wohlgeformte Lippen. Um die Schultern geschlungen trägt sie einen schwarzen

Schal zum Schutz gegen die Kälte. Der Winter droht streng zu werden, und es fehlt an Holz, um den großen weißen Kachelofen zu beheizen, der gut sichtbar in einer Ecke der Stube thront, jenem mit Tannenholz vertäfelten, einzig der Familie und engen Verwandten vorbehaltenen Raum.

Sie beginnt zu schreiben: »*Die aufregendsten Tage, die je der Krieg mit sich führte, sind angerückt.*« Hin und wieder hält sie inne, um zu lauschen. Ihre Jüngste, Helene, genannt Hella, die im Mai ihr zweites Lebensjahr vollendet hat, ist eingeschlummert, und Rosa wacht über ihren ruhigen Schlaf. Für dieses Mädchen wird das Leben vollkommen anders sein, sie wird in einer Welt aufwachsen, die ihre Mutter nicht kennt und die sie sich noch nicht vorzustellen vermag. Ob Hella wohl jemals glücklich sein wird?

Es wurde Waffenstillstand mit dem italienischen Heere vereinbart, doch die Italiener nahmen selben erst 14 Tage später an, somit konnten sie ohne Anstrengung über die Grenzen schreiten. Die große Hungersnot, der Verrat, das Elend im Hinterland, die vielen Nationen in Österreich, sie sahen sich verloren; der schreckliche Zusammenbruch kam. Es rette, was sich retten kann. Am Allerseelentage sah es aus, als riefe die Posaune die Toten und Lebenden zum jüngsten Gericht. Der Rückzug ist nicht zu beschreiben, wer sich die Wirklichkeit mit eigenen Augen ansehen konnte, der hat sich das Bild ins Herz gedrückt. Ungarn und Tschechen nahmen in netter Linie Reißaus, plünderten die Lebensmittelmagazine, steckten Dörfer und Städte in Brand, töteten, wer ihnen nahen wollte, raubten den Besitzern Pferd und Wagen um rascher heim zu gelangen, oder verkauften es, um sich große Beute zu gewinnen.

Die Italienischen Soldaten kommen bald nach, was einerseits zum Glücke war.

Was Mensch und Tiere schleppen konnten, wurde schleu-

nigst aus dem Bahn-Magazine weggeschafft, jeder dachte nur mehr an sich allein, der Schwur an Gott, Kaiser und Vaterland hat sich gelöst.

Die Ereignisse im November 1918 beenden eine schwierige Phase im Leben von Rosa Rizzolli, geborene Tiefenthaler. Der Krieg in Europa, der soeben mit der Niederlage der österreichisch-ungarischen Monarchie und des wilhelminischen Deutschlands zu Ende gegangen ist, hat das Leben in dem Haus in Pinzon lange Zeit geprägt. Dieses beschauliche Dörfchen war seit Beginn der feindlichen Auseinandersetzungen dazu bestimmt, ein Kommando des österreichischen Heeres zu beherbergen. Weiter oben am Berghang hatten russische Gefangene einen Eisenbahnabschnitt gebaut, um die Versorgung der Front zu sichern. Und das große Haus von Rosa und ihrem Ehemann Jakob, das schönste Heim in ganz Pinzon, wurde beschlagnahmt. Offiziere zogen ein, und in die zugehörigen Gebäude, den Stall und das Lagerhaus, quartierten sich Soldaten ein. Jakob wurde einberufen und im rund zwanzig Kilometer nördlich gelegenen Bozen stationiert, gottlob weitab vom Kampfgebiet. So musste Rosa allein den Unwägbarkeiten des Krieges trotzen. In diesen stürmischen Zeiten hat sie die vier älteren Schwestern der kleinen Hella – Elisabeth, Auguste, Maria und Berta – und deren Bruder Josef, den einzigen, kostbaren männlichen Erben der Familie, aufziehen müssen. Auch Rosas Schwester Luise mangelte es nicht an Sorgen: Ihr ältester Sohn Hans, Erbe des weitläufigen Familienbesitzes, ist soeben verletzt von der Front heimgekehrt.

Rosa schlägt ihr Tagebuch, in das sie seit über vier Monaten nichts mehr geschrieben hat, wenige Tage nach jenem Ereignis auf, mit dem sich das Schicksal einer Region, seiner Bewohner und ganz Europas radikal verändern wird. Am Nachmittag des 10. Novembers 1918 hat ein Militärfahrzeug der italienischen Armee im Zentrum des Dorfes Brenner geparkt, auf dem Pass, der zur neuen Grenze des Königreichs Italien werden soll. Ein General ist mit seinen Offizieren ausgestiegen, um voller Genugtuung dem Rückzug der österreichischen und ungarischen Soldaten beizuwohnen. Die Truppen fliehen bereits seit Tagen, sie haben darum gekämpft, die Herrschaft des Habsburger-Reiches über Istrien, das Trentino und Tirol zu wahren. Aber sie wurden geschlagen. Am 3. November ist der Waffenstillstand in der Villa Giusti, unweit von Padua, unterzeichnet worden. Infolge dieses Abkommens muss Kaiser Karl I. auch auf Südtirol verzichten. Ein Land, das für Rosa Heimat bedeutet. Eine Gegend, deren Bewohner Deutsch sprechen und die durch eine jahrhundertealte gemeinsame Geschichte und Kultur mit dem Habsburger-Reich verbunden ist.

In den Tagen nach der Ankunft der Italiener am Brenner wird quer über die Hauptstraße, zwischen Italien und Österreich, eine Grenze aus Holz errichtet. Anfangs ist es nur ein einfaches Wachhäuschen, das man in den Nationalfarben Weiß, Rot und Grün lackiert hat. Später wird man einen richtigen Grenzposten schaffen, um dem Land das Zeichen eines historischen Risses aufzuprägen. Diese Teilung wird durch den im September 1919 unterzeichneten Staatsvertrag von Saint-Germain-en-Laye besiegelt. Mit einem Federstrich sind die Menschen, die seit Generationen hier leben, einem anderen Reich unterworfen.

Rosa erhebt sich kurz, um eine Lampe anzuzünden, und schaut hinaus auf das Etschtal. Die Ländereien, die sanft zum Fluss hin abfallen, gehören ihr. Wenn sie den Blick nach rechts wandern lässt, sieht sie die gewaltigen Ausläufer der Dolomiten, die Bozen beherrschen. Der Brennerpass, wo das Drama wenige Tage zuvor zu Ende ging, liegt nur ein wenig weiter nördlich. Sie schreibt:

Zerrissen ist Österreich, geteilt unser liebes, gutes Tiroler-
land, wir arme Südtiroler sind nun unter die Gewalt der
welschen Faust geraten. Doch wir hoffen und dulden noch
weiter, nicht lange wollten wir dieser Nation angehören,
unser Herz und Sinn bleibt ewig Deutsch.

Rosa schließt das Tagebuch und lauscht in die Stille der
Nacht. Mit dem Ende der Kämpfe ist in Pinzon wieder
Ruhe eingekehrt. Die österreichischen Offiziere haben das
Haus bereits verlassen, die Soldaten ihre Lager abgerissen.
Bald werden die *Welschen* kommen – so nennt man hier die
Italiener. Die Arbeiten zum Bau der Eisenbahn sind unter-
brochen. Und die Kanonen, deren gewaltige Schläge so oft
und so furchterregend durch das Tal donnerten, wie kein
Gewitter es je vermocht hätte, schweigen nun.
Sie durchquert die Eingangshalle und geht auf ihr Zimmer.
Vor dem großen Kruzifix an der Wand kniet sie nieder. Sie
wendet sich an jenen Christus, der sie seit ihrer Kindheit
geleitet hat. In Tirol hat sich eine ganz eigene Form der
Herz-Jesu-Verehrung bewahrt, und Rosa lebt ihren Glauben mit Hingabe und Strenge. Sie weiß, dass sie an diesem
Abend, noch bevor die Geschichte ihren neuen Lauf neh-
men wird, mehr denn je des göttlichen Beistandes bedarf.
Doch bevor sie Jesus um Hilfe bittet, will sie ihm danken.
In einem Konflikt, dem Millionen von Menschen zum Opfer
gefallen sind, hat er das Leben ihres Mannes Jakob verschont.
Bald wird ihr innigst geliebter Gemahl heimkehren und sie sei-
ne beruhigende Gegenwart im Ehebett spüren, in dem sie sich
nun niederlegt. Gott hat auch ihre Kinder verschont, während
Hunger und Krankheiten ganze Familien dahingerafft haben.
Und er hat ihre Besitztümer bewahrt, während ringsum die
Vernichtung hereingebrochen ist und so viele Häuser nieder-
gebrannt, geplündert und zerstört worden sind.

Rosa ist meine Urgroßmutter. Ich habe sie nie kennengelernt, sie ist 1940 verstorben. Sie kam 1877 in einer Zeit zur Welt, die so vollkommen anders war als die meine. Als ich ihr Tagebuch fand, das eine Verwandte sorgfältig aufbewahrt hatte, und zu lesen begann, kam mir ihre Stimme sofort vertraut vor. Sie sprach von sich, von Freud und Leid. Aber auch von mir und meinen Wurzeln.

Natürlich war Rosa für mich, auch bevor ich jene Seiten gelesen hatte, keine Unbekannte. Im Gegenteil. Meine Mutter und meine Großmutter Elsa haben mir oft von ihr erzählt. Diese fast schon legendäre Gestalt tauchte in jeder Anekdote in unterschiedlicher Schattierung auf: die sanfte Mutter, die liebevolle Großmutter und die unabhängige, gebildete Grundbesitzerin. Die Wohltäterin mit dem großen Herzen und die starke, um jeden Preis auf das Wohl der Familie bedachte Frau. Eine charismatische, für damalige Verhältnisse ungewöhnliche Person. Eine Siegerin in einer Zeit, in der ihr Heimatland bittere historische Niederlagen einstecken musste.

Außerdem war Rosa schön. Ihr Gesicht sticht auf den Fotos hervor, und während meiner Kindheit hat sie mich stets ein wenig nachsichtig und ein wenig streng aus ihrem Porträt in der Eingangshalle des Hauses in Pinzon heraus angeschaut.

Vielleicht habe ich mich deshalb immer so für diese Gestalt interessiert, vielleicht aber auch, weil meine Mutter Herlinde – ihre Lieblingsenkelin und einziges Mädchen ihrer ältesten Tochter Elisabeth, genannt Elsa – sie mir stets als eine ganz besondere Person beschrieben hat. Ich habe gespürt, dass ich ihrer Geschichte, die gleichzeitig die stürmische Geschichte jener Gegend ist, in der ich aufgewachsen bin, eine Stimme verleihen muss. Heute nenne auch ich diese Gegend meine Heimat.

Jahrelang habe ich mir vorgenommen, mich in einem Buch mit Südtirol auseinanderzusetzen. Ich bin viel gereist und habe mit meiner Arbeit versucht, über die Welt zu berichten: über den Mittleren Osten, seine Spannungen und Reichtümer, über Europa, seine Unruhen und Hoffnungen, über Amerika, seinen Glanz und die Widersprüche. Aber über den Boden, von dem ich stamme, habe ich nie gesprochen.

Als junge Frau war ich oft unduldsam gegenüber den Traditionen und jener patriotischen Rhetorik, die in Südtirol leicht in einen unverhohlenen Nationalismus münden kann. Zu meiner Entschuldigung muss ich sagen, dass ich als kleines Südtiroler Mädchen mit Geschichte regelrecht überschüttet wurde. Und nicht nur damit. In der Schule und im öffentlichen Diskurs war ständig von unserer besonderen Kultur, dem Andenken, der Heimat die Rede. Zu Hause bei meinen Eltern war das zum Glück anders: Sie haben immer darauf Wert gelegt, dass wir unsere Wurzeln kennen, aber als Ausgangspunkt, um anderen Völkern zu begegnen und um Grenzen zu überwinden. »Ihr müsst wissen, woher ihr kommt, um fortgehen zu können«, erklärten sie. In den 1970er Jahren, jenem Jahrzehnt der Ideologien, Revolutionen und des Verdrängens, war die fest durch eine kulturelle Identität verankerte Offenheit gegenüber der Welt ein ungewöhnliches, wertvolles Anliegen. So spielte ich Mozart auf dem Klavier und hörte die Schallplatten der Rolling Stones. Allerdings bin ich im ständigen Dialog mit einer Vergangenheit aufgewachsen, die nicht vergehen wollte. Das fing mit den Kleinigkeiten des Alltags an. Meine Großmutter Elsa weigerte sich ihr Leben lang entschieden, Italienisch zu lernen, da für sie Südtirol ganz einfach deutsch war. In ihrem Haus fanden sich neben der geschichtsträchtigen Tageszeitung »Dolomiten« nur deutsche und österreichische Bücher, Zeitungen und Zeitschriften. Die Küche war österreich-ungarisch geprägt, es gab oft Braten mit Preiselbeeren und alle

Arten von Knödeln. Bei uns aß man keine Cannoli und keinen Baba, sondern Strudel und Sachertorte. Butter statt Olivenöl.

Außerdem gab es da diese kleinen Bilder in der Küche, die in einer Reihe über der Holzvertäfelung hingen und die für mich als Kind eine Quelle permanenter Neugierde und Beunruhigung darstellten. Sie zeigten zerlumpte Flüchtlinge, Szenen von Elend und Gewalt. Auf einem, das ich nie vergessen werde, war eine Frau mit einem Bauernkopftuch zu sehen, ein Kind an der Hand und einen Alten im Schlepptau, die ein schweres Bündel auf ihrem gebeugten Rücken trug. Die klassische Ikonographie der Vertreibung: der Mann an der Front, die Frau auf der Flucht vor den Kämpfen, auf den Schultern ein ganzes Leben. »Das ist der Krieg«, sagte meine Großmutter. »Denk immer daran, er bedeutet nur Hunger, Angst und Elend.«

Als Korrespondentin war ich dazu bestimmt, mehr als einen Krieg zu sehen. Meine Großmutter hatte zwei erlebt. Und in gewisser Weise hat der eine sie davor »bewahrt«, ihrer Heimat für immer Lebewohl zu sagen. Im Jahr 1939, mit der sogenannten »Option«, war sie Gefahr gelaufen, ihr Haus und all ihre Güter verlassen zu müssen. Eine gewaltige, von Hitler und Mussolini gesteuerte, kollektive Tragödie.

Rosas Tagebuch beginnt 1902 und bricht Weihnachten 1939 ab. Schmerzliche Jahre nicht nur für Südtirol. Krisen und nationalistische Spannungen, die den Beginn eines unruhigen Jahrhunderts kennzeichnen. Das Trauma des Übergangs der Region von Österreich zu Italien. Zwei Jahrzehnte Faschismus. Der aufkommende und erstarkende Wunsch nach Vergeltung, der viele, allzu viele Südtiroler direkt in die Arme des Führers treiben sollte. Und der Pakt mit dem Teufel, nach dem Abkommen zwischen dem deutschen Diktator und dem Duce.

Es ist nicht leicht, über diese Zeit zu berichten, viele haben dazu bereits einen maßgeblichen Beitrag geleistet, und dieses Buch ist kein Geschichtswerk. Es ist ein Buch des Erinnerns und der Wiederaneignung eines mir eigenen familiären und kulturellen Erbes. Heute bedauere ich es, darüber nicht mit einigen Zeitzeugen, Verwandten und Freunden, gesprochen zu haben, die gegangen sind und deren Stimme für immer schweigt. Dies ist auch ein Versuch, gemeinsam mit denen, die geblieben sind, wiederzufinden, was verlorengegangen ist. Eine Form, das zu würdigen und im Gedächtnis zu halten, wofür sie gekämpft, gelitten und gelebt haben.

Um mich auf diesem Weg zu leiten, hat Rosa mir die Hand ausgestreckt, und ich habe sie ergriffen. Seite um Seite hat sie meine Neugierde geweckt. Ich konnte sie sprechen hören, wie es meine Mutter Herlinde tat, die oft Hand in Hand mit ihr spazieren ging. Sie ließ sich von ihr die Geheimnisse des Lebens erklären, erfuhr von der Weisheit, derer es bedarf, um seine schönen Seiten zu preisen, und von dem Mut, um dem Unglück zu begegnen.

Auf ebendiese Weise, von Mensch zu Mensch, lebt das Andenken der Welt fort.

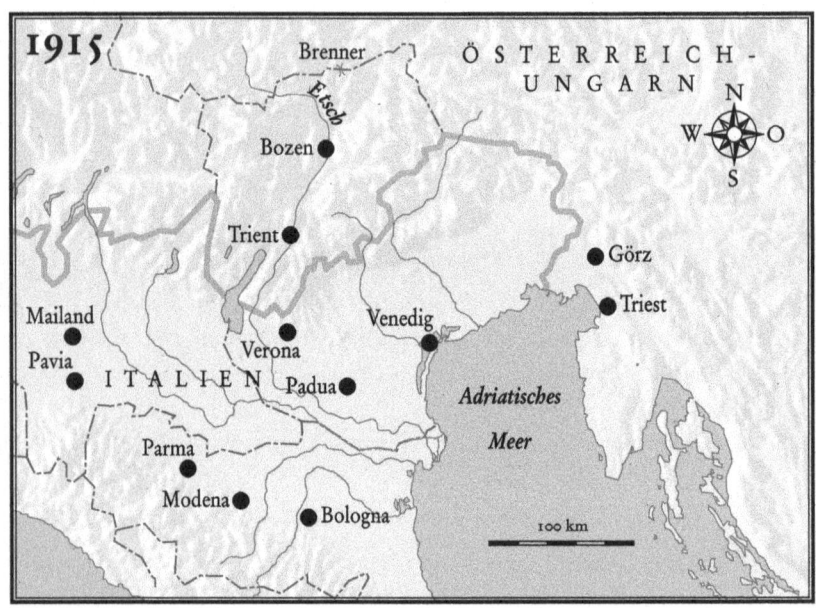

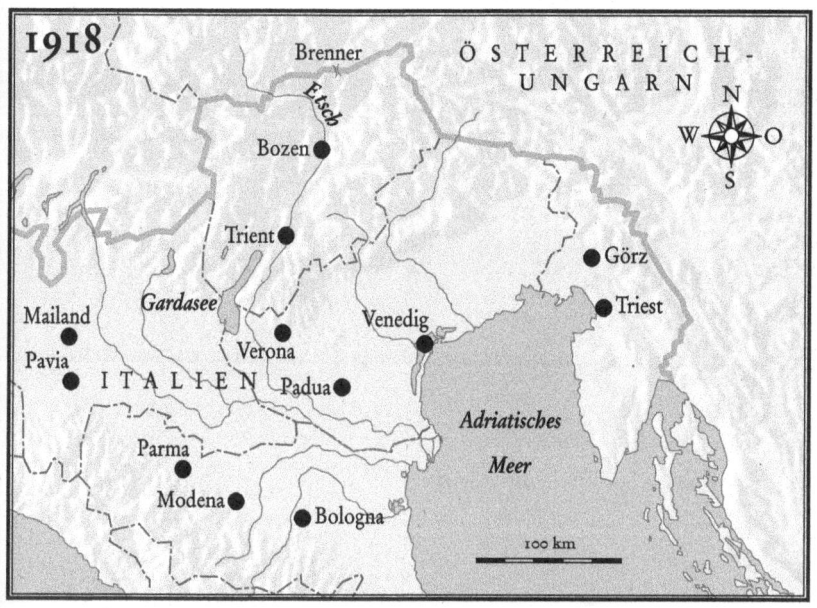

1

Die Herrin von Pinzon

An diesem Frühlingstag des Jahres 1893 scheint die Natur Rosa Tiefenthaler anzulächeln. In der Kalesche ihres Vaters Johann hat sie soeben Entiklar, wo sie aufgewachsen ist, verlassen. Einen Moment lang schaut sie zurück, heftet den Blick auf das mittelalterliche Castel, das sich auf der Flanke des Hügels abzeichnet. Wie innig ihr Vater und die Schwestern sie umarmt haben. Sie ist gerade sechzehn Jahre alt und geht nun fort, aber nicht allzu weit. Doch im Grunde ihres Herzens weiß sie, dass ein neues Leben vor ihr liegt.

Die Sonne scheint. Die Pferde sind unruhig, aber der Kutscher lenkt sie sicher über die Straße, die ins Etschtal hinabführt. In den Apfelhainen und Weingärten begeben sich die Knechte an die Arbeit. Auf den Ländereien ihres Vaters heben jene den Kopf, die bereits zu arbeiten begonnen haben, und grüßen mit der Hand. Fräulein Rosa ist bei allen gern gesehen.

Am Ende der abschüssigen Straße von Kurtatsch beginnen die Pferde zu traben. Der Weg wird breiter und führt zum Flussufer, wo sich Obsthaine, Mais- und Getreidefelder erstrecken. Auch neue Weinstöcke gibt es, aber sie sind noch jung. Drei Jahre zuvor ist die Etsch infolge der starken Schneeschmelze in den Bergen angeschwollen und über die Ufer getreten. Das schlammige Wasser hat die Felder überschwemmt, sich dort tagelang gestaut und gedroht, die Saat zu vernichten. Rosa erinnert sich noch an den Anblick des Tals, das sich in einen riesigen, reglosen See verwandelt hatte. Ihr Vater Johann hatte gegen die Dämme gewettert, die offenbar niemals stabil genug waren, um dem Wasserdruck standzuhalten. Die Etsch ist für die gesamte Region, durch die sie fließt, eine Quelle des Reichtums, aber seit jeher haben die Menschen Mühe, sie zu bändigen. Und wenn sie zornig ist, kann sie nichts mehr halten. So hat Rosa sehr früh begriffen, dass die Schönheit um sie herum im Nu zum Verhängnis werden kann. Und dass der grüne Schmuck der Berge sich in eine furchtbare Falle zu verwandeln vermag.

Als die Kalesche die Brücke bei Neumarkt überquert, fallen die Pferde in den Schritt. Die bergan führende Hauptstraße des Dörfchens ist von niedrigen, fest gemauerten weißen Arkaden gesäumt. Rosa denkt daran zurück, wie der Vater ihr als kleines Mädchen erzählt hat, dass sie schon seit Hunderten von Jahren dort stünden und auch die kommenden Jahrhunderte Generationen von Tirolern beherbergen würden. Diese Prophezeiung wird ihr in den harten Zeiten, die vor ihr liegen, wieder in Erinnerung kommen.

Der Kutscher biegt nach rechts ab, zum Dorf hinaus, dann gleich wieder links. Die Schotterstraße steigt zwischen Weinhängen bergan. Rosa ist ungeduldig und beugt sich vor, um nach ihrem Ziel Ausschau zu halten. Schließlich lässt ein Lächeln ihre blauen Augen erstrahlen und breitet sich über das ganze zartblasse Gesicht aus. Hinter der Kurve erkennt sie das Spitzdach des zu einer Kirche gehörenden Glockenturms.

»Endlich daheim«, seufzt sie. »Dem Herrgott sei Dank!«

Sie kommen nach Pinzon. Die hohe, dichte Linde auf dem Dorfplatz scheint sie zu begrüßen. Tief in ihrem Herzen birgt Rosa einen Traum, den umzusetzen sie wild entschlossen ist.

Es ist Johann, der entschieden hat, die Tochter nach Pinzon zu schicken. Er spürt die Last seiner Jahre und setzt sein Vertrauen in sie, damit sie sich um diesen Teil seiner Besitzungen kümmert. Die Ernten, die Knechte und Tagelöhner müssen überwacht und die Kelter in Betrieb gehalten werden. Schon seit sie ganz klein ist, fühlt sich Rosa eng mit diesem schönen Heim verbunden, das sie nach ihrem eigenen Ebenbild gestalten wird. Offen, großzügig und unerschütterlich angesichts der Grausamkeit der Menschen.

Johann Tiefenthaler ist fünfundsechzig Jahre alt und einer der wohlhabendsten Grundbesitzer der Gegend.

Die Ländereien von Pinzon, zwischen den Ortschaften Neumarkt und Montan, erstrecken sich über viele Hektar. Es heißt, Johann könne vom Dorf bis zu dem drei Kilometer entfernten Ufer der Etsch laufen, ohne ein einziges Mal den eigenen Grund zu verlassen. Er hat noch ein weiteres Gut, auf der anderen Seite des Flusses, das Castel von Entiklar, zwischen Margreid und Kurtatsch. Er ist 1861 dorthin gezogen, ein Jahr nach seiner Hochzeit mit Anna Waldthaler, die ihrerseits aus einer Familie wohlhabender Grundbesitzer stammt. Seit 1881 ist er Witwer, doch bis dahin hat Anna ihm sechzehn Kinder geschenkt, darunter zehn Mädchen. Die männlichen Erben sind jedoch einer nach dem anderen gestorben. Der letzte, Karl Josef, am 6. Januar 1890. Ein seltsames, unerwartetes Ende, das für den Vater einen schweren Schlag bedeutete.

»Halte hier an«, befiehlt Rosa dem Kutscher. Vor der Kirche steigt sie aus und stößt das schmiedeeiserne Tor zum Friedhof auf, der das Gebäude umgibt. An einem Grab neben der kleinen Kapelle, die der Vater an das Hauptgebäude hat anbauen lassen, kniet sie nieder. Die junge Frau flüstert den Namen ihres Bruders: »Karl Josef.« Niemand hat ihr je erklärt, was wirklich vorgefallen ist. Ihr ist zu Ohren gekommen, Karl habe während eines Festes in seinem Haus bis tief in die Nacht getrunken und getanzt. Dann sei er in den Garten hinaus, um den Kopf unter dem eiskalten Wasser des Brunnens zu kühlen. Eine schwere Lungenentzündung raffte ihn in wenigen Tagen dahin. Rosa fragt sich, warum ihr

Bruder das Bedürfnis hatte, sich derart mit Alkohol und Musik zu betäuben. Vielleicht ist dieser große, schöne junge Mann, der so elegant war wie die Mutter Anna, wegen jenem kleinen Karl gestorben, der neben ihm unter demselben Stein ruht? Karl Josefs kleiner Sohn ist nur zehn Monate alt geworden, bevor er am 1. Dezember 1889, fünf Wochen vor jener kalten, verhängnisvollen Nacht, einer Krankheit erlag. Wie auch immer es gewesen sein mag, Johann hat sich nicht mehr davon erholt. Die Geige, auf der er mit solcher Leidenschaft gespielt hatte, ist nach jenem Empfang, der seinen Erben das Leben kostete, für lange Zeit verstummt. Durch den Tod des letzten Bruders sind Rosa und ihre Schwestern nun die Erbinnen der ausgedehnten Ländereien der Familie Tiefenthaler. Eine ungewöhnliche und schwierige Situation in einer Zeit, in der Frauen nicht dazu bestimmt sind, die Führung eines Gutes zu übernehmen. Aber Johann hat nicht noch einmal heiraten wollen.

Rosa bekreuzigt sich und verlässt den Friedhof. Vor ihr am Glenweg, der in den nahe gelegenen Ort Glen führt, liegt das Herrenhaus, in dem sie leben wird. Ein zweistöckiges, massives Gebäude, dessen Mauern bereits seit dem 13. Jahrhundert im Boden verankert sind. Die geschnitzte Holztür wird von einem Bildnis der Jungfrau Maria mit dem Jesuskind im Arm gekrönt – die Kopie eines berühmten Werkes des deutschen Malers Lucas Cranach. In dem Gebäude nebenan wohnen die Knechte und Mägde, die sich um die Landwirtschaft und das Vieh kümmern, sowie die mit den Hausarbeiten betrauten Dienstboten. Ein Stück weiter links kann Rosa eine große Scheune erspähen. Ringsum Felder, Weinberge, Obsthaine und Wälder. Rechts von ihr, ganz in der Nähe, erhebt sich ein weiteres Gebäude. Anfang des 19. Jahrhunderts wurden dort Seidenspinner gezüchtet, doch nun verbirgt sich in jenen Gewölben das Herzstück des Familienreichtums: die Tiefenthalersche Weinkellerei, ein Unternehmen zur Herstellung und zum Vertrieb von Wein. Mit Beginn des Herbstes bringen die Weinbauern der Gegend ihre Traubenernte, Johann verwandelt sie in einen hervorragenden Wein, und die Geschäfte laufen gut. Einmal im Jahr verlässt der Gutsherr das Castel von Entiklar, um auf dem sogenannten *Weinritt* seine Kunden zu besuchen. Seit dem Bau der Brenner-Eisenbahn geht alles viel schneller, und so durchquert er mit verschiedenen Lokalbahnen ganz Tirol von Kufstein bis nach Halla und Aue. Er kehrt mit einem Koffer voller Geld heim, das er zum Rechnungsführer bringt, bevor er sich bei einem gut gekühlten Gläschen Weißwein erfrischt.

Johann hat die Maulbeerbäume, von denen sich die Seidenraupen ernährten, aus diesem Boden reißen lassen, hat sie durch Weinstöcke, Obstbäume, Gemüse und Getreide ersetzt. Der Gutshof liefert Milch, Käse, Eier, Fleisch, und die kleine Welt, die hier arbeitet, kann als Selbstversorger gelten. In späteren Jahren wird diese Unabhängigkeit die Rettung der Familie sein.

Zu der Zeit, in der Rosa sich in Pinzon niederlässt, ist Tirol eine Provinz des Kaiserreiches Österreich-Ungarn. Im Internat der Englischen Fräulein in Brixen hat das Mädchen die Geschichte ihrer Heimat seit deren Bestehen als unabhängige Grafschaft, im Mittelalter, studiert. Die Region fällt, abgesehen von einer kurzen Unterbrechung, als Napoleon sie im 19. Jahrhundert eroberte und aufteilte, seit 1363 in das Herrschaftsgebiet der Habsburger.

Unter Napoleon gehörte der Norden Tirols zu einem Bund deutscher Satellitenstaaten Frankreichs. Der Süden wurde dagegen Teil des »Italienischen Reiches«, wie der französische Feldherr die auf der Halbinsel eroberten Gebiete nannte. Doch mit der Niederlage von Leipzig 1813 kehrte das wiedervereinigte Tirol in den Schoß des Habsburger-Reiches zurück, zu dem damals auch Lombardo-Venetien gehörte. Mit den Unabhängigkeitskriegen gewann Italien diese beiden reichen Provinzen zurück: die Lombardei 1859 und Venedig 1866.

Die kaiserliche und königliche, oder kurz k. und k. Monarchie Österreich-Ungarn, die 1867 durch die Vereinigung der österreichischen und der ungarischen Krone entstand, umfasst bei Rosas Geburt im Jahre 1877 elf große Nationalitäten, deren Sprachen offiziell anerkannt sind. Dazu zählen unter anderem das Tschechische, Kroatische, Polnische, Rumänische, Ukrainische und Italienische. Jede Ethnie hat ihre gewählten Vertreter im Wiener Parlament. Aber es gibt auch viele sogenannte Irredentisten, nach deren Auffassung sich jede Sprachgemeinschaft mit ihrem Mutterland vereinen sollte. Unter ihnen sind natürlich auch Verfechter des Italienischen.

In dieser Übergangszeit zwischen dem 19. und dem 20. Jahrhundert ist das alltägliche Leben in Südtirol noch ziemlich hart. Im Winter sinken die Temperaturen bis auf zwanzig Grad unter null. Der Schnee, der sich auf den Straßen türmt, lässt jegliche Fortbewegung schwierig, wenn nicht gar unmöglich werden. Für Wärme sorgen große Kachelöfen, die mit Holz befeuert werden.

Rosa weiß, was ihre Pflichten sind: Jene zu schützen und ihnen beizustehen, die auf ihrem Land leben, um es gedeihen zu lassen. Für die Arbeiten im Haus wählt sie Mädchen aus dem Ort als Haushälterinnen, Dienstmädchen und Köchinnen. Und sie erlangt den Ruf einer strengen, aber gerechten Herrin. Die alten Frauen aus Pinzon erinnern sich, lange nach ihrem Tod in anderen Häusern der Gegend gearbeitet und immer dasselbe Kompliment zu hören bekommen zu haben: »Man merkt, dass du bei Frau Tiefenthaler im Dienst warst. Du hast Manieren gelernt.«

Im Augenblick ist Rosa ganz von Glück erfüllt, sie malt sich ihre Zukunft rosig aus und denkt über ihren Plan nach. Sie muss ihn zu einem guten Ende führen, doch sie weiß, dass er Zeit brauchen wird, vermutlich Jahre. Aber sie ist hartnäckig, geduldig und verliebt.

Als Erstes lässt sie das Deckenfresko in ihrem Zimmer, das für ein tugendhaftes Mädchen allzu suggestiv ist, weiß übermalen. Zwar ist es eine religiöse Darstellung, aber Engelchen mit nackten Hintern sind nicht ihre Sache, sie zieht die Darstellungen des heiligen Franz und des heiligen Antonius von Padua an der Decke der großen Eingangshalle vor. Die Familie ist seit jeher sehr fromm, das galt insbesondere für Onkel Anton, der in dem Haus gelebt hat, bis es nach seinem Tod 1889 in den Besitz seines Bruders Johann überging. In den letzten Tagen seines Lebens lag er in dem Zimmer, das nun Rosa bezogen hat. Krank und ans Bett gefesselt, hatte er in die Wand vor sich ein Loch bohren lassen. So konnte er die Kirchentür sehen und am Morgen, wenn der Pfarrer sie zur Laudes öffnete, sich beim Anblick des Altars Gott näher fühlen.

Rosa, die Gesellschaft liebt, hat bereits beschlossen, dass es in der guten Stube nie an Gästen mangeln wird. Und eben hier, in der Ruhe dieses Zimmers, das sich über den sanften Hängen ihrer Ländereien erhebt, plant sie die eigene Zukunft. In ihrem Blickfeld liegt ein kleiner quadratischer Turm, der Reisenden, Pilgern und Eindringlingen seit Jahrhunderten einen Kammweg oberhalb der Etsch weist. Nach der Urbarmachung durch Kaiserin Maria Theresia von Österreich sind die einst sumpfigen und von Mücken verseuchten Täler für die Landwirtschaft nutzbar geworden. Und sie haben sich in eine strategische Durchgangsachse verwandelt, haben diese Alpenregion für Handel und Tausch, aber auch für die Stürme, die über Europa wehen, geöffnet.

Als der Abend hereinbricht, sitzt Rosa beim Schein der Kerzen, die in dem schmiedeeisernen Halter an der Wand stecken, an ihrem Arbeitstisch. Vor sich hat sie ein Stück Papier und in der Hand eine Feder.

»Lieber Jakob«, beginnt sie, und ihre Augen bekommen einen zärtlichen Ausdruck.

Jakob Rizzolli ist der Sohn einer Familie aus dem Dorf Kalditsch. Dort, auf einem weiteren seiner Güter, verbringt Johann Tiefenthaler den Sommer, um die frische Luft zu genießen. Und ebendort hat Rosa, noch als kleines Mädchen, den drei Jahre älteren Jakob kennengelernt. Sie ist seit jeher in ihn verliebt. Aber in einer Zeit und Gesellschaftsordnung, in der für eine Ehe nicht nur Liebe maßgebend ist, hat er einen großen Fehler: Er besitzt nichts, denn die Güter seines Vaters werden alle an den älteren Bruder gehen. Für Johann ist das ein unüberwindliches Problem. Mag ihn seine Tochter noch so sehr um die Zustimmung zu einer Verbindung anflehen, nach der sie sich aus tiefstem Herzen sehnt, nichts wird ihn umstimmen. Jakob mit seinem kühnen Schnurrbart, den breiten Schultern und dem gewinnenden Lächeln ist nicht auf Augenhöhe. Johann will ihn einfach nicht als Schwiegersohn. Aber er unterschätzt Rosas Hartnäckigkeit.

Fast hundertzwanzig Jahre nach meiner Urgroßmutter fahre ich die Straße nach Pinzon hinauf. Meine Kalesche ist ein silberfarbenes Auto mit ein paar Pferdestärken mehr. Es ist zwar nicht das erste Mal, dass ich in dieses Haus komme, aber diesmal, im Juli 2012, möchte ich versuchen, Rosas Gedanken und Gefühle besser zu verstehen.

Das Dorf gleicht, wie damals, einer zeitlosen Ansichtskarte. Die kleine Kirche mit dem Friedhof ist immer noch da. Alle Gebäude sind intakt. Die naiven Fresken an den Fassaden scheinen kaum verblasst. Biblische und mythologische Szenen in Ocker, Rot und Blau, und im Hintergrund die vertraute Landschaft der Dolomiten und des Etschtals. Diese Bilder sind das ureigene Werk von Johann Tiefenthaler. Rosas Vater war im Tal unter anderem als exzentrischer Künstler bekannt. Wenn er nicht mit der Herstellung und dem Vertrieb von Wein beschäftigt war, griff er zum Pinsel.

Ich erinnere mich, dass mir das Haus in Pinzon als Kind ein wenig Angst einflößte, insbesondere in der kalten Jahreszeit, wenn die Sonne zeitig unterging und die Zimmer sich mit Schatten füllten. Ein Hauch der Dagewesenen lag in der Luft, ein Hauch der Leben und Gefühle jener, die einst hier gewohnt hatten. Nicht nur Familienangehörige, sondern auch viele Gäste mit ganz unterschiedlichen Schicksalen: fröhliche Studenten aus Wien, Beamte des Kaisers oder des Dritten Reiches, und nach dem Ende des Zweiten Weltkrieges die anglo-amerikanischen Alliierten.

Meine Unruhe hielt allerdings nicht lange vor, nur so lange, bis ich um Erlaubnis bat, mir das alte, massive Himmelbett anschauen zu dürfen, das bereits 1785 geschreinert worden war. Es faszinierte mich. Mit seinem eleganten Kopfteil aus Holz, das mit dem Familienwappen bemalt war, schien es einem Märchen entsprungen zu sein, das Bett von Dornröschen. Und es war mit einem weichen Gänsedaunenbett bedeckt, auf dem ich mich ausstrecken und mir eine Vergangenheit voller Abenteuer ausmalen konnte. All das betraf auch mich. Dieser Ort mit seiner bewegten Geschichte sollte mich gefangen nehmen und fesseln. Ein wenig fürchtete ich mich davor.

Dank der warmen Herzlichkeit seiner Besitzer zeichnete sich dieses Heim vor allem durch Gastfreundschaft aus. Heute weiß ich, dass das Rosas Vermächtnis ist. Als Kind ging meine Mutter jeden Sonntag zur geliebten Großmutter, und diese Besuche gehören zu ihren schönsten Erinnerungen. Sie war noch zu klein, um in seiner historischen Tragweite zu begreifen, was sich in jenen für die Geschicke Europas so entscheidenden Jahren zwischen diesen Mauern abspielte. Sie erinnert sich, dass Großvater Jakob sie »Herlindika« nannte und sie ein ums andere Mal mit dem Kartenspiel, seiner großen Leidenschaft, in Beschlag nahm. Dass man im Sommer draußen, auf der Bank vor dem Haus oder unter der Linde in der Mitte des Platzes saß. Dass sie im Winter in der Stube spielten und dass an den Weihnachtsfeiertagen scharenweise Onkel, Tanten, Vettern und Basen der schier endlosen Verwandtschaft herbeiströmten, um Rosas Leckerbissen zu kosten.

Als ich auf die Welt kam, hatte sich mit den neuen Erben und infolge der unvermeidlichen Kluft zwischen den Generationen die Zahl der Gäste bereits verringert. An Jakob habe ich, abgesehen von seinem unverbrauchten Gesicht und dem Schnurrbart, kaum Erinnerungen; ich war vier Jahre alt, als er starb. Erst jetzt beginne ich, ihn wirklich kennenzulernen, und das Bild des zärtlichen Urgroßvaters wird überlagert von dem des jungen, stattlichen und von seiner Frau Rosa über alles geliebten Ehemanns.

Nichts hat sich verändert im Dorf, oder fast nichts. Die riesige Linde auf dem Platz ist leider gefällt worden, da sie krank war. Die Bank, auf der Rosa saß, hat man entfernt, um den Schottergrund zu asphaltieren. Von den drei großen Brunnenbecken, an denen man Wasser holte, das Vieh tränkte und die Wäsche wusch, ist nur eines geblieben. Die Kelter und die Fässer der Weinkellerei sind verschwunden, eine junge Frau aus Neumarkt hat die Räumlichkeiten zu einem sehr guten Restaurant umgestaltet, das recht gefragt ist. Die Gebäude und das Land sind zwischen zwei Rizzolli-Erben, Nachkommen der Tiefenthaler, aufgeteilt worden. Und die Sonne setzt wie immer ihr unermüdliches Spiel aus Licht und Schatten fort. Früh am Morgen geht sie in Entiklar auf der anderen Seite des Tales auf. Dann erreicht sie Pinzon und bleibt dort, bis sie untergeht.

Nichts hat sich hier verändert, aber alles ist anders. Pinzon heißt heute Pinzano, da die Region, die zu Rosas Zeiten zum Kaiserreich gehörte, heute ein Teil von Italien ist. Deutsch, die Sprache meiner Urgroßmutter, besteht neben dem Italienischen fort.

Von weiter unten aus dem Etschtal, das Rosa mit der Kalesche durchquert hat, dringt Lärm herauf. Die Neumarkter Brücke gibt es noch, aber heute blickt man von dort aus auf eine der belebtesten Handelsachsen des Kontinents. Eine Eisenbahnlinie und eine vierspurige Autobahn sorgen für den Austausch zwischen Nord und Süd. Dutzende Züge, Tausende LKWs, ein Verkehrsstrom, der nie abreißt. Alle Nationalitäten mischen sich, bewegen sich vollkommen frei auf dieser Strecke, die im Lauf der Jahrhunderte Weg für Feldzüge, Eroberung und Flucht war. Und die 1918 errichtete Grenze am Brenner, ein Symbol für die Spaltung der Staaten Europas, ist durch den Zusammenschluss ebendieser Staaten beseitigt worden.

Ich öffne die Tür des Hauses in Pinzon, und Rosa empfängt mich. Sie ist da, der Kopf leicht nach links geneigt, der ernste Blick der blauen Augen auf mich geheftet. Ihr schönes Gesicht strahlt Ruhe aus, der Mund deutet ein Lächeln an. Ihr Haar ist zurückgekämmt und zu einem Knoten gebunden, wodurch die elfenbeinfarbene Haut besonders zur Geltung kommt. Sie trägt eine Bluse mit gesticktem Kragen und um den Hals ein kleines Goldkettchen. Um die Schultern hat sie eine Pelerine aus braunem Samt gelegt, die ihre Hände teilweise bedeckt. Sie scheint dem Maler, der sie verewigt hat, nahezulegen, sein Möglichstes zu geben, um jene Zurückhaltung zu wahren, die sie ihr Leben lang ausgezeichnet hat.

In der Stube führt mich ein über vierhundert Jahre altes Pergament noch weiter in der Geschichte zurück. Es handelt sich um ein Zertifikat, das Kaiser Rudolf II. am 9. Juni 1610 für unsere Vorfahren ausstellte und mit dem den Brüdern Christof und Thomas Tiefenthaler die Wappen als würdige Diener des Österreichischen Kaiserhauses verliehen wurden. Von Generation zu Generation, »ihren Erben, und den Erben ihrer Erben«.

Auf den Stufen zum Dachboden, auf dem meine Mutter noch gespielt hat, glaube ich die Schritte der Zeit zu vernehmen.

2

»Dieser Mann ist nichts für dich!«

Es ist acht Uhr früh, und über Pinzon wölbt sich ein blauer Himmel. Das bevorstehende Fest wird den ganzen Tag lang von der Sonne erhellt. Die Kirchenglocken läuten ohne Unterlass, das Portal ist weit geöffnet, und die Gläubigen drängen sich auf den alten Holzbänken. Man schreibt den 8. April 1902, und mit diesem freudigen Tag endet für Rosa, die gerade fünfundzwanzig Jahre alt geworden ist, ein langer Kampf. Sie hat die Oberhand behalten. Sie hat gewonnen. Sie wird Jakob heiraten. Ihr Vater hat nachgegeben. Auch wenn er in einer letzten Geste der Missbilligung nicht bereit war, sie zum Altar zu führen.

So betritt Rosa in ihrem langen schwarzen Seidenkleid am Arm des Schwagers Emil von Leys die Kirche. Gleichwohl strahlt sie. Im Haar trägt sie einen Myrtenkranz, das Symbol der Liebe, die den Tod bezwingt. Neben den Kniebänken und zwei mit rotem Samt bezogenen Stühlen blickt Jakob ihr aus dunklen, leuchtenden Augen entgegen.

Hochwürden Andrealta steht vor dem historischen Triptychon von Hans Klockner aus dem 15. Jahrhundert und trägt ein gewichtiges Lächeln zur Schau. Seine Arme sind leicht geöffnet, als wolle er das Glück des jungen Paares in Empfang nehmen.

Rosa lässt den Blick über die Anwesenden schweifen. Ihre Schwestern sind da. Ganz vorn die ihr am nächsten stehende, Luise, mit ihrem Mann, Johann Tiefenbrunner. Mit Luise hat Rosa alles geteilt, sie ist nur vier Jahre älter, aber bereits mehrfache Mutter. Sie und ihr Mann interessieren sich für das Gut in Entiklar. Auch Antonia und ihr Mann Franz

Mall aus Salurn sind gekommen. Anna Maria, die Aloys Haueis, einen hohen Beamten der österreichischen Regierung geheiratet hat. Johanna Josefa mit Doktor Sembianti aus Kurtatsch. Und schließlich Auguste, genannt Gusti, die gerade erst zweiundzwanzig und noch ledig ist. In der Familie heißt es, dass ein namhafter Militär aus Innsbruck ihr unablässig den Hof mache. Rosa lächelt ihr zu und denkt: »Bald, meine Liebe, wirst auch du die Freuden der Liebe kennenlernen.«

Schließlich ruht der Blick der jungen Frau auf einer aufrechten Gestalt in der ersten Reihe, auf dem Mann mit den gerunzelten Brauen, der auf der schönen Taschenuhr mit dem Goldkettchen, die er sich eigens aus der Schweiz hat schicken lassen, nachschaut, wie spät es ist. Ihr Vater Johann trägt einen eleganten, schwarzen Festanzug, der durch das Jabot aus grauer Seide ein wenig aufgelockert wird. Steif und ernst, wie es sich für einen Patriarchen gehört, kann Rosa, wenn er sich umwendet, um sie anzuschauen, doch auch ein wenig Ergriffenheit in seinen Augen erkennen. Sein Mädchen, sein Liebling geht aus dem Haus. Zwar lebt sie schon seit Jahren in Pinzon, aber von diesem Tag an wird sie ihrem Ehemann und nicht länger ihrem Vater gehören.

In Wahrheit war sie stets Herrin ihrer selbst. Das beweist die Entschlossenheit, mit der sie erreicht hat, was sie wollte. Sie hatte Jakob ihr Herz geschenkt, und nichts konnte sie mehr davon abbringen.

»Nein«, hatte Johanns Antwort jahrelang gelautet. »Dieser Bub wird niemals zur Familie gehören. Er besitzt kein Land, er ist arm. Seine Familie genießt zwar Ansehen, aber er ist dennoch nichts für dich.«

Rosa hat den Mut nicht verloren. Aber sie hat nicht ewig Zeit, ihren Vater zu überzeugen. Auch sie will Kinder.

Eines Abends, gegen Ende Januar des Vorjahres, sucht sie die Familienkapelle in der Kirche von Pinzon auf. Sie kniet nieder und betet zu Gott, er möge ihr die Kraft für einen letzten Versuch geben. Und ihr seine helfende Hand bei jenem Unterfangen reichen, von dem ihre Zukunft abhängt. Als habe die Madonna von Loreto über dem Altar zu ihr gesprochen, hat sie plötzlich eine Eingebung. Sie weiß nun, was zu tun ist.

Am nächsten Tag geht sie nach Entiklar und trifft Johann in dem Salon an, in dem er sich gern ausruht. Sie setzt sich neben ihn und spricht mit klarer, fester Stimme: »Hochverehrter Vater, ich komme, um ein letztes Mal eine Bitte an Euch zu richten.«

»Ich weiß, Rosa, ich weiß. Aber ich habe meine Meinung nicht geändert, und ich werde es nie tun.«

Doch sie lässt sich nicht entmutigen. Ihr Vater ist ein gerechter, redlicher Mann. Außerdem ist er fromm, und er weiß, dass die Menschen zwar ihre Absichten haben, aber dass es Gott ist, der entscheidet.

»Ich bin zum Beten in unserer Kapelle gewesen.« Rosa ergreift seine vom Alter bereits gezeichnete Hand. »Ich habe Gott um Rat gefragt. In seiner Güte hat er mir den Weg gewiesen.«

Johann horcht auf. Der Glaube spielt keine geringe Rolle in einer Tiroler Familie, schon gar nicht in seiner eigenen. Gott ist allgegenwärtig, und auch die Kirche ist es.

»Ich habe einen Mann gesehen, weiß gekleidet wie ein Büßer«, fährt Rosa fort. »Vor ihm stand der Tod, eingehüllt in seinen Mantel. Der Mann war im Begriff, sein steinernes Grab zu betreten. Er sprach zum Tod: ›Mit mir geht der Letzte meines Geschlechtes.‹« Rosa weiß, dass sie die empfindlichste Saite bei ihrem Vater angeschlagen hat. Er ist dreiundsechzig Jahre alt und seit zwanzig Jahren verwitwet. Er hat viele seiner Kinder sterben sehen. Welche Schuld hat er auf sich geladen, um einen derart hohen Preis zu zahlen? Ist er zu überheblich gewesen? Rosa spielt nicht ganz mit offenen Karten. Ihr Vater weiß nicht, dass sie heimlich die Skizzen für das Fresko gesehen hat, das er bei dem bekannten lokalen Maler Stoltz in Auftrag geben will. Es ist für die linke Wand der Kapelle bestimmt, mit einem bitteren Spruchband: »Ins Grab steigt der letzte Nachkomme der Tiefenthaler.«

Rosa sieht ihm an, dass er betroffen ist. In Johanns Herz hat sich ein unstillbarer Schmerz über das Ende seines Geschlechts gebohrt. Sein Name stirbt mit ihm. Sein Andenken wird nur erhalten bleiben, wenn jene, die ihn lieben, es wachhalten.

»Vater, möget Ihr bei uns bleiben, solange Gott in seiner Güte es wünscht. Aber auch, wenn er beschließt, Euch zu sich zu rufen, wird Euer Name niemals sterben, denn er lebt im Herzen Eurer Kinder weiter. Und Eure Kraft wird sich auf alle Nachkommen übertragen. Auch ich möchte Mutter von Kindern sein, die stolz auf das Blut sind, das in ihren Adern fließt.«

Er hüllt sich in Schweigen. Lange sieht er sie an, schüttelt dann den Kopf und begleitet sie zur Tür. Mit gesenkten Schultern kehrt Rosa heim und weint die ganze Nacht. Sie hat nicht einmal mehr die Kraft, sich in ihrer Enttäuschung dem großen Kruzifix im Schlafzimmer anzuvertrauen. Als sie am nächsten Tag, nach wenigen Stunden unruhigen Schlafes, hinabsteigt, um ihr Tagewerk zu beginnen, fühlt sie sich erschöpft und verzagt wie eine alte Frau.

Doch als sie wenige Tage später mit Jakob und ihrer Schwester Gusti, die gekommen sind, um sie zu trösten, in der Stube sitzt, trifft ein Brief ein, in dem ihr Vater sie mit ihrem Kosenamen aus Kindertagen anspricht. Dieser Brief wird ihr Schicksal wenden.

Entiklar, am 2. 2. 1901

Liebe Rospe!

Also vorgestern haben wir gesprochen, über Dein Vorhaben und Zukunft, ich habe Dir beigepflicht, zu Deinem Liebhaber Jo. Rizzolli, daß ich selben aufnehme, in unsere Familie als Schwiegersohn.
Beanspruche aber Folgendes: Jo. Rizzolli muß zuerst die Landwirtschaft-Schule in St. Michael besuchen und recht fleißig die Zeit benutzen, und sich Ehre machen vor den Vorgesetzten. Dann hernach eine kleine zeitlang in ein Geschäft eintreten, es kann auch eine Weinhandlung sein, noch besser. Und mit der Gelegenheit mit Leite verkehren lernen und die feine Manier und Politik, was unentbehrlich sei, um in der Welt einen Mann vorzustellen, höchst notwendig, in ein besseres … Haus, wie mein Vaterhaus heißt, und sei es, um nicht als unanständig vor der Welt geschildert zu werden; Also Nichternheit vorausgesetzt, Arbeitsamkeit in Feld und Haus; fleißig Sorge tragen für alles, Haus, Feld und Stall und Keller, mit Einsicht und Verstand, fleißig um Rathe fragen und immer aufrichtige Leite, vom Fach und erfahren, an Sonn- und Festtagen fleißig zu den Gottesdienst gehen.
Und nicht Wirthshäuslen, da ja zu Haus die Nothwendigkeit vorhanden sei. Also und nothwendig dann, was ich aller ersten beanspruche, ein gutes solides Benehmen, mit jeder Mensch in Haus und aus dem Haus, Zank und Streit sei ein Gräuel in meinen Augen.
Ich will haben, mit alle Leite auch Dienstposten, manierlich und verträglich zu sein. Dann wird einer von Welt geliebt und geachtet, helfen wo man kann, mit Rath und That, sparsam mit sich selbst, für die Anderen, nicht die Anderen trillen für sich.

Dann kommt die Hauptsache, mit mir sein, wie ein guter Engel, alles befolgen mit Liebe, auch achten und zu schätzen wissen. Mit allen Mitteln trachten mir in der Hand zu gehen und mit Vorliebe es thun, kurz, alles was mir eine Freude machen kann. Ich habe umher diese Freude, diese schöne Zeit und dieses soll mir vergönnt sein für meine unbeschreiblichen Leiden und Opfer, welche ich der Familie zulieb gebracht habe, für mich alles entbehrt, was angenehm war.

Also friedliebend gegen mich, zeitiget gute Früchte, der Segen des Himmels wird dann in Stille walten, über ein solches Haus.

Mit den Weib edel sein, eine Mutter muß Großes ausstehen, solche Leite müssen edel behandelt werden.

Die Kinder, welche aus Ehe entstehen, sollen einfach erzogen werden und schon von klein auf nicht alle gelitten werden, zeigen wer Herr im Haus sei, und schon von klein auf zur Arbeit herangezogen werden, dann wird die Arbeit ein Vergnügen und bringt Wohlstand in die Familien, und dauerhaften.

Wer arbeitet, wird nicht Mangel an Brodt haben, der Faule wird hungern, so steht's in der Heiligen Schrift. Sohn befolge in Rath deines Vathers und halte die Gesetze Deiner Mutter, so steht's geschrieben, brave Leite werden überall unterstützt und geachtet, im Handel und Wandel gern verkehrth, mit friedfertige Leiten. Also nur denken und will denken, dann wird man Meister und Gutes verfolgt man mit größter Freude, nur Ausweichen, wo es möchte etwas Unangenehmes abgehen, Zank und Streit zerstört häusliches Glück, der Friede begleicht alles was je ist. Also der Friede mit Euch, wünsche Euch alles erdenklich Gute und Wohlergehen, Familienfrieden. Die Hand des Herrn soll Euch nicht verkürzt sein.

Meine Lieben, jetzt geht ihr zwei Wege, einen Rosigen

*und einen Dornigen. Glauben, daß ihr an rosigem Weg
festhalten werd und einfaches Traume lassen, einen Fehl-
tritt zu machen, solches zu erlangen, muß ein festen, stein-
festen Charakter und Ehrgefühl zeigen, und ausrufen, so
sei es und muß es bleiben, nichts in der Welt wird Euch
vom Entschluß zum Wanken bringen, basta.*

*Wenn ihr das Obige befolgt und vollzieht, was ganz leicht
sei, dann seid Ihr Sieger von mein Herz, und entgegenge-
setzt (sollt Ihr) meinen Stachel fühlen.*

*Grüßt Euch bestens und mit Wohlwollen Euer Vather
Tiefenthaler*

*Es soll zum Andenken aufbewahrt werden und bleiben, so
mein Wunsch.*

Rosa hat das lange Schreiben viele Male gelesen, erst ungläu-
big und ein wenig erschrocken, dann immer strahlender. Die
vom wenigen Schlaf und den zahlreichen Tränen tief gerän-
derten Augen beginnen zu leuchten. An diesem eiskalten
Nachmittag, dem plötzlich schönsten ihres Lebens, wäre sie
am liebsten schreiend in den Schnee hinausgerannt, um jene
Seiten durch die Luft zu schwenken, die ihr das Recht auf
Glück garantieren. Schweigend und mit einem Knoten im
Hals hat sie Jakob die Blätter gereicht. Ihre Schwester Gusti
ist aufgestanden, um über seine Schulter hinweg mitzulesen.
Während Jakobs Blick über die Zeilen fliegt, erkennt Rosa
in seinen Augen erst Staunen, dann einen Anflug von Zorn:
Johanns Worte sind hart, ja geradezu demütigend. Aber
wenn du dir ehrgeizige Ziele steckst, musst du bereit sein,
harte Bedingungen zu akzeptieren. Am Ende hat Jakob ge-
nickt. Gusti ist hinausgegangen, um sie allein zu lassen.
Lange hat keiner der beiden ein Wort gesprochen.

Heute, an diesem Freudentag für Gott und die Menschen, auf dem Weg zum Altar, trägt Rosa Johanns klein gefalteten Brief in ihrem Seidentäschchen um das Handgelenk bei sich. Zusammen mit der Abschrift eines weiteren Briefes.

Pinzon 4. Feb. 1901

Herzensguter Vater!
Wie soll und kann ich nur danken, für die überaus große Freude, welche Sie, bester Vater, mir diese Tage gemacht haben?
Nein, wie könnte ich Worte genug finden um meinen Dank auszudrücken wie Sie es wirklich verdienten; auch in meinem Herzen steht es fest und unauslöschlich geschrieben.
Liebe, Gebet, Gehorsam will ich meinem Vater als steten Beweis meines Dankes schenken.
Und gewiß, Sie können versichert sein, ich werde mein gegebenes Wort auch halten, ja bis zum letzten Atemzuge.
Ach, liebster Vater, Sie können es nicht glauben wie glücklich Sie Ihr Kind durch die Einwilligung unserer Heirat gemacht haben. Längst wollte ich Ihnen mein Herz öffnen, aber verzeihen Sie es, ich konnte es mit dem besten Willen nicht tun, obwohl ich immer danach gezielt habe, das »Jawort« aus Vaters Munde zu entnehmen.
So unendlich lieb, wie ich Jakob gewonnen habe, so würde ich niemals mit ihm in einer Ehe eingegangen sein, ohne vorher Vaters Segen erhalten zu haben. Denn was würde mir Pracht und Reichtum nützen, wenn der Segen fehlt, so gibt es ja kein Glück auf Gottes weiter Welt!
Wie selig war gestern Jakob, als ich ihm die unerwartete Freuden-Nachricht mitteilte. Er konnte es fast nicht glauben, daß wirklich ihm das hohe Glück beschieden sei, im Hause Tiefenthaler als Familienglied beigezählt zu wer-

den. Auch in seinem Namen soll ich tausendfachen herzlichen Dank sagen, er wird es dann schon selbst mündlich tun.

Abends erhielt ich Ihren lieben Brief, welcher rasch geöffnet wurde, laut und deutlich in Gegenwart der Gusti und des Jakob vorgelesen wurde. Alle drei konnten uns unmöglich der Tränen enthalten, so schön und lehrreich haben Sie unser Zukunftsglück geschildert. Wir beide versprechen es teuerster Vater Ihren wohlgemeinten, edlen Rat zu befolgen und wir trachten den rosigen Weg zu durchwandern, das Beispiel unserer Vorfahren nachahmen, damit der häusliche Friede und Segen Gottes auch so gedeihen mag wie einstens Gott möge!

Bevor ich schließe, nochmals recht heißen innigen Dank bester Vater, für Ihr Wohlwollen und die Segenswünsche. Ihren Brief werden wir stets als teures Andenken aufbehalten und oft, ja recht oft durchlesen, da Sie ja alles nur zu unserem Vorteil geschrieben haben.

Indem ich Ihre Hände küsse,
teuerster Vater,
bin ich in aufrichtiger Liebe
Ihr dankschuldigstes Kind Rosa

Rosa setzt sich neben Jakob und fasst nach seiner Hand. Der Pfarrer beginnt zu sprechen, gedenkt der christlichen Ehe, der Magie der irdischen Liebe, des Wunders des aus der fruchtbaren Verbindung hervorgehenden neuen Lebens.

Rosas Gedanken wandern zu der großen Abwesenden bei dieser Trauung. Anna, ihre Mutter, fehlt ihr. Seit langer Zeit. Rosa war vier Jahre alt, als ihre Mutter nach der Geburt ihres letzten Kindes 1881 starb. Mit dreiundvierzig Jahren und nach sechzehn Schwangerschaften war sie eine erschöpfte Frau.

Rosa erinnert sich noch gut an das Gefühl der Verlorenheit

in dem Castel von Entiklar, das plötzlich viel zu groß, viel zu kalt und viel zu leer war. Niemals würde sie das feine, ernste Gesicht der Mutter wiedersehen, niemals mehr den Kopf zwischen den glänzend glatten Falten des Kleides aus blauem Atlas und Samt verbergen, das sie an Festtagen trug. In den folgenden Jahren sollten die strengen Gouvernanten, denen der Vater die Kinderschar anvertraute, sie als aufsässiges Mädchen bezeichnen.

Rosas Kinn hebt sich in einem Anflug von Stolz. All die Stunden der Bestrafung, ausgesperrt auf dem Balkon von Entiklar, in der Kälte: Doch am Ende hat sie den Sieg davongetragen. Sie ist Herrin im eigenen Heim, sie wacht über die Ländereien ihres Vaters, und sie hat ihren Mann erobert. Der Gesang der Gläubigen rüttelt sie aus ihren Gedanken, und sie errötet ein wenig ob ihrer Zerstreutheit. Ihre Mutter hätte das gewiss nicht gebilligt. Zerknirscht lauscht sie der Lesung und Homilie, in Erwartung des großen Augenblicks.

Einen Moment lang senkt sich Stille über den Kirchenraum, nur der Gesang der Vögel dringt durch die offene Tür herein. Die Frauen schauen aufmerksam zum Altar, viele haben glänzende Augen, die Männer sitzen reglos mit dem Hut in der Hand. Hochwürden Andrealta lächelt Rosa und Jakob zu. Sie hören kaum, was er spricht, so sehr sind sie voneinander gebannt.

Ihr klares, entschlossenes »Ja« vereint sich, die Worte schweben gemeinsam auf in der lauen Frühlingsluft. Das Band, das sie vereint, ist stark, voller Freude und Hoffnung.

Später, als Rosa allein vor der ersten Seite ihres Tagebuchs sitzt, wird sie in gemessenem Ton schreiben:

Der Ernst des Lebens hat nun begonnen, ich bin aus meinen Mädchenschuhen heraus getreten, um der Wahl meines Herzens Folge zu leisten. Stehe in meinem 25ten Jahre, wo man sicher kein Kind genannt wird und dennoch

erschreckt mich der Ehestand. Ja gewiß, ein schwerer
Schritt ist dieser Stand, eine große Lotterie, wer wird den
Gewinn ziehen? Der liebe Gott, der das Schicksal lenkt, er
weiß es, was dem Menschenkinde bestimmt ist. Wenn sich
zwei Herzen finden, die sich versteh'n und Freud's Leid
mitsammen teilen, dann ist die Ehe nicht so schlecht, denn
jeder Stand hat seine Freuden, jeder Stand seine Last!

Ich selbst habe am 15. Juli 2000, fast hundert Jahre nach
meiner Urgroßmutter, im Standesamt von Montan, zwei
Kilometer von Pinzon entfernt, geheiratet. Anders als Rosa,
brauchte ich bei meinem Vater Alfred keinerlei Widerstand
zu überwinden, ich habe ihn, im Gegenteil, selten so glücklich gesehen wie an jenem Tag. Weder er noch meine Mutter
haben je darauf bestanden, dass ihre Kinder heiraten, und
nie haben die beiden uns in irgendeiner Form dazu gedrängt,
ein traditionelles Leben zu führen. Alfred hat sich an jenem
Tag nicht darüber gefreut, dass ich heirate, sondern darüber,
dass ich einen Mann heirate, der ihm gefällt und der mich
glücklich macht.

Auch meine Mutter Herlinde war glücklich, zumal ich stets
davon überzeugt war, dass sie keine Hoffnungen mehr heg-
te, mich jemals eine Familie gründen zu sehen. Ich schien
die Tochter zu sein, die für ein unstetes Leben, für die Karriere und all die Reisen bestimmt war, von denen sie selbst
als junge Frau geträumt hatte. Aber selbst abgesehen davon,
dass Jacques, mein französischer Bräutigam, auch ihr Herz
erobert hatte, missfiel ihr diese Wendung der Ereignisse
ganz gewiss nicht. Großzügig übernahm Herlinde alle Vor-
bereitungen für die Trauung und die Feierlichkeiten, einen
Berg an Arbeit, der selbst einen preußischen General abge-
schreckt hätte. Meine Schwester Micki bewahrte mich derweil davor, dem Stress zu erliegen; in der Nacht vor der
Hochzeit schlief ich bei ihr im Haus, um mich ein wenig

verwöhnen zu lassen. Ich hätte nie geglaubt, dass eine Hochzeit in meinem Alter mit so viel Aufregung verbunden sein könnte. Aber es war so. Um die Dinge nicht zu verkomplizieren, hatte ich sogar das freundliche Angebot meines römischen Friseurs und Freundes, Roberto D'Antonio, ausgeschlagen, vorbeizukommen, um mich für den großen Tag zurechtzumachen. So verließ ich das Haus zwar in einem wunderschönen zartrosa Seidenkleid, einem Geschenk Giorgio Armanis, aber mit hochgestecktem und, so gut es ging, mit einer Spange gebändigtem Haar. Als Roberto die Fotos mit der furchtbaren, ziemlich auffälligen Spange in den Zeitschriften sah, drohte er, mich nicht mehr zu kennen. Die offizielle Fotografin war Francesca Witzmann, der ich es verdanke, trotz des anstrengenden Tages glücklich und entspannt verewigt worden zu sein. Außerdem war bei dem frohen Ereignis ein Heer von Paparazzi zugegen. Ein Ordnungsdienst aus Tiroler Schützen und Carabinieri hat sie auf Distanz gehalten. Eine solche Zusammenarbeit hätte zu Zeiten meiner Urgroßmutter natürlich keinen Sinn ergeben. Aber auch während der Repressionen durch die Faschisten wäre sie in Südtirol undenkbar gewesen.

Es mag selbstverständlich scheinen, dass ich mich in Südtirol habe trauen lassen. Aber das ist es nicht. Ich lebte in Rom, Jacques in Paris, wir hätten die Hochzeit auch anderswo feiern können, aber während ich verschiedene Möglichkeiten in Erwägung zog, habe ich gespürt, dass ich für dieses wichtige Ereignis in die Heimat zurückkehren wollte. Ich lächele, wenn ich in Rosas Tagebuch lese, dass sie nach der Trauung in der Stube ihres Vaters gefeiert hat, denn genau dasselbe habe auch ich getan. Nur dass es in meinem Elternhaus keine traditionelle Stube gab und der Empfang im Garten stattfand, mit Aperitifs auf der Terrasse und weißen Pavillon-Zelten auf dem Rasen für das Abendessen.

Ebenso wie für Rosa kamen einige Gäste von weit her, eine

bunte Gesellschaft, die aus den Vereinigten Staaten, aus Frankreich, Spanien, Großbritannien, Jordanien, Österreich und so weiter eingeflogen war, um mit uns zu feiern. Am Tag darauf luden wir sie auf eine unserer Südtiroler Marenden nach Entiklar ein, wo wir ihnen auch den berühmten Park zeigten, durch den schon Johann Freunde und Touristen geführt hatte. Wie in Pinzon sind die Mauern des Castels mit teils ironisch anmutenden Fresken zu naturalistischen und religiösen Themen geschmückt. Und nicht nur das: Rund um den Teich hat Johann jeden Felsen und jede Höhle mit Skulpturen bevölkert, eine Welt voller kleiner, plumper Gestalten und fantastischer Tiere. Sie lösten großes Staunen bei unseren Gästen aus, so wie sie es auch bei den Dorfbewohnern und Fremden taten, die der alte Tiefenthaler persönlich hergeführt hatte. Heute kümmert sich sein Urenkel Herbert Tiefenbrunner, übrigens nach wie vor einer der besten Winzer der Gegend, mit viel Witz und Begeisterung um diese Aufgabe.

Ebenso wie Rosa hatte ich meine Musiker, ein Jazz-Quartett, das mein Bruder Winfried für mich ausgewählt hatte. Auch er selbst spielte für mich aus seinem reichen Repertoire, von Chet Baker bis Paolo Conte, Letzteres zur großen Freude meiner Schwiegermutter Georgette. Wie meine Urgroßmutter habe ich mit meinem Mann einen Walzer getanzt, doch dann sind wir gleich zu Rock'n'Roll übergegangen. Das Essen, das bei unseren Feiern jeweils auf den Tisch kam, dürfte ziemlich ähnlich gewesen sein, von Speck bis Weinsuppe auf Brotwürfeln, von Pilzen und Käse der Region bis zum Fleisch. Für Rosa wird reichlich von Johanns Wein geflossen sein, während ich mit Champagner anstieß, aber schließlich ist mein Mann Franzose.

Rosa und Jakob haben 1902 sicherlich »ja« gesagt. Im Jahr 2000 sagte ich »oui« und Jacques »sì«, aber in jenem Moment erging es uns nicht viel anders als ihnen.

Es war ein schönes Fest. Freudig, mit viel Gelächter und gutem Wein. Es ist fünf Uhr nachmittags, als Rosa in dem bequemen Erste-Klasse-Abteil Platz nimmt, das für sie und ihren Gemahl reserviert ist. Endlich ist sie mit Jakob allein, der Mann, den sie auserwählt hat, sitzt neben ihr auf dem mit rotem Samt bezogenen Polster und greift nach ihrer Hand. Rosa liebt es, den Druck seiner starken Finger zu spüren, und sie weiß nun, dass nichts, außer der Tod, ihren Bund trennen kann. In den dunklen Augen Jakobs, der so schön ist in seinem schwarzen Anzug, liest sie Verlangen, aber auch Bereitschaft für die Zukunft, die auf sie wartet.

Bevor Rosa in die Kutsche zum Bahnhof gestiegen ist, hat Johann sie liebevoll an seine Brust gedrückt. Auf dieselbe Weise hat er seinen Schwiegersohn umarmt und ihm ins Ohr geraunt: »Pass mir auf meine Tochter auf!« Sein Ton war bewegt, aber bestimmt. Er kennt seine kleine Rosa gut, sie ist entschlossen. Geradezu dickköpfig. Wenn die Gouvernanten sie in Entiklar zur Strafe draußen auf den Balkon gesperrt hatten, weinte sie nicht, trotz eisiger Kälte. Sie hat Jakob gewollt, sagt sich der Patriarch, nun hat sie ihn bekommen! Er, Johann, hat es zugelassen, und er hofft von ganzem Herzen, keinen Fehler begangen zu haben, nicht nur aus Liebe zu ihr, sondern auch zu dem Land, das er ihr anvertraut hat.

Der Zug setzt sich in Bewegung, und das Pfeifen der Dampflokomotive ist für Rosa wie ein langer, befreiender und stolzer Seufzer, in den sich eine große Ungeduld mischt. Sie weiß, dass sie in Jakobs Armen zur Frau wird. Sie möchte Mutter werden, denn Gott, der Mann und Frau erschaffen hat, will es so. Und sie möchte einen Buben, einen Erben. Das ist von großer Bedeutung, zumal ihre Schwester Luise vier Jahre zuvor, zur Freude ihres Mannes und des Vaters, den kleinen Hans zur Welt gebracht hat.

Sie lehnt den Kopf an Jakobs Schulter und schließt die Augen. Sie ist davon überzeugt, eine gute Mutter zu werden, aber das hat noch Zeit. Sie lässt sich von ihren Gedanken und vom Ruckeln des Zuges einlullen. Bis Jakob sie sanft weckt: »Wir sind da.«

Sie sind in Moor, keiner der beiden ist bisher so weit in den Süden vorgedrungen. Ein paar Kilometer weiter beginnt Italien, ein Land, das sich vor den Toren des Kaiserreiches ausdehnt und Gebiete einfordert, die die Habsburger lange Zeit als die eigenen betrachtet haben. Mit der Kutsche gelangen sie nach Riva am Gardasee. Es ist ein Uhr morgens, aber die Besitzer des Hotels Bayrischer Hof erwarten sie und führen sie sogleich auf ihr Zimmer. Rosa wird später in ihr Tagebuch schreiben:

Nächsten Morgen machten wir eine Dampfschifffahrt nach Desenzano. Die Fahrt war herrlich, der Himmel blaute so schön und warf seine lieblichen Sonnenstrahlen, wohl über 30 Pärchen, die alle ihre Hochzeitsreise auf dem spiegelklaren Garda-See. Nur reines ungetrübtes Glück lachte aus den Gesichtern, denn es sind ja die Tage der Rosen! »Ach wenn sie immer grüne bliebe, die schöne Zeit der jungen Liebe!«

Die Hochzeitsreise führt weiter nach Verona und schließlich nach Venedig. Sie wohnen im Hotel Panada neben dem Markusplatz. Hand in Hand unternehmen sie lange Spaziergänge durch die Stadt der Dogen, entdecken die Lagune, setzen sich bei Sonnenuntergang, um die Kirche Santa Maria della Salute zu betrachten und in der Ferne die Basilika San Giorgio Maggiore.

Rosa ist verzaubert von dem Reichtum an Geschichte und Kunst, von den dekorierten Fassaden der alten Palazzi, die die Stadt in ein Freilichtmuseum verwandeln. *»Es ist das Land, wo Milch und Honig fließt, wo die süßen Ähren rei-*

fen, wo die Zitronen blühn!«, schreibt sie in ihr Tagebuch, in Anspielung auf Goethe und die Bibel, die Lektüre ihrer Jugend. Sie hofft, dass in ihrem neuen Leben als Ehefrau Zeit sein wird für Bücher, Zeitschriften und das Schreiben, Dinge, die ihr sehr wichtig sind.

Bevor sie nach Südtirol zurückkehren, steht ein Abstecher nach Padua auf dem Programm, wo Rosa unbedingt in der Kirche des heiligen Antonius beten will. Dann nehmen sie den Zug nach Rovereto.

»Ich freue mich darauf, wieder heimzukehren«, seufzt Rosa.

»Ich auch, mein Schatz, ich auch«, pflichtet Jakob ihr bei. Im Grunde seines Herzens weiß er, dass eine schwere Herausforderung auf ihn wartet. Sich in einem geeinten und starken Clan wie dem der Tiefenthaler zu behaupten, ist ein ziemliches Unterfangen.

Rosa spürt seine Unruhe. Aber er wird es schaffen, sich einen Platz in der Familie zu erobern. Dessen ist sie sicher. Und sie will es.

3

Tod eines Patriarchen

Es ist ein besonders eisiger Samstagnachmittag, doch Rosa hat es warm in dem großen Raum des Hotels Greif. Sie ist nach Bozen gekommen, um eine gute Freundin zu treffen; sie haben sich lange nicht gesehen und nutzen nun die Zeit, um ein wenig mit der Mode Schritt zu halten. Seit ein paar Stunden lösen sich in dem Zimmer Putzmacherinnen, Handschuhmacher und sogar ein Juwelier ab. Auf dem Tisch zwischen den beiden jungen Frauen stehen zwei Tassen dampfenden Tees und ein Tablett mit trockenem Gebäck. Sie haben bereits die Zeitschriften und illustrierten Bände durchgeblättert, die nun aufgeschlagen überall ringsum liegen. Besonders angetan haben es Rosa die Stoffe, Objekte und Tapeten der Wiener Werkstätte, die erst im Jahr zuvor gegründet wurde, aber bereits sehr erfolgreich bei der Verbreitung des neuen Wiener Stils mit seinen stilisierten Blüten und geometrischen Ornamenten ist.

Nun ist die Reihe an der Schneiderin, die Proben von Atlas, Seide und Taft vor ihnen ausbreitet. Jakob will Rosa ein neues Kleid schenken. Ein elegantes, für festliche Tage, hat er gesagt. Sie haben einen schwierigen Sommer hinter sich; ihre Älteste, Elsa, ist im August erkrankt mit derart heftigen Durchfällen und Erbrechen, dass die behandelnden Ärzte bereits alle Hoffnung aufgegeben hatten. Wie sehr haben die Eltern an ihrem Lager gebetet, während das Mädchen besinnungslos daniederlag. Aber dann ist sie gesund geworden. Nachdem diese Prüfung überstanden war und der Herbst eine gute Ernte gebracht hatte, war das für Jakob Anlass, zu feiern und seine Frau ein wenig zu verwöhnen. Er hat darauf bestanden, dass sie ihn an diesem Samstag nach Bozen begleitet.

Rosa hat freudig eingewilligt, auch wenn es nicht gerade der beste Monat ist, um neue Kleider zu kaufen. Sie ist erneut schwanger, und vorerst kann sie nicht viel mehr tun, als den Stoff auszuwählen. Sie denkt an den blauen Atlas des Kleides ihrer Mutter: Nun hat sie selbst zwei Töchter, die ihr schon bald am Rockzipfel hängen werden. Und wer weiß, vielleicht trägt sie unter ihrem Herzen endlich den ersehnten Erben? Die rasch aufeinanderfolgenden Schwangerschaften haben ihre Figur verändert, die zwar noch immer hochgewachsen und elegant ist, aber allmählich fülliger wird. Auch sie möchte einen schönen schweren Atlas, die Schneiderin zeigt ihr einen taubengrauen mit Seideneinschlag, der ihre blauen Augen zur Geltung bringt. Fröhlich schwankend zwischen einem Modell mit hohem Spitzenkragen und einem weniger praktischen mit Halbschleppe, beginnt sie mit ihrer Freundin ein Gespräch, das ihren Mann zutiefst gelangweilt hätte.

Jakob sitzt wie jeden Samstag im Caffè Kusseth am Musterplatz, wo sich die Männer treffen, um über die Geschäfte in der Gemeinde zu sprechen und sich ein paar Runden Tarot zu gönnen. Er fühlt sich noch nicht ganz wohl in dieser geschlossenen Kaste von Besitzenden, die sich von jeher kennen und deren Familien alle miteinander verwandt sind. Er hat den Eindruck, die strenge Gegenwart des Schwiegervaters selbst dann zu spüren, wenn Johann nicht anwesend ist. Aber er gibt sich alle Mühe, dazuzugehören und zu lernen, und dank seiner fröhlichen, offenen Art ist er beliebt. Später wird er sich bei einem Stück Apfelstrudel zu seiner Frau in den Teesaal des Greif gesellen.

Die beiden Freundinnen warten darauf, bedient zu werden, als Rosas Blick zwischen all den für die Gäste bereitliegenden Zeitungen auf eine italienische Wochenzeitschrift fällt, die man normalerweise nicht zu Gesicht bekommt: die »Domenica del Corriere«. Merkwürdig, sie hier zu finden. Ein wenig zögernd greift sie danach, das große farbige Bild auf der Titelseite hat ihre Neugierde geweckt: Männer, die auf einem Platz in Innsbruck mit erhobenen Knüppeln aufeinander losgehen, um sich eine gehörige Prügelei zu liefern. Im Hintergrund erkennt man einige Polizisten, die anderen sind vermutlich Studenten. Erschrocken über dieses Bild, das mehr sagt als ein ganzer Artikel, legt sie die Zeitschrift zurück. Sie wird noch viel über die Unruhen an der Universität Innsbruck lesen.

Die studentischen Protagonisten dieser traurigen Geschehnisse sind fast genauso alt wie Rosa. Sie kommen aus dem Trentino, viele von ihnen sogar aus der Hauptstadt, wo die von ihrem Mitbürger Cesare Battisti gegründete Vereinigung der Trentiner Studenten aktiv ist. Auf ihn beruft sich die sozialistische Strömung, während die Vertreter der christlichen Richtung Alcide de Gasperi zu ihrem Führer erklärt haben. Derselbe de Gasperi, der nach der Befreiung Italiens vom Faschismus zum Kopf der Christdemokraten werden sollte, saß zum Beginn des Jahrhunderts im Wiener Parlament. Denn ebenso wie Rosa Tiefenthaler war auch er gebürtiger Österreicher.

Mit dem Verlust Lombardo-Venetiens zugunsten Italiens hat das Kaiserreich auch die Universitäten Padua und Pavia verloren, die zur italienischen Ethnie gehörenden jungen Leute haben nicht länger die Möglichkeit, in ihrer eigenen Sprache zu studieren, und entsprechende Forderungen werden laut. Sie wollen sich nicht von Österreich-Ungarn lösen und sich auch nicht Italien anschließen: Trotz der Krisen und Kriege läuft es mit der Wirtschaft der Habsburger besser als mit der des italienischen Königreichs. Ethnische Minderheiten werden respektiert, insbesondere die italienische, die den Großteil der Matrosen für die kaiserliche Flotte stellt. Außerdem ist die im Konflikt mit dem Papsttum stehende italienische Monarchie in den Augen der frommen, katholischen Tiroler Bürger zu laizistisch und antiklerikal. Dennoch fordern die Trentiner Italiener kulturelle Autonomie. Sie fragen sich, warum die Sprache, in der sie studieren, nicht dieselbe sein kann, die sie daheim sprechen. Ein Jahrzehnt später werden die historischen Ereignisse in dem von Italien eroberten Südtirol genau dieselbe Frage für das Deutsche aufwerfen.

Nach 1890 hat man an der Universität Innsbruck parallele Lehrveranstaltungen in italienischer Sprache eingerichtet, aber die Zugeständnisse reichen nicht darüber hinaus. Auf die Autonomieansprüche der Trentiner gibt Wien zweideutige Antworten, es gewährt einige Vorteile, jedoch nicht genügend, es weckt Hoffnungen, um sie anschließend zu enttäuschen. 1904 beschließt man endlich, in Wilten, einem Stadtteil im Süden Innsbrucks, provisorisch eine italienische juristische Fakultät einzurichten. Die Spannungen entladen sich. Die deutschen Studenten lehnen diese Lösung ab, da sie darin eine Bedrohung ihrer kulturellen Identität sehen. Die kleinen Raufereien, zu denen es in den vergangenen Monaten zwischen den verschiedenen Gruppierungen gekommen war, entwickeln sich zu einem offenen Konflikt.

Am 3. November 1904, dem Tag der Eröffnung, strömen Hunderte italienischer Studenten nach Wilten. Bei ihrer Ankunft werden sie von deutschen Nationalisten erwartet, die nicht die geringste Absicht haben, sich mit den geschaffenen Fakten abzufinden. Auch einfache Bürger sind gekommen, eine unüberschaubare Menge. Die Anführer der italienischen Bewegung nähern sich zum Gespräch, aber es herrscht alles andere als Verhandlungsstimmung: Von einem Augenblick auf den andern eskaliert die Situation. Jemand schießt sogar, die Italiener sind in der Minderheit, vielleicht weniger vorbereitet. Sehr schnell sind sie unterlegen, doch das Militär greift ein, um die Gewalt zu stoppen. Ein getöteter ladinischer Maler bleibt auf dem Gelände zurück, 138 Italiener werden verhaftet, darunter die gesamte intellektuelle Elite des Trentino und Triests: von Cesare Battisti bis zu Alcide de Gasperi, von Mario Magnago bis zu Mario Scotoni. Ein totales Debakel: In Wien nimmt man zur Kenntnis, dass es unmöglich ist, in Innsbruck eine italienische Universität einzurichten. Sie wird geschlossen.

Diese beiden Tage der gewalttätigen Auseinandersetzungen gehen in die Geschichte ein als die »Fatti di Innsbruck« (»Fakten von Innsbruck«). Kein guter Start in das neue Jahrhundert, das in der Tat dazu bestimmt sein wird, extremistische nationalistische Strömungen zum Explodieren zu bringen.

Im ersten Jahrzehnt des 20. Jahrhunderts kommt es immer häufiger zu gewaltsamen Ausschreitungen.

1906 zieht Ettore Tolomei, ein Welscher aus Rovereto, nach Glen unweit von Pinzon. Er hat bereits von sich reden gemacht: Er ist österreichischer Staatsbürger, aber italienischer Irredentist. Schon seit einigen Jahren leitet er Protestaktionen wie den Aufstieg auf den Klockenkarkopf im Ahrntal. Er hat diesen Berg »Vetta d'Italia«, »Spitze Italiens«, getauft. In der Debatte um die natürlichen Grenzen Italiens gilt er als nördlichster Punkt des Landes und hat daher einen hohen Symbolcharakter. Das Problem ist nur scheinbar ein ideologisches, in Wahrheit ist es geostrategischer Natur: Die Alpen bilden in den Augen des italienischen Staates die ideale natürliche Grenze zum Habsburger Kaiserreich.

Zehn Jahre zuvor hat Tolomei die Zeitschrift »Nazione Italiana« gegründet, die nach seiner eigenen Definition »ein Kampforgan für die grenzübergreifende Italianität« ist. Er beginnt Karten zu zeichnen, die, von zweifelhaften historischen und wissenschaftlichen Grundlagen ausgehend, beweisen sollen, dass das Gebiet zwischen Meran und Bozen halb italienisch, und das zwischen Bozen und Salurn sogar zu hundert Prozent italienisch ist. Für Südtirol prägt er, unter Rückgriff auf eine Definition aus napoleonischer Zeit, die Bezeichnung »Alto Adige«.

Eines Nachmittags treffen sich Johann Tiefenthaler und Tolomei in Neumarkt. Der Neuankömmling muss eine Hypothek löschen, die auf dem Thalerhof liegt, den Johann fünf Jahre zuvor verkauft hat und den Tolomei nun von den neuen Eigentümern erwerben will. Die Verhandlung wird in nicht gerade freundlichem Ton geführt, Johann ist ein kluger Geschäftsmann. Er ist älter und gewiefter, und außerdem ist ihm dieser junge Kerl mit dem Spitzbärtchen, dem allzu gepflegten Schnurrbart und den durchdringenden Augen nicht gerade sympathisch.

Tolomei erwähnt die Episode in seinen Memoiren beiläufig und in wenig respektvollem Ton: »Der Vorbesitzer, Tiefenthaler, lebte in einer mit großen Tierfiguren aus Stuck geschmückten Villa, die er eigenhändig, nach seinem Geschmack bemalt hatte. Dieser originelle Alte kam also zu einem Treffen nach Neumarkt, wo wir in der Osteria bei Tisch übereinkamen. Wohl gemerkt: Es war die Zeit, in der sich das slawische Volk ängstlich erhob, es gab die Massaker von Petersburg; italienische Studenten demonstrierten für eine italienische Universität in Triest; in Rovereto hätte Österreich sie zugelassen, in Triest dagegen nicht. Rovereto hatte mit dankender Ablehnung reagiert: Triest oder nichts! Man sprach darüber in der Osteria; der alte, deutsche Kerl war beunruhigt: Triest o gnent? Triest oder nichts?«

Am Tag seines Umzuges in den Hof von Glen schreibt Tolomei: »Das ungewisse Unterfangen beginnt.« Warum »ungewiss«? Sein Ziel scheint im Gegenteil vollkommen klar: Die Region soll Italien »zurückgegeben« werden. Und er versteht es in geschickter Weise, die Aufmerksamkeit auf sich zu ziehen: Außer der Zeitschrift organisiert er Kundgebungen auf Plätzen und in Theatern. Die Bürger von Neumarkt bleiben unschlüssig und beunruhigt stehen, um ihm zuzuhören, wenn er schreit, die Gegend sei bereits seit der Römerzeit stets italienisch gewesen, wie das allein schon die Existenz der ladinischen Sprache beweise. Im Lauf der Jahre wird seine Propaganda immer hitziger, und nicht selten muss bei den Kundgebungen die Polizei eingreifen, um Gewalt zu verhindern.

Rosa und Jakob stoßen oft auf Tolomei, dessen Hof kaum eine halbe Stunde Fußweg von ihrem Haus entfernt liegt. Er ist nicht gerade der beliebteste Nachbar: Seine Aufrufe und Appelle stoßen sie ab und versetzen sie gleichzeitig in Unruhe. In dem immer angespannteren Klima fürchten sie um die Sicherheit der Familie, um die Geschäfte, die in Zeiten politischer Instabilität niemals florieren.

Und die Zeiten, die kommen, sind mehr als nur instabil.

Pinzon, 28. August 1907

Seitdem ich das letzte Mal in diesem Büchlein schrieb, habe ich großes Leid ausstehen müssen und meine Hand zittert, dieses niederzuschreiben.

Rosa legt die Feder nieder. Das Schreiben fällt ihr diesmal wirklich schwer, und bevor sie fortfährt, sucht sie Trost in den vorangehenden Seiten. Die eigenen Worte rufen ihr all jene glücklichen Momente ins Gedächtnis zurück, die sie seit der Hochzeit mit Jakob durchlebt hat. *»Pinzon, 22. März 1903«*, liest sie. *»Seit 16. Februar bin ich glückliche Mutter eines kräftigen Mädchens geworden.«* Es ist ihre Älteste, Elisabeth Aloisa, die stets Elsa genannt wird. Rosa erinnert sich an die Aufregung und die Ängste von damals, aber alles ist gutgegangen, und kaum ein Jahr später, am 28. Februar 1904, hat sie über ein weiteres freudiges Ereignis schreiben können. Ihre zweite Tochter, Auguste, ist am 9. des Monats zur Welt gekommen in der Dunkelheit des Winters und während auf den Dächern der Schnee lag. Abgesehen von der bekannten Müdigkeit spricht aus den Zeilen ein wenig Bedauern: *»Obwohl wir lieber ein Knäblein in Empfang genommen hätten, so danken wir doch tausendmal dem guten Gott, fürs Töchterle, das gesund entwickelt ist.«*

Eine Ehe ohne Kinder, davon ist sie überzeugt, ist wie eine Welt ohne Sonnenschein. Aber die strahlendsten Sterne sind die Söhne, die den Namen der Familie weitergeben, das Haus beschützen und sich um die Geschäfte kümmern. Genau ein Jahr später, 1905, kommt jedoch eine weitere Enttäuschung. *»Seit 11. Februar«,* liest Rosa, *»bin ich Mutter des dritten Kindes. Der Stammhalter blieb auch diesmal aus, es war ein kleines herziges Mägdelein.«* Sie wird Maria heißen, Mariedl genannt. Die nachfolgende Bemerkung klingt ironisch: *»Wenn es mit dem Kindersegen so schnell geht, dann haben wir die Zahl 12 bald erreicht und sicher werden auch Buben darunter sein.«*

Sie hat nicht mehr bis zum zwölften Kind warten müssen: Etwas mehr als ein Jahr Geduld genügt.

»Der 18. März 11 Uhr vormittags, als nach altem Brauche die Hochwürdigen Herrn nach dem Gottesdienst bei einem Glas Weine saßen, brachte uns den willkommenen Erben.« Rosa erinnert sich an die große Erleichterung, den Stolz, ihrem Mann das geschenkt zu haben, was er von ihr erwartet hat: einen Knaben. *»Ein frischer schlanker Bubi.«* Ein kleiner Josef-Johann. *»Die Freude konnte man kaum fassen«,* hatte sie damals kommentiert. *»Auch meine geliebte Schwester Luise lachte das Glück aus den Augen als sie den jungen Krieger am Arme hielt.«* Der glücklichste von allen war Johann Tiefenthaler, der Patriarch. Er ging auf die achtzig zu und wuss-

te, dass ihm nicht mehr viel Zeit im Leben blieb, die Zerbrechlichkeit der menschlichen Existenz hatte er selbst hautnah erlebt. Zwar hatte Luise bereits mehr als einen Knaben zur Welt gebracht, aber nur ein Sohn Rosas konnte dafür sorgen, dass die Ländereien von Pinzon nicht geteilt würden. Ein Bub, den Tradition und Gesetz zum ersten und alleinigen Erben des Gutes machten, war die einzige Rettung.

Vier Kinder in vier Jahren. Kurz nach dieser vierten Entbindung bekam Rosa eine Brustdrüsenentzündung. Die Ärzte rieten ihr zu einer Thermal-Kur ein wenig weiter im Norden, unweit des Brenners. Quellen, die seit Jahrhunderten für ihre Heilwirkung bekannt sind, sprudeln dort aus dem Untergrund der umliegenden Berge hervor. Rosa erinnert sich, wie unglücklich sie war, abreisen und ihre kleine Familie, wenn auch nur für wenige Tage, allein lassen zu müssen. *»Gottes Engel wollen meine vier Lieblinge schützen und mich gesund heimführen«*, hat sie damals geschrieben. Der zweiwöchige Aufenthalt in den Thermen war gewiss kein Urlaub.

Tränen verschleiern die letzten Worte, die sie liest, den Eintrag vom Dezember 1906, aus dem erneute Zuversicht spricht. *»Das Leben ist ja nur ein Traum, es schwebt dahin, man merkt es kaum! Die Zeit eilt mit Riesenschritten dahin, schon wieder stehen wir an der Ausgangspforte des alten Jahres. Mit Schaudern blicke ich zurück auf die Vergangenheit und wie froh bin ich, dem alten Jahre den Rücken kehren zu dürfen. Gottes Hand geleite uns und lasse uns seine Schickungen immer mit Geduld annehmen.«*

Das Leben ist ein Traum, und Träume gehen zu Ende.

Rosa setzt erneut die Feder auf das Blatt und schreibt:

Am 10. Juli wurde ich von einem gesunden Mädchen entbunden, welches Tags nachher im Gotteshause hier von Hochwürden Herrn Pfarrer Andrealta getauft wurde und den Namen Berta Johanna erhielt. Schwester Luise machte Patin.

Mein liebstes Vaterl kam auch von seinem Sommersitz Kalditsch zum Taufakte, trotzdem er sich längere Zeit nicht wohl befand. Niemand ahnte, daß der Sensenmann dem guten Vaterl schon am Rücken klopfte und am 17. des Monats als er nach Entiklar wollte, kam der Gute nur bis Hotel Bahnhof. Dort mußte er sich begeben. Der Mensch denkt, Gott lenkt!

Gegen 7 Uhr abends kam eine Eilbotschaft, daß Vater am Sterben liege. Es ist nicht zu beschreiben, welche bange Sorge mich zu erdrosseln schien, denn ich ahnte das Fuchtbarste.

In Begleitung meines lieben Gatten, ging ich so gut mich meine Füße tragen konnten hinunter, noch einmal wenigstens Denjenigen zu seh'n, der mir so lieb und treu war. Schwester Gusti, Schwager Dr. Sembianti standen ihm zur Seite und trockneten die kalten Schweißtropfen. Seine Hand, die lieb Vater mir gleich zum Gruße bot, war schon todesfärbig. Wie bitterhart waren die Worte zu hören, Du liebes Kind, bis 12 Uhr nachts bin ich tot. Er verlangte selbst einen Priester und befahl, sich nach Entiklar zu führen, wo unser so herzensguter Vater, Punkt 12 Uhr, hinüber schlummerte ins Land des Friedens.

Das arme, auch so schwer geprüfte, müde Herz hat ausgerungen, wir verloren unseren besten Wohltäter und Ratgeber. Seine Besitzungen und die Kunstwerke, die er geschaffen, sind stumm und trostlos und trauern um seinen Meister! Ach wie schnell ist oft des Menschen Ende, der Tod kommt unvermutet bei Tag oder Nacht.

Dienstag wurde nach seiner mündlichen Anordnung die teure Leiche nach Pinzon geführt, an jenes Ruheplätzchen, das er sich selbst erwählt hatte.

Mit seinem Tod hinterlässt Johann einen Besitz, der sich im Lauf der Jahre, durch Erbschaften und Zukäufe, zu einem der blühendsten der Region entwickelt hat. Aber er hinterlässt keine männlichen Erben.

In Südtirol herrscht zu seiner Zeit eine extrem konservative, in mancher Hinsicht geradezu feudalistische Gesellschaftsordnung. Rosa ist eine Frau mit Charakter, die aufbegehren kann, wie die Geschichte ihrer Ehe beweist. Aber sie stammt aus dieser Welt und wird ganz gewiss niemals die bestehende Ordnung in Frage stellen, die ihr als der natürliche Zustand der Dinge erscheint. Man muss auf kommende Generationen von Frauen warten, ehe das jahrhundertelang überlieferte Erbfolgesystem als ungerecht betrachtet und verändert werden kann.

Die Wurzeln des sogenannten Rechtsinstituts des »geschlossenen Hofes« reichen zurück bis zu den germanischen Siedlungen des 6. Jahrhunderts, wobei es erst 1775, unter Kaiserin Maria Theresia, zu einer rechtlichen Kodifizierung kam. Die Regelung lautet, dass der gesamte Besitz einer Familie an nur eines der Kinder vererbt wird. Üblicherweise ist das der erstgeborene Sohn, aber der Grundbesitzer kann auch einen anderen Erben bestimmen. Allen anderen steht eine Entschädigung in Form von Geld zu, die oft in Raten bezahlt wird, um den Erben finanziell nicht zu sehr zu belasten. Es muss nicht eigens erwähnt werden, dass Frauen, außer in absoluten Ausnahmefällen, unberücksichtigt bleiben, und selbst dann ist es üblicherweise der Ehemann, der sich letztendlich um den Besitz kümmert.

Als junges Mädchen fand ich diese Regelung ungeheuerlich. Sie erschien mir als eine der schlimmsten Manifestationen meiner durch männlichen Chauvinismus geprägten, ultrakonservativen Heimat Südtirol. Mit der Zeit habe ich die dahinterstehende Logik begriffen. Mir ist klar, dass eine gleiche Erbfolge für alle, insbesondere bei so großen Familien wie früher, zu einer Aufteilung in immer kleinere Grundstücke geführt hätte. Am Ende hätte niemand mehr von den Erträgen des eigenen Landes leben können. Als unter dem Faschismus das italienische Erbfolgegesetz aufgezwungen wurde, wertete man dies entsprechend als einen erneuten Angriff auf die Traditionen und den Wohlstand Südtirols.

Das kostbarste an meinem Land ist das Land, das steht außer Frage. Selbst mein Vater, der sicher nicht als konservativ gelten kann, hat jedem seiner drei Kinder ein Stück Familienbesitz hinterlassen wollen. Ich habe einen Apfelhain. Ich lebe in Rom, bin mit einem Franzosen verheiratet, reise beruflich und aus Leidenschaft durch die Welt, aber ich habe einen Flecken Land in den Bergen, der ein Stück meiner Wurzeln bewahrt.

4

Das verschollene Testament

Der Nachmittag geht zur Neige, bald wird die Dämmerung über Pinzon hereinbrechen. Berta, mit ihren kaum mehr als zwei Monaten, schlummert bereits in den Armen der Amme. Die Dienstboten verrichten schweigend ihre allabendliche Arbeit. Keiner wagt es, die in ihrem Schmerz versunkene Hausherrin zu stören.

Rosa sitzt in der Stube, sie ist untröstlich. Ihr Vater ist gestorben, der einzige Elternteil, der zeitlebens ein Bezugspunkt war, ist fort. Ganz in Schwarz sitzt sie aufrecht, wie betäubt, und starrt mit leerem Blick auf die im Schoß gefalteten Hände. Die Anspannung steht ihr ins Gesicht geschrieben, ihre Augen sind gerötet vom vielen Weinen. Jakob versucht, sie zu trösten, aber sie bittet ihn, sie allein zu lassen: »Sei so gut, Jakob, es ist besser so.«

Auch er trägt Trauer für seinen Schwiegervater Johann Tiefenthaler. Doch er weiß wohl, dass der Patriarch ihn nicht in der Familie wollte. Ohne Rosas Hartnäckigkeit wäre er niemals in diesen reichen Clan aufgenommen worden. Er hat versucht, sich der Liebe seiner Frau als würdig zu erweisen, ein guter Ehemann und Vater zu sein. Er hat auch versucht, sich der Großzügigkeit Johanns als würdig zu erweisen und die Ländereien zum Blühen zu bringen. Aber es scheint ihm, als habe er nie das Misstrauen der übrigen Familie besiegen können. Sie reden hinter seinem Rücken. Einmal, als er die schmalen Steinstufen hinabstieg, die zu dem Teich im Park von Entiklar führen, hat er zufällig ein Gespräch zwischen Luise und ihrem Mann Johann belauscht.

»Stell dir vor, die Knechte müssen ihn warnen, sobald sie die

Kutsche meines Vaters erspähen, wenn er freitags nach Pinzon kommt, um auf dem Gut nach dem Rechten zu sehen.«
»Liebling, dein Vater ist nicht ganz einfach.« Auch Johann Tiefenbrunner kennt die Schwierigkeiten mit dem Schwiegervater. Sie haben sehr unterschiedliche Auffassungen, was die Führung des Gutes betrifft, das in den Augen des jungen Mannes unter Misswirtschaft und unnützen Ausgaben zu leiden hat. Der alte Tiefenthaler bringt dagegen kein Verständnis für seinen Plan auf, ein Elektrizitätswerk zu errichten.

»Schon, aber der Kerl ist einfach zu komisch. Stell dir vor, wenn sie ihm sagen, dass mein Vater kommt, stürzt er hinauf zur Scheune. Er rennt hierhin und dahin, bis er schweißgebadet ist. Dann läuft er ihm zur Begrüßung keuchend und in Hemdsärmeln entgegen und tut so, als käme er geradewegs von den Feldern.«

Johann kann nicht an sich halten, er muss aus vollem Halse lachen. Auch Jakob hätte gelacht, wenn es ein anderer gewesen wäre. Aber sie sprechen über ihn.

Die Sticheleien, zu denen es in allen Familien kommt, haben in Jakob ein leichtes Opfer gefunden. In der äußerst soliden Kette der Familie Tiefenthaler-Tiefenbrunner ist er das schwächste Glied.

Rosa sieht ihn in Gedanken versunken und streckt eine Hand aus, um zärtlich seinen Arm zu drücken. Selbst in ihrem Schmerz findet sie noch Zeit, an ihn zu denken. Sie ist sich seiner Schwächen bewusst, aber sie liebt ihn, so wie er ist. Gleich nach der Hochzeit hat sie ihm zwei Grundstücke geschenkt, die sie vom Vater bekommen hat. So ist Jakob Rizzolli in die Klasse der Privilegierten aufgestiegen, der sie selbst seit ihrer Geburt angehört. Sie wissen beide, dass in Südtirol ein Mann ohne Land nichts wert ist und in der Politik nichts zu sagen hat. Dank dieser Schenkung hat er einen Sitz im Gemeinderat von Montan und ist an den für die Gemeinschaft wichtigen Entscheidungen beteiligt.

Es stimmt, ihr Mann mag gern gute Gesellschaft, Karten und Wein. Aber Rosa kann nichts Schlimmes daran finden, die Freuden des Lebens zu genießen. Auch sie hat schon manchen Morgen in aller Ruhe mit ihm genossen, und ihr steigt noch immer das Blut zu Kopfe bei dem Gedanken, wie ihr Vater sie einmal bei seiner Ankunft noch im Bett überrascht hat. Ein Zeichen von Schwäche? Jeder hat seine schwachen Seiten. Nach fünf Jahren und fünf Kindern ist sie noch immer davon überzeugt, mit ihrem nicht ganz perfekten, lächelnden Gemahl eine gute Wahl getroffen zu haben. Jakob schließt sie fest in die Arme, bevor er die Stube verlässt, und aus dieser Umarmung schöpft sie Mut für das Gespräch, das vor ihr liegt.

In einer Zimmerecke gibt eine Uhr unerbittlich, Schritt um Schritt, den Takt der Zeit vor. Rosa betet zu Gott, er möge ihren Vater zu sich nehmen und ihre Familie beschützen.

Das Stampfen eines Pferdes und das Geräusch von Kutschrädern lassen sie aufhorchen. In den letzten Tagen hat man es oft gehört, Verwandte, Freunde, Angestellte und einfache Bekannte haben einander an dem Grab abgelöst, das dem Haus gegenüber auf dem kleinen Friedhof liegt, auf dem Johann beigesetzt werden wollte. Doch diesmal ist es kein Kondolenzbesuch, und Rosas Herz schlägt schneller. Es klopft an der Tür.

Vor ihr steht Luise, aufrecht und ernst. Das zu einem Knoten gebundene Haar, das bereits kurz nach ihrem dreißigsten Geburtstag ergraut ist, verleiht ihrem schmalen Gesicht und ihrer schlanken Erscheinung etwas Strenges, fast Asketisches. Die beiden Schwestern umarmen sich eine Weile lang mit tränenverschleierten Augen. Sie wissen, dass ein besonderer Augenblick in ihrem Leben gekommen ist. In einer Welt, in der man von Frauen vor allem Gehorsam und Treue erwartet, haben die beiden bislang stets dem Willen Johanns entsprochen. An diesem Abend befinden sie sich in einer für ihre Zeit außergewöhnlichen Situation: Sie müssen allein über ihr Schicksal, das ihrer Familien und über ihre Ländereien entscheiden.

Sie sitzen in einer Ecke der Stube am Tisch, auf dem ein Krug mit Holundersaft bereitsteht. Luise, die Ältere, ergreift zuerst das Wort: »Unser Vater hat kein Testament hinterlassen.«

Rosa wählt sorgfältig ihre Worte.

»Unser armer, so umsichtiger Vater hat nicht an den Tod denken wollen.«

»Du hast recht. Friede seiner Seele. Doch nun ist es an uns, eine Wahl zu treffen.«

»Er wird sich gesagt haben, dass wir das Richtige tun werden. Er hatte Vertrauen in uns.«

Nicht zum ersten Mal kommt Rosa der Gedanke, dass der Vater ihr das nicht hätte antun dürfen. Er hat Land, Häuser, Geld, ein riesiges Vermögen hinterlassen. Und auf den Schultern der Töchter, denen er die Hauptgüter, Entiklar und Pinzon, anvertraut hat, lastet die Verantwortung, das Problem mit der Erbschaft zu lösen. Ein heikles Unterfangen, das oft zur Spaltung führt und über Generationen hinweg Neid und Hass in die Herzen pflanzen kann. Sie fühlt sich ein wenig feige, als sie die einfachste Lösung vorschlägt: »Lass uns die Schwestern zusammenrufen und gemeinsam entscheiden.«

»Unsere Schwestern haben sich für ein Leben weit fort von hier entschieden. Es ist, wie gesagt, an uns«, erwidert die andere mit fester Stimme.

Rosa weiß, dass sie recht hat. Auch die Jüngste, Gusti, ist bereits mit einem Offizier des Kaiserlichen Heeres aus Innsbruck verlobt und wird bald fortgehen. »In diesem Falle würden wir ihnen ausbezahlen, was ihnen zusteht«, pflichtet sie der Schwester bei und fügt hinzu: »Dein Mann ist begütert, und ich kann ein wenig Land verkaufen.« Wie sehr sie sich wünschen würde, dem nichts hinzufügen zu müssen und es ohne weitere Diskussionen beim *Status quo* bewenden lassen zu können. Aber gewisse Dinge müssen geklärt werden, und aus ebendiesem Grund ist Luise gekommen.

»Pinzon ist ein großes, ertragreiches Gut«, beginnt sie. »Ohne Testament wissen wir nicht, was unser Vater damit zu tun gedachte.«

»Natürlich wissen wir das«, entgegnet Rosa. Schließlich hatte niemand anders als der Vater selbst sie hergeschickt. »Er hat mir immer gesagt, dass Pinzon mein Heim werde und dass er wünsche, ich möge über sein Grab wachen!«

»Er hätte nie gewollt, dass sein Land geteilt wird.«

»Aber wir sind Schwestern, wir sind eine gemeinsame Familie. Wir werden nie geteilt sein.«

Luise schaut ihre Schwester lange an. Das runde Gesicht des jungen Mädchens, das mit sechzehn Jahren in die Kalesche nach Pinzon gestiegen ist, hat sich verändert. Es wirkt resoluter, und aus den klaren, leuchtend blauen Augen sprechen Sicherheit und Reife. Luise könnte darum kämpfen, alle Güter des Vaters zu bekommen, aber das wird sie nicht tun. Sie ist eine starke Frau und in erster Linie auf das Wohl der Familie bedacht, sie ist aber auch durch und durch rechtschaffen und zutiefst gläubig. In Entiklar hat sie in einem Raum im ersten Stock eine kleine Kapelle eingerichtet, einen Ort des Friedens und der Sammlung mit einem gemalten Sternenhimmel an der Decke und einem weißen Tuch über dem Altar. An einer der Wände hat sie eine mahnende Inschrift anbringen lassen: »*Mensch, geh nicht zu weit. Denke an Tode, Gericht und Ewigkeit.*« Ganz gewiss ist es nicht die Einheit ihrer Besitztümer, über die sie beim Jüngsten Gericht Rechenschaft wird ablegen müssen, sondern die Harmonie und der Friede, die sie in ihrer Familie zu wahren vermochte.

Am Ende wird sie Entiklar behalten. Um das Gut zu retten, muss ihr Ehemann Johann einige Opfer bringen. Rosa wird Pinzon bekommen. Die andern sollen mit Geld entschädigt werden. Doch es bedarf gewisser Garantien.

»Rosa, eines Tages werden wir nicht mehr sein«, beginnt sie erneut. »Wir haben eine Pflicht gegenüber unserem Land. Und gegenüber den kommenden Generationen. Dein Gatte ist ein guter Mensch. Aber Pinzon bedeutet eine große Verantwortung. Ich muss sicher sein, dass wir die richtige Entscheidung treffen.«

Rosa begreift sehr gut. Ihre Schwester vertraut noch nicht ganz auf Jakobs Fähigkeiten. Sie wird kein Wort zu viel verlieren, aber es ist eine Forderung gestellt worden, die eine Antwort verlangt. Die Dämmerung, die sich draußen über die Berge senkt, erfüllt das Zimmer mit Schatten.

»Geliebte, über alles geschätzte Schwester, zu lange habe ich mich nach einem Sohn, nach meinem Josef, gesehnt, als dass ich auch nur daran denken könnte, ihn eines Tages leer ausgehen zu lassen. Ich werde dieses Land für ihn bewahren. Lange Jahre habe ich fleißig die Güter bewirtschaftet. Gemeinsam mit meinem Mann und mit Gottes Hilfe werde ich es auch weiterhin tun. Es wird immer eine Herrin von Pinzon geben.«

Luise nickt. Mit einem Mal rutscht Rosa auf der Bank ein wenig näher und drückt sie an sich. Luise erwidert die Umarmung.

Trotz des guten Willens und der gegenseitigen Zuneigung der beiden Schwestern dauert der Kampf um die Erbfolge Johanns noch viele Monate an. Die übrigen Erben, vier Töchter und zwei Enkel, sind davon überzeugt, dass es ein umsichtiger Mann wie Johann Tiefenthaler unmöglich versäumt haben kann, ein Testament aufzusetzen. Es wird sich sicher in dem Geldschrank befinden, der seit jeher in Entiklar thront. Aber niemand kann den Schlüssel dazu finden.

Luise hat ihn verloren. Die Gemüter sind erregt, und jemand behauptet gar, sie habe ihn nur versteckt, um zu verhindern, dass der letzte Wille des Vaters verlesen werde. Doch so ist es nicht, viele Jahre später erst, während des Zweiten Weltkrieges, sollte der Schlüssel wiedergefunden werden, in einem Geheimfach in Johanns Sekretär, von dem niemand auch nur etwas ahnte.

Die Familie lässt eigens aus Wien von der Firma Wertheim, die den Geldschrank hergestellt hat, einen Arbeiter kommen. Er öffnet den Schrank vor versammelter Familie. Zur großen Überraschung aller ist er vollkommen leer. Er enthält nichts: weder Papiere noch Geld.

Rosa zweifelt keinen Augenblick lang an der Redlichkeit ihrer Schwester. Aber das Klima ist bereits vergiftet. Bedrückt schreibt Rosa am 16. November 1907:

> *Diese Aufregungen schaden meinem liebsten Manne und mir sehr, und hegen wir den einzigen Wunsch, daß das Familienglück, die Harmonie unter dem Verwandtenkreis wieder aufblühen möge, wie vorher.*
>
> *Der gute Mond, der alte treue Freund, der Licht in die dunkle Totenkammer meines geliebten Vaters spendet, er gibt auch meinem wunden Herzen Licht und Trost, wenn ich so einsam abends spät, an seinem Hügel weine.*

Endlich wird ein Kompromiss gefunden. Man lässt die Güter Johann Tiefenthalers schätzen: 850 000 Goldkronen. Ein zu niedriger Schätzwert, zugunsten Luises und Rosas. Doch auch so müssen sie jedem der anderen sechs jeweils 110 000 Kronen ausbezahlen. Luises Mann vollzieht damals eine Geste, die ihm die Familie niemals vergessen wird: Er lässt all seine Güter in Kurtatsch, die er in die Ehe eingebracht hat, versteigern, um das Castel von Entiklar zu halten.

Immer wieder kommt es zu unerfreulichen Zwischenfällen. Eines Nachmittags, während Johann gemeinsam mit seinem Schwager, Doktor Sembianti, in der Kalesche auf dem Weg nach Entiklar ist, entflammt zwischen den beiden eine Diskussion um die Erbschaft. Johann glaubt nicht, dass der Schwager Anspruch auf weitere 40 000 Kronen hat, die dieser für seine Söhne fordert. Er gerät so in Wut über die Forderungen des Arztes, dass er irgendwann anhält, ihn aussteigen lässt und allein weiterfährt. Es ist Luise, die ihn bei seiner Ankunft daheim beschwichtigt und dazu bewegt, umzukehren, um den Gast wieder aufzunehmen.

Rosa ist von diesen monatelangen Streitereien sehr mitgenommen. Aber sie hält durch, und am Ende bekommt sie das, was sie wollte: Sie wird in dem Haus in Pinzon bleiben, das Land bestellen, das sie unwiderruflich als das ihre betrachtet, und ihre Kinder in jenem kleinen Winkel Südtirols aufwachsen sehen, der für sie das Paradies ist.

Ein Jahr nach dem Tod des Vaters beginnt sie erneut, Tagebuch zu führen. Der Ton ist heiterer. Vielleicht ist noch nicht alles aus dem Weg geräumt, aber die Wiederkehr des Todestages scheint dazu beizutragen, die Gemüter zu beruhigen.

Gestern war der Jahrestag unseres liebsten Vaters. Schon 12 Monate sind verflossen, seitdem wir von diesem traurigen Schicksal betroffen wurden. Um 7 Uhr früh wurde im hiesigen Kirchlein und der Familienkapelle ein heiliges Amt und die Messe gelesen, wo meine Schwestern, mein Gatte, Kinder und ich beiwohnten. Alle waren in gedrückter Stimmung, denn die Erinnerung wurde in unseren blutenden Herzen wieder wach.

Bis heute haben wir auch nicht erreicht, was wir längst gerne hätten – viel Köpf, viel Sinn.

Auf einem kleinen Friedhof auf der anderen Seite des Tals ruht ein Mann, mit dem ich gern über Rosa gesprochen hätte. Mein Vater Alfred wurde im Januar 2001 in Kurtatsch beigesetzt. Er hat die Großmutter meiner Mutter nie kennengelernt: Rosa Tiefenthaler ist gestorben, bevor ihre kleine Herlinde zur Frau wurde und ihr Schicksal an jenen Mann mit den schönen blauen Augen gebunden hat. Doch auch Alfred hat seine Kindheit und Jugend in jenen schwierigen Zeiten verbracht, in denen Südtirol gespalten und unterdrückt war. Die Liebe zu diesem Land war einer der Gründe für seine Stärke und seinen Erfolg.

Mein Vater, ein findiger Geschäftsmann, hat es verstanden, seinen Wurzeln treu zu bleiben, auch wenn er nach neuen Ufern strebte. Er hat seine Schritte nach Süden gelenkt, nach Italien, das durch den Lauf der Geschichte nun sein Land geworden war. Er hat stets die Herausforderung geliebt und so schließlich in einer einzigartigen Gegend ein Unternehmen gegründet: auf Sardinien, einer Insel, die sowohl landschaftlich als auch historisch und kulturell kaum unterschiedlicher sein könnte als seine Heimat Südtirol. Und dennoch hat Alfred die sardische Küste, mit ihren rastlosen Wellen, dem Wind und den Felsen so sehr geliebt, dass er sich nur wenige Schritte vom Meer entfernt ein Haus gebaut hat. Er selbst hat die große, zwischen Wasser und Himmel schwebende Terrasse entworfen. Er liebte die Bewohner dieser verschlossenen Insel, und sie erwiderten diese Liebe. Viel später habe ich herausgefunden, dass der Maresciallo der Carabinieri von Monastir in seinem Büro eine Liste mit Personen führte, die es vor einer Entführungsgefahr zu schützen galt. Der erste Name auf dieser Liste war Alfred Gruber.

Alfred gehörte zu jenen Charakteren, deren Kinder schon früh auf sich gestellt sind. Er flößte Respekt ein und den Wunsch, stets sein Bestes zu geben. Was aus mir geworden ist, verdanke ich nicht zuletzt ihm, zum einen dadurch, dass ich seinen Ratschlägen gefolgt bin und seine Autorität akzeptiert habe, zum andern aber auch, weil ich mich ihm widersetzt und einige seiner Entscheidungen rigoros in Frage gestellt habe. Auch deshalb kann ich die Leere, die Rosa nach dem Tod ihres Vaters verspürt hat, zutiefst nachempfinden. Ein Verlust, der für sie den endgültigen Eintritt in das Erwachsenenleben bedeutete und dessen Prüfungen sie fortan allein zu meistern hatte. Es sollte ihr nichts erspart bleiben.

5

Der letzte Blick auf den Kaiser

Auf dem Bahnsteig in Neumarkt spürt Rosa, dass ihr Mann nervös ist. Ein wenig ist auch sie selbst es, aber vor allem ist sie freudig gespannt auf die bevorstehende Reise. Sie lehnt den Kopf an seine starke Brust, und er umarmt sie. »Es wird alles gutgehen, ich bin bald zurück«, sagt sie. Die Gepäckträger steigen mit ihren Koffern in den Wagen. Sie hat einiges an Gepäck dabei: Sie verreist zwar nur kurz, aber sie will elegant sein, schließlich fährt sie nach Innsbruck, in die Hauptstadt Tirols. Es ist Ende August 1909.

Rosa reist allein. Sie braucht ein wenig Abstand nach der Anspannung der letzten Monate. Die Aufteilung der Güter ihres Vaters steht kurz vor dem Abschluss, und sie ist nunmehr beruhigt. Während des ganzen schwierigen Verfahrens hat Jakob auf sie vertraut und sie unterstützt.

Kaum hat sie in ihrem Abteil Platz genommen, setzt sich der Zug in Bewegung, und sie winkt Jakob lange zum Abschied. Sie lehnt den Kopf an den weißen Baumwollstoff, der den oberen Teil der mit rotem Samt bezogenen Rückenlehne bedeckt. Seit ihrer Hochzeitsreise im Jahr 1902 hat sie keine so lange Fahrt mehr unternommen. In den sieben Jahren hat sie sich sehr verändert, und es scheint ihr, als sei auch die Welt um sie herum im Begriff, sich zu wandeln.

Immer stärker brechen auf dem Schauplatz Europa alte Konflikte auf, und in den wichtigen Hauptstädten wie Wien, Berlin und Moskau werden stets hitzigere Debatten um die Stabilität der alten Imperien geführt. Seit dem letzten großen Krieg von 1870 zwischen Frankreich und Preußen leben die Völker in Frieden, aber manche Stimmen warnen vor der Gefahr eines neuen möglichen Konflikts. In der Presse ist von Rüstungswettlauf, erhöhten Militärausgaben und einer unaufhaltsamen Entwicklung die Rede.

Auch die Zeitungen aus Bozen und der Provinz berichten immer öfter über Streitigkeiten zwischen verschiedenen Gruppierungen, über junge Leute, die die deutsche Nationalhymne singen und von Italienern angegriffen werden oder umgekehrt. Überall werden Fahnen gehisst, die Mauern sind mit Drohungen und Schmähschriften übersät, politisches Geplänkel im Wirtshaus artet leicht in Prügeleien aus. Alle haben ein Messer oder irgendein Werkzeug in der Tasche. Wenn statt der Fäuste zum Knüppel gegriffen wird, kann es Tote geben. Die Frauen daheim sind bereits in Sorge, wenn sich ihre Männer bei einem Gläschen verspäten. Auch Rosa ist unruhig.

In Innsbruck erwartet sie ihre Schwester Gusti. Rosa umarmt Gusti überschwänglich. Seit ihrer Hochzeit am 12. Mai mit Oberleutnant Karl von Larcher, einem Offizier des Kaiserlichen Heeres, haben sie sich nicht mehr gesehen. Das strahlende Gesicht, mit dem die kleine Schwester ihren Mann noch immer bedenkt, offenbart, wie glücklich sie ist, und dass auch für sie die Flitterwochen nicht so rasch vorübergehen.

»Ich freu mich ganz arg, hier zu sein. Wie geht es Karl?«

»Gut, er wird sich ebenfalls freuen, dich zu sehen.«

»Stimmt es, dass der Kaiser kommt, wie es in den Zeitungen heißt?«

»Unser guter Kaiser wird alles tun, dem Wunsch seines Volkes in Tirol zu entsprechen. Das Alter macht ihm zu schaffen, aber er wird kommen, ganz gewiss.«

Im Jahr zuvor hat Kaiser Franz Josef sehr prunkvoll das Jubiläum seiner sechzigjährigen Herrschaft gefeiert. Rosa ist mit Jakob nach Bozen gefahren, ein Tag der ganz besonderen Zerstreuung. Sie haben gemeinsam zu Abend gegessen, getrunken und dem eigens zu diesem Anlass ausgetragenen Wettkampf im Zielschießen zugeschaut. Bei der Erinnerung daran wird ihr warm ums Herz, und sie wünscht sich, ihr Mann wäre hier bei ihr.

Die beiden Schwestern steigen in eine Kutsche und begeben sich auf den Weg durch die Straßen der Stadt, die vom Grün der Berge bekrönt wird. Die Hausfassaden sind über und über mit den weiß-roten Flaggen Tirols geschmückt, Tausende Kaiseradler schauen von den Fahnen auf sie herab. Die Farben der Habsburger dominieren alles.

Die Kutsche fährt am Neuhof mit dem Goldenen Dachl vorbei – dem Symbol der Stadt und ihres Reichtums. Dann geht es weiter in Richtung Hofburg, der kaiserlichen Residenz. Schließlich halten sie vor einem schönen Haus, in dem das junge Paar ein ganzes Stockwerk für sich allein bewohnt. »Willkommen bei mir daheim«, sagt Gusti, als sie eintreten, mit einem gewissen Stolz. Die Wohnung ist geräumig und hell, die Einrichtung entspricht dem modernen Wiener Stil, mit eleganten Möbeln in klarer Linienführung. Die zahlreichen Spiegel lassen alles noch größer erscheinen. Rosa legt den Hut auf ein Tischchen, und trotz der vollkommen anderen, ungewohnten Umgebung fühlt sie sich sogleich heimisch. Sie befindet sich im Herzen Tirols, und am folgenden Tag wird sie den Kaiser sehen.

Tags darauf, am 29. August 1909, verlassen Rosa und ihre Schwester früh am Morgen das Haus. Karl ist noch zeitiger aufgebrochen, um mit den Offizieren zusammenzutreffen, die den Kaiser eskortieren werden. In der Stadt drängt sich, freudig und voller Stolz, eine dichte Menschenmenge, die aus ganz Tirol herbeigeströmt ist.

Rosa ist von einem neuartigen Gefühl durchdrungen. Sie hat sich immer für das Weltgeschehen interessiert, auch wenn die täglichen Pflichten auf ihrem Gut größere Leidenschaft in ihr wecken als die abstrakten Spielereien der Politik. Sie hat den Berichten des Vaters zur Lage in Europa gelauscht, wenn er vom Weinritt oder anderen Reisen zurückkehrte, und sie liest täglich die Zeitung. An diesem Morgen kommt sie jedoch mit einer wichtigen Dimension ihres Daseins in Berührung: ihrer nationalen Identität und der Solidarität, die sie an ihr Volk bindet.

»Lass uns die Statue anschauen«, schlägt sie der Schwester vor, und sie nehmen den Weg zum Park, der oberhalb der Stadt auf dem Bergisel liegt. Der Kaiser und sein Gefolge sind soeben fort, und der Rasen vor der Bronzestatue ist nahezu vollkommen mit Blumenkränzen bedeckt. Die beiden Frauen halten inne, um die Figur mit dem kräftigen Körper, dem bärtigen Gesicht, den hohen Stiefeln und dem tief ins Gesicht gezogenen Filzhut zu bewundern. Der Mann trägt einen Säbel im Gürtel und links, auf der Seite des Herzens, drückt er eine Tiroler Flagge an seine Brust. Er wirkt streng und gebieterisch, und es scheint, als würde der Zeigefinger seiner leicht nach unten weisenden rechten Hand auf ein bereits besiegtes, feindliches Heer deuten.

»Andreas Hofer«, sagt Gusti, und es klingt wie ein Gruß.

»Für Gott, Kaiser und Vaterland«, skandiert Rosa die Inschrift auf dem am Sockel angebrachten Schild. Andreas Hofer ist der Mann, den ganz Innsbruck feiert, der Anlass, aus dem Rosa hergekommen ist und mit ihr, wie es scheint, fast das gesamte übrige Tirol: Es ist der hundertste Jahrestag seiner Heldentaten.

Hofer war ein einfacher Wirt aus dem Passeiertal, der ohne Zögern zu den Waffen griff, um gegen die Bayern und Franzosen zu kämpfen. Das Österreichische Kaiserreich war nach der Niederlage von 1805 gezwungen gewesen, Tirol an Napoleon abzutreten. 1809 stachelte Hofer das Volk zur Revolte nicht nur gegen die Besatzer, sondern auch gegen die durch sie verkörperten post-revolutionären und antiklerikalen Ideen auf. Im April stellte er sich an die Spitze des Aufstands. Fünf Monate lang boten die Aufständischen den Bayern und Franzosen in blutigen Schlachten die Stirn, um schließlich den Sieg davonzutragen. Nach der entscheidenden Schlacht auf dem Bergisel war Innsbruck wieder frei, und für einige Zeit übernahm Hofer selbst, im Namen des Kaisers, die Regierung. Doch dann fiel er dem Regierungsabkommen zwischen den Großmächten zum Opfer. Als Wien im Oktober 1809 mit dem Vertrag von Schönbrunn Tirol erneut den Bayern überließ, floh der rebellische Wirt in die Berge. Von seinen Partisanen im Stich gelassen und von einem Nachbarn verraten, wurde er schließlich Anfang 1810 verhaftet. Napoleon ließ ihn nach Mantua bringen, wo man ihn verurteilte und hinrichtete. Tirol sollte bis zum Sturz des französischen Kaisers im Jahr 1815 geteilt bleiben.

»Kannst du das fassen? Er ist sogar von denen verleumdet worden, für die er gekämpft hat«, bemerkt Rosa. »Mit diesem Vertrag ist sein gesamter Kampf, all das vergossene Blut verraten worden.«

»Willst du damit sagen, dass die österreichischen Fürsten unseren großen Andreas Hofer vergessen haben?«

»Nicht nur das. Sie haben ihn geopfert. Und mit ihm unser Tirol. Wäre Napoleon nicht irgendwann besiegt worden, hätte Tirol weiterhin zweigeteilt bleiben müssen. Und wer weiß, ob du zum Beispiel jemals hättest nach Innsbruck ziehen dürfen.«

»Aber die Leute haben ihn nicht vergessen! Sieh nur, welches Fest sie ihm bereiten.«

Rosa wendet sich um und lässt den Blick über die Straßen schweifen, die von Musik und Freudenrufen widerhallen. Diese sorglose Menge feiert den Stolz, die Vaterlandsliebe und den rettenden Mut eines Mannes, der die Geschichte zu verändern vermochte. Aber ist es wirklich eine gute Idee, sich der Führung eines Einzelnen anzuvertrauen? Dieser

Gedanke kommt Rosa flüchtig in den Sinn, aber sie verscheucht ihn gleich wieder. Andreas Hofer hinterfragt man nicht, und jetzt ist es Zeit, das Fest zu genießen. Im Zentrum von Innsbruck folgen zahllose Fanfaren und Paraden unablässig aufeinander. Aus allen Dörfern sind Musikkapellen gekommen, und auf den Straßen verkaufen blühende Mädel im Dirndl Süßigkeiten und Andenken.

Ein Gerücht geht durch die Menge: Franz Josef hat den kaiserlichen Palast auf dem zentralen Platz erreicht. Die beiden jungen Frauen beschleunigen den Schritt, aber alles, was sie aus der Ferne erkennen können, sind die Federbüsche an den Helmen der eskortierenden Offiziere. »Karl wird uns berichten!«, seufzt Gusti, um die ein wenig enttäuschte Schwester zu trösten.

Rosa ist trotzdem glücklich, angesteckt von der lebhaften Stimmung, den Böllerschüssen und dem Gelächter der Leute, die bei einem Glas Bier oder Wein in den Wirtsstuben zusammensitzen. In der Nacht, als sie wegen der Aufregung des Tages mit offenen Augen in der Dunkelheit liegt, kommt ihr eine lange zurückliegende Begebenheit in Erinnerung. Der Vater und sie fuhren nebeneinander in der Kalesche durch Neumarkt. Als sie durch die Hauptstraße kamen, zog Johann, zum Zeichen der Ehrerbietung, seinen Hut.

»Wen grüßt Ihr, Vater?«

Er deutete auf ein graues Gebäude: »Schau her, meine Tochter, vor fast hundert Jahren ist hier ein Mann vorbeigekommen. Er war ein Gefangener, mit Ketten an den Händen, die französischen Soldaten haben ihn scharf bewacht. Er hat eine Nacht in diesem Haus verbracht, allein, zitternd vor Kälte und Hunger. Niemand hat ihm beigestanden, obwohl er ein mutiger, aufrechter und treuer Mann war. Am Morgen ist er fort, und ein paar Tage später hat man ihn zum Tode verurteilt. Er hieß Andreas Hofer.«

Es ist das Jahr 2012. Ich besuche das Andreas Hofer Museum in Innsbruck. Eine Flucht hochmoderner Säle in Holz und Sichtbeton, die von dezenten Strahlern erhellt werden. Zweihundert Jahre nach dem Tod dieses Tiroler Helden berichtet ein Videofilm über seine Taten und hält den Kult um sein Andenken lebendig. Wenn man ihn anschaut, kann man sich kaum des Eindrucks erwehren, dem Martyrium eines Gerechten und der Tötung eines Ideals beizuwohnen. Des der Einheit und Freiheit Tirols.

Während ich auf den Spuren meiner Urgroßmutter durch die Straßen von Innsbruck laufe, muss ich daran denken, wie der patriotische Tiroler Held einst beinahe für meine Entlassung gesorgt hätte.

Vorab sei bemerkt, dass man in Südtirol auch in unseren modernen Zeiten früher oder später mit Andreas Hofer in Berührung kommt. Niemand entkommt der ihn umgebenden Rhetorik. Gehört man zu einer Familie wie meiner, die ich als ziemlich fortschrittlich bezeichnen würde, wird man von ihm fast ausschließlich bei der Großmutter oder bei Verwandtenbesuchen hören.

Als junge Frau verspürte ich eine gewisse Abneigung gegen den Wirt aus dem Passeiertal. Oder besser gesagt, nicht gegen ihn, eine achtenswerte historische Persönlichkeit, sondern gegen den unkritischen Patriotismus, mit dem sein Andenken verbrämt wird. Außerdem sah ich in ihm, nachdem ich mich mit der Französischen Revolution auseinandergesetzt hatte, einen Reaktionär. Ich hatte eine kosmopolitische Erziehung genossen und misstraute Regionalismen.

Doch auch wenn du dich nicht mit Andreas Hofer beschäftigen willst, ist es leider so, dass er sich mit dir beschäftigt. So brach 1984, gleichsam als Rache der Geschichte, die Jubiläumsfeier zum 175-jährigen Gedenken an die Schlacht auf dem Bergisel über mich herein. Mit meinen damals siebenundzwanzig Jahren arbeitete ich in der deutschsprachigen

RAI in Bozen als Redakteurin mit Zeitvertrag. Den ganzen Sommer über bestand meine Aufgabe darin, die Feierlichkeiten zum Jahrestag zu verfolgen und die Berggipfel aufzusuchen, auf denen sich allwöchentlich Vertreter der verschiedenen Vereine und Verbände aus Nord- und Südtirol versammelten. Jeden Sonntag ein anderer Gipfel.

Fünfundsiebzig Jahre nach Rosa, doch in einem gänzlich anderen Bewusstsein als sie, stellte ich mich auf die Gedenkfeiern ein. Jedes Mal sollte ich verschiedene Beiträge für die Radionachrichten und die 20-Uhr-Nachrichten im Fernsehen liefern. Die deutschsprachige Tagesschau stellte schon damals einen wichtigen politisch-kulturellen Bezugspunkt dar, und die Ereignisse zu verfolgen war unumgänglich. Es war keine geringe Aufgabe. Wir fuhren zu dritt im Auto, allesamt junge Leute: der Techniker, der Tonmeister und ich. Der Techniker aus dem Pustertal war ein feinsinniger Spötter, und seine Bemerkungen über die lokale Folklore ließen die Straßen mit all ihren Serpentinen erträglicher werden. Auf jeder Versammlung gab es eine heilige Messe, patriotische Lieder und Reden der Politiker. Und zum Glück das Essen: große Wurstplatten, Plent, Schüttelbrot mit Speck und andere Leckereien.

Ich hatte mich mit großer Begeisterung für den Beruf der Journalistin entschieden, und um ehrlich zu sein, mit anderen Zielen im Kopf. In den zwei Jahren, die ich bei der deutschen RAI unter Vertrag stand, habe ich sehr viel gelernt, aber schon damals hatte ich nicht die Absicht, mich den Rest meines Lebens mit Problemen der ethnischen Minderheit Südtirols zu befassen, angefangen bei den Durchführungsbestimmungen zum Autonomiestatut bis hin zu den Trachtenfesten. Ich lief Gefahr, mich mit gar nichts mehr zu befassen: Meiner fristlosen Entlassung entging ich nur dank der Stärke und Fairness des damaligen Chefredakteurs, Hansjörg Kucera.

Eines Tages war ich auf einen Berg geraten, auf dem sich die Alpenvereins-Jugend Südtirol und Alpenvereins-Jugend Tirol versammelt hatte. Ich hatte vor, eine in meinen Augen naheliegende Frage zu stellen. Hundertfünfundsiebzig Jahre nach Andreas Hofers heldenhaftem Aufstand, fünfundsiebzig Jahre nach dem Anschluss an Italien und über vierzig Jahre nach dem Ende des Zweiten Weltkrieges: Was dachten diese jungen Leute, die das alles nicht selbst erlebt hatten, über eine mögliche Wiedervereinigung von Südtirol mit Österreich?

Ich bekam Antworten, die eine Menge Ärger hervorriefen. Die Nordtiroler waren größtenteils dafür, aber aus ganz anderen Gründen, als man vermuten könnte. Für sie handelte es sich um eine natürliche Zusammenführung, aber auch um eine Expansion nach Süden: Was sie schätzten, war weniger das Deutschtum der Südtiroler als vielmehr deren Verschmelzung mit dem, was der italienische Lebensstil an Gutem zu bieten hatte. Die jungen Südtiroler sprachen sich indes größtenteils gegen einen Wiederanschluss aus. Sie waren froh, in einer prosperierenden Region mit Autonomiestatut zu leben, konnten sich, dank eines internationalen Abkommens, ihrer Rechte sicher sein, und es ging ihnen alles in allem recht gut. Einer rief sogar: »Besser Landstreicher als Österreicher.« Damit beendete ich den Beitrag.

Kaum war ich abends auf Sendung gegangen, begann es aus den Chefetagen des Fernsehens Anrufe zu hageln. Man beschwerte sich, der Beitrag sei tendenziös und nicht wahrheitsgetreu. In den folgenden Tagen entflammte eine Debatte mit Artikeln und Leserbriefen in den Lokalzeitungen. Doch Kucera verteidigte meine Arbeit und die Freiheit seiner Redaktion ohne Wenn und Aber. Auch wenn er mir gegenüber privat anmerkte, dass ich den zuletzt interviewten provokanten Gesprächspartner mit weiteren Fragen hätte bedrängen können. In den folgenden Jahren sollte mir allerdings klarwerden, dass nicht alle Direktoren so viel Rückgrat haben.

Und ich? Ich war ein wenig beunruhigt, aber ich hatte kein schlechtes Gewissen, da ich meine Arbeit mit intellektueller Redlichkeit geleistet hatte. Ich hatte begriffen, dass es riskant war, das Bild der kleinen Alpenidylle, auf die man unser Land gern reduzierte, zerschlagen zu wollen. Aber ich war bereit, es erneut zu wagen.

Ich war, mit anderen Worten, nicht gerade reumütig. Und wenn ich heute daran zurückdenke, habe ich mich in dieser Hinsicht kaum verändert.

Es vergehen einige Wochen, bis Rosa ihrem Tagebuch die Erlebnisse der Reise nach Innsbruck anvertraut:

Pinzon 19. Sept. 1909

Am 29. August veranstaltete die Stadt Innsbruck eine Jahrhundertfeier des Patrioten Andreas Hofer. Auch mich trieb diese seltsame Feierlichkeit hinaus und gewiß hat es niemand gereut, die Reisekosten opfern zu müssen. Seine Majestät, unser allgeliebter Landesvater Franz Josef I. bemühte sich noch in seinen hochbetagten Jahren zu seinen treuen Tirolerkindern zu kommen. Die Leute strömten aus allen Weltgegenden herbei, in den bunten Nationaltrachten, ja selbst die welschen Südtiroler an der Grenze waren stark vertreten.

Die Sehenswürdigkeiten sind einfach nicht zu beschreiben, und wer es mit angesehen hat, der hat eine schöne Erinnerung für's Leben. Selbst 90-jährige Veteranen rückten mit ihren verrosteten Gewehren und zerfetzten Gewändern aus, wohlbefriediget zogen sie heim, weil sie den guten Reiter Franz Josef gesehen haben.

Ja Ehre ist mehr als Silber und Gold, keine Weihe ist zu

schwer selbst zu erlangen. Bis zur nächsten Jahrhundert-
feier sind unsere Häupter längst zerfault, eine neue Gene-
ration wird in unsere Fußstapfen treten und das gleiche
Lied singen wie die Alten!

Gott erhalte, Gott beschütze,
Unsern Kaiser, unser Land[1]

Rosa bleibt nicht mehr viel Zeit, das Leben einer jungen
Mutter aus gutem Hause zu genießen, die davon träumt,
ihre Kinder in Sorglosigkeit und mit allen Annehmlichkeiten aufwachsen zu sehen. Bis zum Ausbruch des Ersten
Weltkrieges, der Millionen Familien zugrunde richtet, fehlen nur noch wenige Jahre. Die Landkarte Europas sollte
neu entworfen und Tirol wieder einmal geteilt und verraten
werden.

6

Eine Frau im Sturm

Rosa betrachtet Jakob, der vor dem hohen Spiegel im Schlafzimmer steht. Ihr Mann ist kaum wiederzuerkennen, und auch er entdeckt ein neues Selbst. Ihre Blicke treffen sich im Spiegel, in seinen Augen liest Rosa eine stumme Frage.

»Du siehst sehr gut aus«, sagt sie schließlich.

Jakob antwortet nicht. Er betrachtet die soeben angelegte Uniform, die ein Schneider abgeändert hat, damit sie an seinen breiten Schultern perfekt sitzt. Der blaue Rock ist bis zum Hals geknöpft, dazu passende Hosen aus demselben Stoff und um die Taille eine Schärpe. Die flache Schirmmütze wirft einen Schatten auf sein schönes, entschlossenes Gesicht.

»Es wird eine rasche Angelegenheit, glaub mir«, sagt er. »Der Kaiser hat fähige Generäle.«

»Du bist Familienvater, man wird dich nicht an die Front schicken«, beruhigt sie ihn, aber in Wahrheit beruhigt sie sich selbst.

»Ich werde meine Pflicht erfüllen«, erwidert Jakob trocken und dreht sich um. Diesmal ist sein berühmtes Lächeln kaum zu erkennen. Die Vorstellung behagt ihm nicht, seine Frau, die Kinder und dieses Haus, das nunmehr ihm gehört, zu verlassen. Er ist kein abenteuerlustiger Mann und hat daraus auch nie ein Hehl gemacht. An diesem Punkt seines Lebens spürt er, dass sein Schicksal eine unvorhergesehene Wendung nimmt.

Rosas Mann ist vierzig Jahre alt, als er Ende Juli 1914 in den Krieg zieht. So wie Tausende andere Untertanen der Habsburgermonarchie ruft ihn das Vaterland zum Kampf. Anderswo in Europa, in Deutschland, Russland, Frankreich, England, bereiten sich Millionen von Männern in gleicher Weise auf den Abschied vor.

»Was wirst du den Kindern sagen?«, fragt Jakob besorgt. Die Älteste, Elsa, ist elf, die Kleinste, Berta, sieben Jahre alt.

»Die Wahrheit«, erwidert sie. »Außerdem bist du nicht allzu weit fort, in Bozen, und kommst bestimmt oft auf Heimaturlaub her.«

Sie umarmt ihn. In der Vertrautheit ihres Zimmers drückt sie den Mann an sich, mit dem sie seit über zwölf Jahren jeden Augenblick ihres Lebens teilt. Sie liebt seine Kraft und dieses Gefühl der Hingabe, das ihr Herz schmelzen lässt. Jakob spürt ihre Unruhe und flüstert ihr ins Ohr: »Ich liebe dich.«

Als das Paar den Bahnhof in Neumarkt erreicht, stehen die Züge bereits zur Abfahrt bereit. Der Dampf der Lokomotiven verschleiert die Sicht, und ihr Schnaufen erfüllt die Luft. Die Soldaten lehnen sich aus den Wagenfenstern, um sich von ihren Familien zu verabschieden.

Einer ruft aus voller Kehle: »Alle an die Front!« Die Frauen auf den Bahnsteigen weinen, ein Taschentuch umklammernd. Angesteckt von der Aufregung der Erwachsenen, laufen ein paar Kinder hin und her. Rings um die Züge verteilen Leute Käse, Würste und Wein an die Soldaten. Jakob verharrt einen Augenblick auf dem Trittbrett des Waggons, der ihn fortbringen wird. Rosa wirft ihm eine Kusshand zu. Ihr Mann ist abgefahren.

Alles hatte Ende Juni begonnen, und die Ereignisse haben sich geradezu überschlagen. Als habe niemand ernsthaft die Tragödie zu verhindern gehofft. Nach ihrer Innsbruck-Reise ist Rosa eine noch eifrigere Zeitungs- und Zeitschriftenleserin geworden. Sie lässt die Ausgaben der »Tiroler

Stimmen«, die ihr die Post ins Haus bringt, binden und bewahrt sie auf.

Und ebendort, auf der Titelseite der Ausgabe vom 29. Juni 1914, hat sie mit Schrecken gelesen, was in Sarajevo geschehen ist. Der österreichische Erzherzog Franz Ferdinand ist ermordet worden. Man hat ihn und seine Frau Sophie erschossen, während sie mit dem Auto durch die Stadt in Bosnien-Herzegowina gefahren sind. Gleich darauf ist ein Mann verhaftet worden, ein gewisser Gavrilo Princip. Besonders erstaunt hat Rosa sein Alter: Mit noch nicht einmal zwanzig Jahren ist er bereits von einem derart heftigen Fanatismus besessen. Princip hat die Tat gestanden und ausgesagt, für die Einheit Jugoslawiens und die Unabhängigkeit vom Kaiserreich gehandelt zu haben. Laut eines Artikels der »Tiroler Stimmen« haben Princip und seine Komplizen jedoch im Auftrag der Geheimdienste des serbischen Reiches agiert. Tatsächlich hat Belgrad die 1908 durch Österreich erfolgte Annexion von Bosnien-Herzegowina offen angefochten. Und im Namen der Vereinigung der Balkanstaaten forderte es die Kontrolle über diese Provinz zurück.

In den Wochen nach dem Attentat von Sarajevo stürzt sich Rosa jeden Morgen auf die Zeitung, sobald sie gebracht wird. Mit Verwandten und Freunden, die nach Pinzon zu Besuch kommen, spricht man mittlerweile ausschließlich über Politik.

»Der Kaiser muss diese Schmach mit Blut vergelten und es den Serben heimzahlen!«, sagen einige.

»Ohne die Zustimmung der Deutschen sind ihm die Hände gebunden, andernfalls werden sich die Russen einmischen«, meinen andere.

»Berlin wird bereitwillig zustimmen! Die Deutschen haben genug von den Franzosen und Engländern.«

»England wartet nur auf einen Vorwand, um die Kriegsmarine zu vernichten, die ihr Reich bedroht.«

Aber wie kann man von Krieg sprechen?, fragt sich Rosa. In Europa herrscht seit so langer Zeit Frieden. Sie weiß genau, dass dieses Drama sie sehr wohl betrifft, und will begreifen, was mit diesem Kontinent geschieht, der von einer Krise in die nächste stürzt. Insbesondere auf dem Balkan, wo die Interessen Wiens, Moskaus und des Osmanischen Reiches miteinander in Konflikt geraten sind. Tagelang sitzt Rosa über den Atlas gebeugt, um nach jenen Völkern und Nationen zu suchen, die allmählich immer größere Bedeutung erlangen: Bulgarien, Mazedonien, Albanien.

Schließlich verwandeln sich die Vermutungen, die man während der Diskussionen an den warmen Juliabenden in den Raum gestellt hat, in bedrohliche Realität. Am 24. des Monats berichtet die Zeitung, dass Wien Belgrad ein Ultimatum gestellt hat. Der Kaiser fordert von den Serben, die Anstifter des Attentates selbst bestrafen zu dürfen. Eine nicht erfüllbare Forderung. In ebendieser Zeit erhält Jakob den Befehl, sich schnellstmöglich in das Hauptquartier nach Bozen zu begeben.

Am 28. Juli 1914 erklärt Österreich Serbien den Krieg. Und was zunächst eine bloße Militäroperation gegen einen aufmüpfigen Nachbarn sein soll, entwickelt sich zu einem Weltkrieg.

Auf dem Platz von Neumarkt lauschen die Bewohner dem Wortlaut der durch den Bürgermeister des Ortes, Anton von Longo, verlesenen Kriegserklärung. Begeisterung liegt in der Luft, Beifall und Parolen ertönen. Die Jugend brennt darauf, ihren Mut, ihre Männlichkeit zu beweisen und das Vaterland zu verteidigen. Außerdem sind die Gemüter durch die anhaltenden ethnischen Auseinandersetzungen der letzten Jahre erhitzt, und der Krieg scheint das einzig mögliche Ventil, um sich Luft zu machen. Der einzige Weg.

Aufgrund der Bündniskonstellationen sind alle Großmächte involviert. Auf der einen Seite die österreichisch-ungarische Monarchie und Deutschland, die, zusammen mit den Osmanen, die Mittelmächte bilden. Auf der anderen Seite Russland, das zu Serbien hält und sich mit Frankreich und England zur Entente zusammengeschlossen hat. In den folgenden Tagen wird an der Westfront das Feuer eröffnet, und Deutschland greift Belgien, Luxemburg und Frankreich an. Auch an der russischen Front beginnt der Kampf, und schon bald erreicht der Krieg Afrika und im Osten die arabische Halbinsel sowie Mesopotamien.

Der Konflikt wird über vier Jahre andauern, ganze Generationen von Männern auf den Plan rufen, Millionen von Toten, Verletzten und Invaliden hervorbringen. Er wird Volkswirtschaften vernichten, die alten politischen Systeme zerschlagen, Revolutionen auslösen und zum Zusammenbruch von vier Reichen führen, die bis dahin die Welt beherrscht haben: Österreich, Deutschland, Russland und das der Osmanen. Schließlich wird er in Europa den Keim jenes Hasses legen, aus dem ein noch viel grausamerer Krieg erwachsen soll.

Am 4. August 1914 versucht Rosa die dramatische Situation in Worte zu fassen:

> *Der längst befürchtete Weltkrieg ist nun wirklich zum Ausbruch gekommen. Die allgemeine Mobilisierung traf ein und es blieb den tapferen Männern keine Zeit mehr zum Bangen und Zittern, die Pflicht ruft, es heißt dem Kaiser und Vaterland die Ehre zu retten.*
> *»Laßt, wenn's gilt mit frohem Hoffen, mutvoll in den Kampf uns gehen!«*
> *Das ist das Wort unter dem sie singen wollen, singen, um die Feinde zu zerdrücken, an der Gemarkung des Reiches Ruhe und Ordnung zu schaffen. Unsere teuren Brüder*

und Männer, sie kämpfen für eine gerechte Sache und möchte Gott der Allmächtige ihre Waffen segnen und schützend seinen Mantel ausbreiten über Habsburg, das wollen wir arme, in tiefster Trauer zurückgelassenen Weiber und Mütter beten. Es war ein gräßlicher, herzzerreißender Abschied, Klein und Groß schrie und jammerte und hielt krampfhaft ihr »Liebstes« umschlungen, als ahne jedes blutende Herz, was die Zukunft verschweigt. Auch mich traf das selbe schwere Schicksal, denn auch mein Gatte und Vater, mußte sich vom Weibe und den Kindern lossagen.

Es ist schrecklich, wie alles so einsam leer dasteht, man sieht nichts, als verweinte Gesichter. Vielleicht kann es nunmehr wenige Stunden dauern, dann ist die ganze Welt in den Rauch der Kanonen gehüllt und die Erde wird dampfen vom Blute unserer Männer.

O Krieg, wie hartherzig bist du! Herr des Himmels, strafe uns nicht in Deinem Zorne, sende Licht in die Dunkelheit, verschone uns, führe siegreich heim unsere Teuersten, damit wir nicht im Elend umkommen!

Über Pinzon geht ein Gewitter nieder. Rosa lauscht dem Regen, der an die Scheiben prasselt. An diesem Abend des 15. Mai 1915 ist sie zeitig zu Bett gegangen, gleich nachdem sie den Kindern gute Nacht gesagt hat. Sie dankt Gott, dass die Sorglosigkeit der Kindheit sie noch vor den Schmerzen des Lebens bewahrt. Der Ausgang des Krieges ist ungewisser denn je, und auch an diesem Abend hat sie im Zimmer vor dem großen Kruzifix gebetet, Jakob möge rasch heimkehren und dem Kaiser der Sieg beschieden sein. Sie kann keinen Schlaf finden, die Lampe neben ihrem Bett brennt, und ihr Geist ist von einer düsteren Vorahnung erfüllt: Die Nachrichten in den Zeitungen sind nicht ermutigend. Die Österreicher haben keinerlei Fortschritte gegen die Serben erzielt, und die Offensive der deutschen Streitkräfte gegen die Franzosen an der Westfront ist abgewehrt worden. In den Frontberichten ist von einem in den Schützengräben ausgetragenen Stellungskrieg die Rede. Für niemanden wird es ein leichter Sieg werden.

Es ist bereits nach elf, als Rosa, durch das Tosen des Windes hindurch, deutlich ein Geräusch vernimmt, einen Knall, als sei einer der hölzernen Läden oder ein Zweig gegen das Fenster geschlagen. Kurz darauf erneut dasselbe Geräusch. Rosa richtet sich im Bett auf und spitzt die Ohren. Ein dritter Schlag. Sie steht auf, tritt barfuß ans Fenster, um den Vorhang beiseitezuschieben und die Jalousie einen Spaltbreit zu öffnen. Der Regen fällt dicht und gleichmäßig, die Straße ist mit schlammigen Pfützen übersät. Die Kirche von Pinzon zeichnet sich düster gegen den wild gewordenen Himmel ab. Rosas Augen suchen im Halbdunkel, bis sie ihn plötzlich auf dem Kirchplatz erspäht.

»Mein Gott!«, entfährt es ihr mit einem Seufzer. Dann stürzt sie, ohne in die Pantoffeln zu schlüpfen, die Treppen hinunter.

Im Eingang stehend, die Tür nur angelehnt, schlingt Rosa wortlos die Arme um Jakob. Der Mann mit dem triefenden Ölmantel erwidert die Umarmung seiner Frau und küsst sie zärtlich. Sie würde gern etwas sagen, aber er legt ihr den Zeigefinger auf den Mund und weist auf die Stube. Er schließt die Tür hinter sich und flüstert warnend: »Pst, lass uns niemanden wecken!«

Jakob nimmt den Militärumhang ab und legt den nassen Hut auf einen Stuhl. In seinen Augen flackert ein Lächeln: »Ich wusste, dass ich bloß ein paar Steinchen gegen deine Scheiben zu werfen brauche. Wie als Kinder bei deinem Vater in Kalditsch!«

»Was machst du daheim? Und warum so heimlich, wie ein Dieb? Ist ein Unglück geschehen?« Diese Begegnung im

Herzen der Nacht erscheint ihr wie ein merkwürdiger Traum.

Jakob setzt sich an den Tisch in der Stube und schenkt sich ein ordentliches Glas Grappa ein. Rosa richtet eine Platte mit Speck an, dazu einen Korb Schwarzbrot, und füllt Rotwein in eine Karaffe.

»Ich bin mit dem Pferd aus Bozen gekommen, aber ich habe es in Neumarkt gelassen. Von dort habe ich zu Fuß die Abkürzung durch die Weinberge genommen. Ich wollte unbemerkt bleiben«, berichtet Jakob mit halbvollem Mund. Plötzlich hebt er den Kopf und lauscht.

»Aber was ist geschehen?«, insistiert Rosa. Es ist nicht das erste Mal, dass ihr Mann auf Urlaub heimkommt, aber er hat sonst immer frühzeitig Bescheid gesagt. Jedes Mal hat sie die Kinder zusammengerufen, um sie ein Begrüßungslied anstimmen zu lassen, und sie hat etwas Besonderes zu essen vorbereitet, mit anderen Worten, sie hat ihn stets gebührend empfangen.

Jakob setzt zu einer Antwort an, als ein Schlag ihn verstummen lässt. Er erhebt sich, läuft mit ausholendem Schritt über den Terrazzo-Boden der Eingangshalle, öffnet den hölzernen Türflügel, und die Umrisse eines uniformierten Mannes zeichnen sich im Türrahmen ab. Der Uniformierte tritt einen Schritt näher, und Rosa erkennt ihn. Sie traut ihren Augen nicht. Es ist Karl von Larcher! Der Mann ihrer Schwester Gusti, Mitglied im Generalstab des kaiserlichen Heeres.

»Karl, du bist es? Was machst du hier?«

»Vielleicht sollte dir das dein Mann erklären. Ich habe eine Botschaft erhalten, in der ich gebeten wurde, ihn hier, absolut im Geheimen, zu treffen.« Er küsst ihr die Hand und sieht dann mit forschendem Blick zu Jakob. »Um was handelt es sich?«

Die Pendeluhr schlägt Mitternacht. Es hat aufgehört zu regnen, und in einem Winkel des Himmels lugt der Mond zwischen den Wolken hervor, um einen fahlen Schimmer auf die Erde zu werfen. Rosa sieht einen Schatten durch die noch geöffnete Tür gleiten. Sie erkennt die schwarze Kutte eines Jesuiten. Der Ordensbruder nimmt die Kapuze seines Mantels ab, und ein junges Gesicht, in dem zwei grüne Augen leuchten, kommt zum Vorschein.

Der merkwürdige Gast betritt schweigend die Stube.

»Die Zeit drängt, Freunde. Es ist sehr, sehr eilig«, beginnt der Jesuit mit ruhiger, ernster Stimme. Er wendet sich an Rosa: »Ich danke Euch, Schwester, dass Ihr uns hier unter Eurem Dach empfangen habt. Euer Mann, dem in Bozen die Beichte abzunehmen ich die Ehre habe, hat sich dafür verbürgt, dass wir bei Euch in Sicherheit sind. Ach, der Krieg hat selbst in die erbittertsten Gegner des Bösen den Keim des Verrats gepflanzt.«

Seine Augen suchen die von Karl.

»Ich muss Euch eine Botschaft überbringen, die direkt aus dem Erzbistum von Brixen stammt«, fährt er an ihn gewandt fort. »Stellt mir keine Fragen, ich könnte nicht darauf antworten. Aber kehrt so rasch wie möglich zurück nach Innsbruck und sprecht mit Euren Vorgesetzten.«

Der Jesuit spricht in dem gemessenen, ruhigen Ton eines mit der Macht vertrauten Mannes. Das steht in seltsamem Widerspruch zu seinem glatten Gesicht und den glänzenden Augen.

»Wir haben erfahren, dass die Länder der Entente sich heimlich mit einigen Abgesandten des Königreiches Italien getroffen haben. Die Treffen haben in London stattgefunden, wobei die Engländer und Franzosen am stärksten darauf gedrungen haben. Am 26. April ist ein Abkommen unterzeichnet worden, das den Kriegseintritt Italiens innerhalb eines Monats vorsieht. Laut Informationen unserer Brüder in Rom wird Italien dem Kaiserreich in drei Tagen den Krieg erklären.«

Karl und Jakob starren sich schweigend an. Auch Rosa spricht kein Wort. Sie weiß wohl, dass sich der Jesuit nicht geirrt haben kann. Seit Jahrhunderten kämpft sein Orden gegen den protestantischen Einfluss in Tirol. Die Gesellschaft Jesu ist ein mächtiger, gut organisierter und für sein funktionierendes Informationsnetz bekannter Orden. In den gegenwärtigen, unruhigen Zeiten verteidigt er die eigenen Interessen mit großer Entschlossenheit. Die katholische Kirche Tirols hat sich auf die Seite des Kaiserreichs gestellt, die Habsburger schützen und finanzieren sie praktisch seit jeher. Es ist Wien, und nicht etwa Rom, wo Empfehlungen für die Bischofswahl in der Diözese Brixen ausgesprochen werden.

Dies ist nur eines von vielen Treffen, die die Jesuiten ebenso wie andere Interessengruppen organisiert haben, um sicherzugehen, dass die Nachrichten an die richtige Stelle gelangen. In Europa sind in jenen Jahren zahlreiche Spione unterwegs, und sie arbeiten sehr effizient.

Karl ist offenbar nicht überrascht: »Eure Informationen bestätigen die unsrigen. Uns ist zu Ohren gekommen, dass die Mobilmachung des italienischen Heeres vor wenigen Tagen zu einem Abschluss gekommen ist. Wir haben auch die Pläne des Generalstabschefs Cadorna. Er wird nach Norden hin angreifen und versuchen, uns Triest zu entreißen. Sein Ziel ist es, Tirol auf der Höhe von Trient zu spalten.«

Rosa spürt den Zorn, der in der Stimme ihres besonnenen Schwagers mitschwingt. Wie soll man ihm das verübeln? Auf der Grundlage des 1882 geschlossenen Dreibundes war Italien dazu verpflichtet, an der Seite Österreichs und Deutschlands in den Krieg einzutreten, sofern diese angegriffen würden. Doch Rom hat sich in dem Konflikt, der unmittelbar nach dem Attentat von Sarajevo aufgeflammt ist, für neutral erklärt. Der Krieg sei aufgrund der von Wien gegen die Serben verhängten Repressalien nicht defensiv, sondern offensiv, lautet die Begründung. Und nun, so denkt Rosa, kehren die Italiener ihren Verbündeten den Rücken zu und schlagen sich auf die Seite der Feinde des Kaiserreichs. Die militärische Intervention ist ein Verrat, der die österreichischen und deutschen Truppen zwingen wird, eine neue Kampffront zu eröffnen. In unmittelbarer Nähe von Pinzon.

Der junge Jesuit hat sich bereits erhoben. »Ich muss aufbrechen. Nutzt die Nachrichten, die ich Euch überbracht habe. Ich befürchte zwar, dass es bereits zu spät ist, aber wer weiß.«

»Erteilt uns Euren Segen, Pater«, bittet Rosa und senkt den Kopf. Der Geistliche schlägt das Kreuz und murmelt rasch ein Gebet.

»Möge der Herr Euch beschützen«, endet er, wobei er sich die Kapuze über den Kopf zieht. Im nächsten Augenblick ist er in der Nacht verschwunden.

Karl legt seinen Umhang an und Jakob den Mantel. Sie sind noch nicht getrocknet. Rosa würde die beiden müden Männer gern dabehalten und ausruhen lassen, aber sie müssen fort.

Sie wendet sich an Karl. »Glaubst du wirklich, dass die Italiener uns verraten? Aber weshalb?«

Der junge kaiserliche Offizier antwortet düster und ohne zu zögern: »Sie wollen uns Triest entreißen, den einzigen Hafen, den wir haben. Sie wollen Südtirol. Sie wollen unsere Felder, unsere Häuser, unsere Kirchen. Deshalb!«

Am Sonntag, dem 23. Mai 1915, tritt Italien in den Krieg ein. Am 4. Mai hat das Königreich die Mobilmachung seiner Truppen beendet und verfügt nun über eine Million und dreihunderttausend Soldaten. Der Plan von General Luigi Cadorna sieht vor, die österreichischen Truppen an der Alpenfront zu stoppen und die Streitkräfte in der Umgebung von Gorizia zu konzentrieren. Der Krieg ist bis vor Rosas

Haustür gelangt und wird für viele Monate in Pinzon Einzug halten.

Am 3. Juni vertraut sie sich in ihrer Bitterkeit dem Tagebuch an.

Heute ist das hohe Fronleichnamsfest, die Prozession glich vielmehr einem Trauerzug, so niedergedrückt, ohne geringste Störung vollzog sich dieser Umzug. Nur Kinder, alte Männer und Frauen, sah man hinter das »Allerheiligste« hergehen, die Augen voller Zähren und Christus ruft noch immer, meine Stunde ist noch nicht gekommen! Schon 10 Monate stehen unsere Männer im Kampffelde und leider keine Aussicht auf einen baldigen Frieden. Ein neuer Feind hat sich zu uns gesellt, »Italien« hat uns am 20. Mai den Krieg erklärt, das Bündnis der Treue, haben diese Schufte gebrochen.

Doch sie haben mit Unrecht den Krieg herauf geschworen. Denen wird der Glockenschlag keine gute Zukunft künden. Ein Staat, der seine Waffen gegen Diejenigen wendet, die ihm durch mehr als 30 Jahre Freunde waren, die sein Wachstum schützten und ihm in jedem Gedränge mit starkem Arm den Weg nach Vorwärts bahnten, es versündigt sich meistens gegen sich selbst und gegen das Volk, das sich unter seinem Drucke zusammenschart.

Diese gemeinen Kerle wollen das schöne Tirolerland an sich reißen und nehmen kein günstiges Angebot der Opferreicher an, sie lassen die Waffen entscheiden. Wir stehen in großer Gefahr, die Flammenzeichen des Krieges lodern an unserer Grenze, wir sind angegriffen. Es heißt nun aufs Neue den Kampf um Leben und Tod zu streiten für Gott, Kaiser und unser teures Land. »Tiroler Adler warum bist du so rot?«

Wir vertrauen auch in diesen schweren Stunden auf Gott, der seinen Arm dem Recht leiht, besonders dieser Herz

*Jesu Moral wollen wir den Sieg und Frieden erflehen, von
unseren obersten Kriegsherren und Bundesgenossen, dem
Tirol geweiht ist. Auf Kaisers Befehl wurde alles neu einberufen, von 17 Jahren bis 60, noch kaum aus den Kinder-
schuhen heraus, oder abgemagerte, weißbärtige Männer,
es helfe, was helfen kann. Deutschland schickte auch sein
Millionenheer, das uns immer treu zur Seite stand und so
ziehen sie fort, Hand in Hand voller Wut und Begeisterung auf das welsche Volk zu stoßen. Muttersegen und
Gebet begleite ihr Liebstes, ihr Erdenglück.*
*Bis Trient wurde meistenteils geräumt bald wird auch an
uns diese bittere Kunde dringen, verlassen Haus und Hof,
Du wirst hinaus getrieben durch verräterische Hand, wo
Not und Trübsal Dich umarmen werden.*

[…]
*Es gibt kein Feld der Ehre
für Räuber auf der Welt!*

Der Kriegseintritt Italiens löst ein regelrechtes Erdbeben in
Pinzon aus. Von einem Augenblick auf den andern findet
sich das friedliche Dorf in vorderster Reihe wieder, der
Konflikt bekommt Gesichter und Stimmen. Die Front ist
ganz in der Nähe, in den Bergen. Rosa und die Kinder hören
die Kanonenschläge, die im Tal widerhallen, und das kaiserliche Heer hat genau in ihrem Haus einen Kommandopos-
ten eingerichtet. Pinzon beherbergt nun elegante Offiziere
mit guten Umgangsformen, während in den übrigen zum
Gut gehörenden Gebäuden österreichische und ungarische
Soldaten einziehen.
Abends nach dem Essen, wenn man sich bei einem Glas
Wein entspannt, wird das Gästebuch des Hauses Tiefentha-
ler-Rizzolli aufgeschlagen. Die Offiziere lassen sich nicht
lange bitten, eine Erinnerung an ihren Aufenthalt zu hinter-

lassen, und die Seiten sind mit kleinen Texten, Unterschriften, Zeichnungen, Gedichten, Noten und Fotografien geschmückt.

Fast ein Jahrhundert später sitze ich dort, wo damals jene Militärs saßen, blättere in dem Buch mit den großen, schweren, teils ein wenig eingerissenen Seiten und spüre, wie mich ein Schauer durchläuft. Die Geschichte dieses Hauses ist mit einem Mal zum Greifen nahe. Ich bin dankbar, dass die Worte dieser Zeugen über Generationen hinweg bis zu mir gelangt sind. Und ich fühle mich jenen verbunden, die nach Rosa gekommen sind und denen es gelungen ist, die Spuren der Familienvergangenheit so sorgfältig zu bewahren.

Auf dem ersten Schnappschuss aus jener Zeit sind zwei Soldaten verewigt, in der Mitte des Dorfplatzes, während sie die Hände in den Brunnen tauchen. Die Aufnahme stammt vom März 1915, vermutlich waren die ersten Gäste in Uniform, die nach Pinzon kamen, nur eine Vorhut.

Im Jahr 1916 kam das zweite Bataillon des kaiserlichen Infanterieregiments »Edler von Hortstein« Nr. 92 an die italienische Front. Ich stelle mir vor, wie der kommandoführende Offizier die Hacken zusammenschlägt, während er sich Rosa, der ihm unbekannten Frau, vorstellt, deren Gut er mit seiner Truppe gerade in Beschlag nimmt. »Weder Ihnen noch einem Ihrer Kinder wird irgendein Leid zugefügt.«

Am Abend wird zu ihrer Ankunft ein Fest im Freien veranstaltet, mit einer großen Speisetafel und gutem Wein. Zwei komplette Seiten sind von einem Gewirr an Unterschriften übersät, mit denen ein Gedicht unterzeichnet ist:

Wir sahen Serbien, Montenegro und den Isonzostrom
Jetzt geht es hoffentlich bis weit nach Rom!
So schön war's nirgends, nie war uns so wohl,
als wie im schönen Lande Südtirol.

Nach harten Kämpfen folgt als reicher Lohn,
die Retablierung in Pinzon.
In Deinem schönen stilgerechten Haus
Geh'n 92er glücklich ein und aus!

Mög Dich der liebe Herrgott schützen und die Deinen
Mög Euch das Glück so warm wie Eure Sonne scheinen!

Zur Erinnerung an lustige Tage in Pinzon
März 1916
Theodor Schulhoff, Major

Auf einem hübschen Gruppenfoto sieht man Rosa und ihre Töchter wohlgesittet unter der Linde sitzen und hinter ihnen eine regelrechte Ehrenwache lächelnder Militärs. Es ist der 1. April 1916, und die Seite daneben wird vollkommen von einer sauberen Zeichnung ausgefüllt, einer Ansicht des Dorfes, mit dem auffälligen Glockenturm genau in der Mitte des Bildes.

Es sind Männer, die an den Krieg gewöhnt sind, aber auch junge Kerle fernab der Heimat und voller Dankbarkeit dafür, eine vertraute Atmosphäre und menschliche Wärme zu finden. Rosas Töchter sind klein. Die älteste, meine Großmutter Elsa, ist gerade dreizehn Jahre alt, aber im Haus arbeiten die Dienstbotinnen, und im Dorf fehlen die Männer. Wenn sie nicht mit Manövern, Wehrübungen oder Kriegsplänen beschäftigt sind, haben die Soldaten gewiss Zeit, sich zu verlieben. Vielleicht ist das der Grund, warum so viele jener Burschen, die sich dem Dienst an der Waffe verschrieben haben, sich die Mühe machen, Verse zu komponieren oder eine Skizze, ja sogar Blumenbildchen anzufertigen. Wie am 2. August 1916, als einer von ihnen zur Erinnerung die Zeichnung eines Edelweißes und dazu recht lyrische Zeilen hinterlässt. Es ist ein gewisser Hans, der, nach seinen

grafischen Fähigkeiten zu urteilen, der Zeichner und Foto-
graf des Regiments gewesen sein muss. Im Monat zuvor hat
er zwei ganze Blätter mit ziemlich gelungenen Skizzen ge-
füllt: Soldaten in Uniform, einer von ihnen Osmane, die
Kirche von Pinzon, ein bärtiger Offizier, der einen Brief
liest. Unten drunter hat er ein Foto der Stube hinzugefügt.
Ein Trupp verlässt das Haus kurz nach der Geburt von Hella und verabschiedet sich mit folgendem Gedicht:

Noch einmal, eh uns heiß der Kampf umfängt,
grüßt uns der stille, sonnengoldene Friede.
Er führt uns in das gastliche offene Haus.
Er gleitet mit dem lichten Sonnenstrahl
an dunklem Fels ...
Und an dem Schmuck der bunten Blumen hin.
In frohem Kinderlächeln grüßt er uns
Und in der Hausfrau still bescheidener Würde.
Sechs schöne Wochen lädt er uns zu Gast
Und da wir scheiden, ruft er uns nach
Durch eines neugeborenen Engels Stimme:
»Erhellet mir das sonnig traute Heim,
dies Heim, das meine ganze Zukunft ist!«
Da wissen wir, warum zum Kampf wir gehn:
Wir kämpfen für dies schöne Fleckchen Erde,
daß es auch weiterhin dem Glück zur Heimat werde.

Am 22. Februar 1917 gibt sich eine Gruppe von drei oder
vier Offizieren alle Mühe bei der Darstellung eines Schrift-
bandes mit dem Familienwappen, unter das sie ihren Erin-
nerungsgruß setzen. Viele nennen Rosa herzlich »unsere
liebe Hausherrin«.
Am 25. Juli 1917 ist die Stimmung angespannter, die Zeichnung zeigt den Kopf eines Mannes mit mongolischen Ge-
sichtszügen, auf den eine Pistole gerichtet ist.

Es ist die letzte von einem Militär unterschriebene Seite.

In ebenjenen Monaten, in denen Südtirol gegen die »welschen Verräter« kämpft, hat sich ein Trentiner namens Cesare in das italienische Heer einberufen lassen. Seit seiner Universitätszeit kämpft er für die Verteidigung der Rechte der Italiener im Kaiserreich Österreich-Ungarn. Zehn Jahre zuvor haben er und seine Leute in Innsbruck einen Kampf verloren, nun heißt es, einen Krieg gewinnen. Vielleicht ist endlich der Moment gekommen, die Früchte der Arbeit jener Jahre zu ernten. Bereits 1914 sind er und seine Mitstreiter nach Italien umgesiedelt und nach Rom gegangen, um den König und die Regierung zu einem Einschreiten in den Konflikt zu drängen. Dann ist es an der Zeit gewesen, die Uniform eines Landes anzulegen, das nicht das ihre ist, noch nicht.

In diesem Winter 1916, an der Front, hat der kühne Irredentist bereits erkannt, dass der Krieg ein sinnloses und grausames Unterfangen ist: Tagtäglich sterben Hunderte, um ein paar Meter zu gewinnen, die tags darauf von den Österreichern zurückerobert werden. Bisweilen gerät sogar die absolute Gewissheit ob seiner Mission ins Wanken, der Grund, weshalb er sich als österreichischer Staatsbürger in das im Krieg gegen die Habsburger befindliche italienische Heer hat einberufen lassen. In diesen von Schlamm, Schnee, Scharfschützen, Hunger und Verrohung beherrschten Bergen sind sich die Menschen nie so gleich gewesen. Und nie so sehr Feind.

Bis Cesare verhaftet wird. Er ist mit einem Kameraden auf Erkundungsgang, als er an eine Einheit von Kaiserjägern, Leicht-Infanteristen, gerät. Rasch identifiziert man ihn als »welschen Verräter«, er gehört zu denen, die *gegen* sie kämpfen. Man überführt ihn eilig nach Trient, in seine Heimatstadt, wo er im Gefängnis landet. Es ist keine Zeit für Zweifel, für Milde oder gar für Zugeständnisse an jemanden, der dem Kaiserreich den Rücken gekehrt hat. Das Ganze scheint umso brisanter, als er ein Intellektueller ist, er war österreichischer Abgeordneter. Mit der Strafe soll ein Exempel statuiert werden. Man verweigert ihm seinen einzigen und letzten Wunsch: als gefangen genommener, feindlicher Soldat erschossen, und nicht wie ein Verräter gehängt zu werden.

Er weiß genau, was mit ihm geschehen wird, er ist nicht der Erste. Gefesselt führt man ihn durch die Straßen von Trient, gibt ihm dem Gespött der Menge preis, er hört ihre Schmähungen, spürt, wie sie ihm ins Gesicht spucken. Ihm und anderen wie ihm wird im Eilverfahren der Prozess gemacht. Der Richter fordert ihn auf, seinen Zielen abzuschwören, den Kaiser um Vergebung anzuflehen. Aber er hat nicht so lange gekämpft, um am Ende alles zu verleugnen.

»Viva l'Italia!«, schreit Cesare Battisti, und die Schlinge zieht sich zu.

Rosa verfolgt die Nachrichten von der Front weiter mit angehaltenem Atem. Zu den Zeitungen und Kriegsberichten ist eine weitere, wichtige Informationsquelle hinzugekommen: die Offiziere, die als ihre Gäste in der Stube speisen.

An der serbischen Front haben österreichische und deutsche Truppen einige Niederlagen erlitten, aber Bulgarien ist zu ihrer Unterstützung eingeschritten und Belgrad schließlich 1915 gefallen.

In Frankreich ist die deutsche Offensive im September 1914 an der Marne gestoppt worden. Die Front beginnt sich zu stabilisieren. Recht bald und über Monate hinweg können die Zeitungen nur noch über das stete Hin und Her eines blutigen Mann-gegen-Mann-Krieges berichten, in dem die Soldaten beider Seiten für nichts sterben. Im Osten läuft es besser, und die Angriffe gegen die Russen in Polen führen zur Einnahme von Warschau.

Gleichzeitig tritt das Osmanische Reich an der Seite Wiens und Berlins in den Krieg ein. Die russischen Streitkräfte erwarten es auf dem Kaukasus, die Briten stehen in Mesopotamien, Ägypten und Afrika. Darüber hinaus müssen die osmanischen Machthaber mit der Arabischen Revolte von 1916 fertig werden, die, angeheizt durch britische Geheimdienste, von Mekka bis Damaskus aufflammt.

Besonders bewegen Rosa jedoch die Nachrichten von den Kämpfen gegen die Italiener. Schritt um Schritt verfolgt sie die Phasen des erbitterten Widerstandes, den die kaiserlichen Truppen ihrem Vormarsch an den Ufern des Isonzo, in der Region von Triest, entgegensetzen. Die Kommentare ihrer Gäste beruhigen sie: Die Tiroler Alpen eigneten sich nicht für Offensiven größeren Umfangs. »Seien Sie beruhigt, meine Dame, Sie werden die Soldaten aus Rom nie vor Ihrer Haustür sehen.«

Anfang 1916 greift Rosa nicht nur mit einem Gefühl der Traurigkeit, sondern auch in einem gewissen Vertrauen auf die göttliche Vorsehung zu ihrem Tagebuch. Ohne die Ankündigung eines freudigen Ereignisses zu vergessen, das Licht in diese tragische Zeit bringen sollte.

Pinzon 16. Jänner 1916

Wiederum haben wir ein neues Jahr begonnen, doch mit Ach und Weh, denn noch immer stehen dieselben düsteren, schweren Wolken am Himmel. Der Krieg wütet immerfort, das »Schlachtbild« haben wir stets vor Augen. Obwohl uns bis jetzt trotz großer Übermacht, die Feinde nicht viel schaden konnten, geht es ohne tägliche große Verluste nicht ab. Freilich braucht es starken Glauben, Mut und Ausdauer in dieser schweren Zeit. Eine neue Musterung wurde vorgenommen, das Überbleibsel für tauglich gehalten, denn der Kaiser braucht Erfolg.

Welch schwerer Abschied, nun greift der Krieg auf die letzte Kraft und reißt neue Lücken in die Familien und des Erwerbs. Für viele tausend Herzen ist es der letzte Abschied, Mütter mit reicher Kinderschar, oder Kinder die in fremde Obhut kommen, sie bleiben als verlassene Waisen zurück. Ja trübe Gedanken müssen die Einrückenden peinigen und es ist begreiflich, daß nicht das allein das Herz schwer macht, daß sie in ihren alten Tagen ein fremdes Handwerk erlernen sollen, sondern weil sie sich nur allzu hart vom Heim und ihrer Familie trennen können. Und doch heißt es Kopf hoch, mutig drein ins Kaiser Reich, es gilt den Frieden zu erzwingen.

Mein guter Mann ist noch gesund in seinem alten Posten, o wie danke ich Gott für seine allzugroße Güte. Sehe Mutterfreuden entgegen, beim 6ten Kinde! In diesen bitteren Zeiten ist es freilich doppelt schwer, doch ohne den Willen Gottes fehlt kein Haar vom Haupte, hoffentlich geht alles glatt ab. Ja, auch wir Weiber müssen kämpfen und stehen auch in Lebensgefahr. Es herrscht schon in allen Orten und Enden eine kolossale Teuerung und Mangel an Lebensmitteln.

Der Krieg gegen Italien dauert nun bereits über ein Jahr, und Rosa, die zusammen mit anderen Bewohnern von Pinzon auf dem Dorfplatz steht, schaut ratlos auf die Holzleitern, die die österreichischen Soldaten an den Glockenturm der Kirche gelehnt haben. Sie haben die grauen Waffenröcke abgelegt und arbeiten in Hemdsärmeln in der ersten Junisonne des Jahres 1916. Sie bringen ein Gerüst an, an dem gewaltige Flaschenzüge befestigt sind, und knoten dicke Hanfseile um die Glocken.

Rosa hält ein Neugeborenes im Arm, ein Mädchen. Gott hat beschlossen, ihr ein sechstes Kind zu schenken, neun Jahre nach Bertas Geburt. Einer Wundergabe des Himmels gleich ist die Kleine eine Woche vor ihrem neununddreißigsten Geburtstag zur Welt gekommen. Jakob war nicht da, aber ein Militärarzt hat ihr beigestanden, einer der Offiziere, die unter ihrem Dach wohnen. Einige Wochen nach dem Ereignis berichtet sie in ihrem Tagebuch:

Am 15. Mai, habe ich glücklich ein Mädchen geboren, das am selben Tage von unserem allehrwürdigen Kurator Geier getauft wurde. Schwester Luise machte wiederum Patin und es erhielt den Namen Helene Aloisa. Wir hatten das Haus voll österreichische Soldaten einquartiert und so stand Herr Dr. Richard Jenny aus Rankweil Vorarlberg, wie ein rettender Engel mir die ganze Nacht liebreich zur Seite, bis endlich diese angstvollen Stunden vorüber waren. Der bestimmte, erwartete Kriegsbubi kam nicht, daher ein gar wunderliebes braunäugiges Diandl. Das Kind ist sehr stark, hat Vaters rote Wänglein und lächelt so süß in die rosige Zukunft entgegen. Hoffentlich erlebt das Kind schönere Tage, wenn endlich einmal dieser Sturm, das entsetzliche Menschenmorden, sein Ende nimmt.

Was soll aus Helene, die alle bald Hella nennen, in dieser aus den Fugen geratenen Welt werden? Rosa kann nicht wissen, dass dieses winzige Geschöpf ihr viele Überraschungen bereithalten und auch den übrigen Dorfbewohnern keine Unbekannte bleiben wird. Aber vielleicht ahnt sie es. Als Kriegskind ist Hella »sehr stark« zur Welt gekommen, und sie wird noch schlimmere Schlachten auszufechten haben.

Pater Geier tritt auf Rosa zu und reißt sie aus ihren Gedanken: »Es war unvermeidlich«, murmelt er. »Wir müssen unsere Glocken opfern. Im gesamten Kaiserreich ist das so.«

»Aber weshalb? Was machen sie mit unseren Glocken?«,

fragt Rosa, während sie unablässig ihr friedlich schlummerndes Töchterchen wiegt.

»Sie wollen sie einschmelzen. Sie schmelzen die Glocken ein, um daraus Waffen und Munition herzustellen.«

»Das ist ja grauenhaft!«, raunt Rosa. »Wie konnte es nur so weit kommen?«

»Der Krieg zieht sich in die Länge, Frau Mutter«, erwidert Pater Geier, während er der kleinen Hella über die Stirn streicht. Er nennt Rosa liebevoll mit dem Beinamen, »Frau Mutter«, den ihr die Dorfbewohner wegen ihrer ermutigenden Erscheinung, ihrer Fürsorglichkeit und des steten Beistandes in jenen schweren Zeiten gegeben haben. »Und je länger er dauert, desto schlimmer werden alle zu leiden haben.«

»Aber die Kirchglocken fortzuschaffen ist, als würde man dem Dorf seine Seele rauben«, wendet Rosa ein.

»Die Kirche muss Opfer bringen wie alle anderen Untertanen des Kaisers«, erwidert der Priester mit trauriger Stimme. »Seht Euch um. Die Familien sind zerstört, die heimgekehrten Männer sind verwundet oder schwer versehrt, Frauen und Kinder verhungern. Aber das wisst Ihr besser als ich.«

Rosa weiß in der Tat genau, wie es steht. Ihr blutet das freigiebige Herz angesichts der Not, mit der die von ihr abhängige Gemeinschaft zu kämpfen hat. Alle gesunden Männer sind zu den Waffen gerufen worden. Junge, Alte, Familienväter: ohne Ausnahme. Überall in Europa, in Südtirol, in Pinzon. Ein ganzer Kontinent ist dem Wahn verfallen. Der im Sommer 1914 mit solcher Inbrunst und Selbstgefälligkeit vorangetriebene Konflikt, dessen rasches, siegreiches Ende durch den Kaiser prophezeit worden war, hat bereits Hunderttausende von Menschenleben gekostet. Die Fotografien von Soldaten, die in einem Blütenregen zur Front aufbrechen, sind Bildern von schlammigen Schützengräben, schussbereiten Maschinengewehren, Explosionen, Granaten und Minen gewichen. Das große Gemetzel scheint kein Ende zu nehmen.

Auf den Straßen von Pinzon, Montan und Neumarkt begegnet Rosa ausgemergelten Frauen und Kindern. Lebensmittel werden immer rarer und teurer. Die Kriegsmaschinerie muss gespeist werden, Soldaten haben Vorrang vor Zivilisten. Oft richtet die Herrin von Pinzon auf dem Dorfplatz große Tafeln ein, an denen sich nicht nur die Soldaten, sondern auch ihre Mitbürger stärken können. Sie lässt nichts unversucht, damit auch jene Familien, die nicht auf ihren Gütern arbeiten, genug zum Überleben haben. Die Felder, Gärten und der Hof reichen jedoch nicht mehr aus, um all die Hungernden zu ernähren.

Sie schreibt in ihr Tagebuch:

Ach, bisher stehen wir unter schwerem Drucke und noch kein Ende. Die heißen Kämpfe dauern fort, links und rechts kracht es, als sei das Weltende nah.

Die Hungersnot wird immer mehr fühlbar, speziell in den Städten. Die Leute sehen abgemagert aus, Lebensmittel sind nur mehr gegen Karten erhältlich. Die Preise steigen jeden Tag, mit dem Geld ist kaum was aufzubringen, nur Tauschhandel ist zur Tagesordnung geworden. Manche Arme beneiden die Toten. Das letzte Stückl Hausgeräte in Kupfer, Messing, oder Zinn wurde gesammelt, zur Munitions-Verwendung. Nicht genügend wurden noch die schönen alten Glocken vom Turm genommen, die so treu ihre heilige Pflicht erfüllten und bald freudig, bald traurig, nach dem Wunsch des Menschen haltend, ihre hellen und tiefen Töne ins weite Welttal hinaus erschallen ließen. So was greift einem die Nerven stark an, das mit ansehen zu müssen und viele alte Leute sah man weinen. Was mag noch alles kommen, bis wir genug gestraft sind?

Alle Tage wird es Abend, einmal wird auch für uns der Letzte sein!

Am Fuß des Kirchturms von Pinzon ist inzwischen alles bereit. Die beiden Carillons des Glockenturms sind losgeschraubt und aus ihrer Aufhängung genommen. Die Glocken baumeln kraftlos an den Tauen, an denen sie Zentimeter um Zentimeter zum Boden herabgelassen werden.

»Sie sehen aus wie gefallene Engel«, denkt Rosa und senkt den tränenverschleierten Blick auf das schlafende Mädchen in ihren Armen. Doch dann betrachtet sie erneut die traurige Szene, und aus ihren Augen spricht nunmehr Entschlossenheit. Sie prägt sich alles gut ein, die Wut wird ihr helfen durchzuhalten und für die Wiederauferstehung ihres Dorfes zu kämpfen. »Ich werde neue Glocken für unsere Kirche kaufen. Eines Tages, schon bald, werde ich sie wieder dort oben anbringen«, flüstert sie dem Töchterchen zu. »Das gelobe ich.«

7

»Das neue Jahr fing blutig an«

Der Anblick der geröteten Augen ihrer Schwester bricht Rosa das Herz. Luise steht, gestützt von den Kindern, in der kleinen Kirche in Margreid, um sie herum ist die Familie versammelt, die erneut ein schwerer Schlag getroffen hat. Der Priester senkt das Aspergill, nachdem er den leblosen Körper Johann Tiefenbrunners ein letztes Mal gesegnet hat. Luises Mann ist an einer fulminanten Hepatitis gestorben. Die Ärzte haben versucht einzugreifen, aber es war alles vergeblich. Im Mai 1917, im Alter von vierundvierzig Jahren, bleibt Luise allein mit sechs Kindern zurück. Der Älteste, Johannes, genannt Hans, zählt bereits neunzehn Jahre, doch Luise fällt die Aufgabe zu, die Führung der weitläufigen Güter und des Castels von Entiklar zu übernehmen. Noch dazu in vom Krieg geprägten, schwierigen wirtschaftlichen Zeiten.

Rosa tritt auf Luise zu und umarmt sie. Heute ist es an ihr, die große Schwester zu trösten, so wie Luise es bei ihr getan hat, damals, als die Mutter, Anna, für immer gegangen ist. Sie drückt sie fest. »Gott schaut von dort oben auf uns herab«, flüstert sie. »Er wird dir die Kraft geben, dich seinem Willen zu beugen.« Innerlich dankt sie dem Himmel, dass ihr Sohn Josef noch klein ist: Hans ist bereits Soldat, und nach dem kurzen Urlaub, den man ihm zur Bestattung des Vaters gewährt hat, wird Luise ihn wieder zur Front aufbrechen sehen.

Auf dem Kirchplatz formiert sich ein Trauerzug, der Johanns Leichnam zum Friedhof von Margreid geleiten wird. Die Angehörigen, die auf dem Anwesen Beschäftigten, die

Bewohner des Ortes und der umliegenden Dörfer sind gekommen, um ihm die letzte Ehre zu erweisen.

Die Prozession setzt sich mit schwerem, gleichförmigem Schritt in Bewegung. In der Ferne, von den Schlachtfeldern, hallen Explosionen durch das Etschtal. An der Alpenfront kommt es ständig zu Auseinandersetzungen zwischen Österreichern und Italienern, und der Wind trägt das Donnern der Kanonenschläge herüber.

Die Gesichter sind ernst, Johanns Tod lastet auf den Herzen aller. Zur Trauer um den Verstorbenen kommt die Sorge angesichts eines täglich härter werdenden Alltags.

»Was bringt es zu kämpfen? Einen Tag gewinnen sie Gebiet, am Tag darauf müssen sie zurückweichen. Und derweil werden Hunderte junger Männer niedergemetzelt!«, sinniert eine alte Frau.

»Und was ist mit den Flugzeugen, die über das Dorf fliegen? Ihr werdet schon sehen, bald fällt uns eines von denen auf den Kopf«, fügt eine andere hinzu.

Rosa hört ihnen zu und begreift, dass sie reden, um ihre Aufmerksamkeit auf sich zu lenken. Als könne die Herrin eingreifen, Wunder vollbringen, die Leiden der Dorfbewohner lindern. Aber sosehr sie in ihr auch eine Art gute Fee sehen mögen, eine Tragödie dieses Ausmaßes übersteigt bei weitem ihre Kräfte.

»Das Militär hat den Anteil der für sich beschlagnahmten Güter erneut erhöht, bald werden wir den Hungertod erleiden«, wendet sich ein Halbpächter, der neben ihr hergeht, an sie. »Die Ernte ist noch nicht eingefahren, da schafft man sie uns schon fort.«

»Ich weiß«, erwidert Rosa, die gekommen ist, um für die Seele eines Verstorbenen zu beten, stattdessen jedoch von den Nöten der Lebenden bedrängt wird.

Selbst in Pinzon muss sie tagtäglich darum kämpfen, alle satt zu bekommen. Fleisch, Butter, Eier, Mehl, Zucker und

Käse reichen nie aus und sind unerschwinglich geworden. Endlich hat der Trauerzug den Friedhof erreicht, und das Schlurfen der Schuhe und Holzzockel auf dem Schotterweg wird allmählich gedämpfter. Die Gespräche verstummen nach und nach.

Einer bemerkt noch mit leiser Stimme: »Manche werden zum Millionär geboren, andere müssen um Almosen bitten.« Rosa wendet sich um, aber sie findet nicht heraus, wer gesprochen hat.

An diesem Punkt senkt sich Schweigen über die Versammelten, und der Pfarrer ergreift das Wort: »Brüder und Schwestern, denkt an die Worte, die Jesus zu der Schwester seines Freundes Lazarus sprach: ›Ich bin die Auferstehung und das Leben. Wer an mich glaubt, der wird leben, ob er gleich stürbe.‹«

Am 21. November 1916 ist eine weitere für Rosa sehr bedeutsame Person gestorben, aber sie hat bei der Beerdigung nicht dabei sein können. Als die Welt noch eine andere war, hatte sie in der Menge von Innsbruck ein letztes Mal nach ihm Ausschau gehalten: Kaiser Franz Josef. Nun ist er mit sechsundachtzig Jahren verstorben und hat einen von ihm geschürten, unvollendeten Krieg zurückgelassen. Vermutlich hat er die Augen geschlossen, ohne zu ahnen, dass sein Reich durch das unbesonnene Vorhaben, in das er es hineingezogen hatte, vernichtet werden würde. Er hatte 1848 den Thron bestiegen und achtundsechzig Jahre lang als wohlwollender Monarch regiert, darum bemüht, die Traditionen der dynastischen Macht aufrechtzuerhalten. Doch die nationalistischen Spannungen innerhalb des Reiches hatten sich bereits verfestigt. Die Idee einer Regierung mit ihm als oberstem Träger gehörte unwiderruflich der Vergangenheit an.

All' Abend bevor ich zur Ruhe geh', blick ich hinaus in die
Nacht – und wenn ich ein holdes Sternlein seh', frage ich,
wann, sage, wird Friede werden? Doch auch sie, die sanf-
ten Sterne schweigen wie das Grab; Auch der Mond, der
alte getreue, ist so stumm geworden, nur seine Strahlen
wirft er gleich wie Scheinwerfer über die streitsüchtigen
Nationen und die verlassenen Heldengräber. Ein heißes
Dankgebet lasse ich durch die schwarzen Wolken dringen,
weil ich meinen größten Schatz auf Erden, meinen Gat-
ten, besitze. Doch ich habe noch das Herz am rechten
Fleck und fühle fremdes Leid, denn geteilter Schmerz,
bloß halber Schmerz.
Unser allgeliebter Kaiser Franz Josef, hat den Frieden
nicht mehr erleben können. Er ist hinüber, wo die Braven
seiner Völker seiner warten, die den Tod nicht scheuten
für seinen edlen Monarchen. Der Schwur gilt dem Nach-
folger »Kaiser Karl«! Wir wollen treu und fest zusammen
halten bis zum siegen oder sterben.
Das neue Jahr fing blutig an, die Geduld wird hart auf die
Probe gestellt. Glücklich der allein, der seinen Trost im
Gebet findet. O Herr, erlöse uns von dem Übel!

Für Rosa, wie für viele Südtiroler, hat Franz Josef stets vä-
terliche Autorität und Unfehlbarkeit verkörpert. Er war
das Wahrzeichen einer einfachen und sicheren Welt. Gleichzeitig haftet der Wehmut, mit der sie an den Herrscher zu-
rückdenkt, ein bitterer Beigeschmack an. Ihre Freunde aus
Wien haben ihr von den Gerüchten erzählt, die nach dem
Attentat von Sarajevo in der Hauptstadt in Umlauf waren.
Offenbar hatte der Kaiser sehr harte Worte gewählt: Er
hatte es seinem Neffen und designierten Thronfolger, Franz
Ferdinand, nie verziehen, mit einer einfachen Gräfin verheiratet zu sein. Zwar hatte er in die Ehe eingewilligt, Sophie jedoch nie die ihrem Rang gebührende Ehre erwiesen.

Als ihn die Nachricht vom Tod der Eheleute erreichte, hatte Franz Josef geseufzt: »Eine höhere Gewalt hat wieder jene Ordnung hergestellt, die ich leider nicht zu erhalten vermochte.«

Wie stets, vertraut sich Rosa ihrem Tagebuch an. Einst hat sie an den Sieg geglaubt, nun sehnt sie nur noch den Frieden herbei.

Pinzon 25. Jänner 1918

Sonntag ist heute, es schaut so trübe aus im Freien, daß man sich gerne ins warme Stüberl setzt, der das Glück hat, eines zu besitzen. Viele arme Menschen müssen frieren, da so großer Kohlenmangel herrscht. Das alte Jahr hat uns so traurig verlassen, doch es ließ uns die Hoffnung zurück, das »1918« alles ersetzen wird und den Frieden bringt. In den Zeitungen kann man von den Friedens-Verhandlungen lesen, doch man ist schon so oft irregeführt worden, daß man keinem Glauben schenkt. Es müssen wieder so viele einrücken, um die Offensive gegen Italien und Frankreich rasch vorwärts zu bringen.

Entweder – oder!

[...] Unsere zwei ältesten Mädchen haben wir in Brixen im Institute der Englischen Fräulein, die anderen drei besuchen hier die Ortsschule und klein Herzküssel trollt im Hause herum und behauptet ihr Recht. Mit den Lebensmitteln geht es immer schlechter, da einem das Getreide bis zur vorgeschriebenen Quote requiriert wurde. Noch dazu kommen täglich Diebstähle vor, die Menschen kennen keine Gebote mehr. Der Winter ist sehr kalt, die armen Soldaten fühlen es wohl am meisten. Was Moral anbelangt, steht es sehr schlecht, man muß zittern um die lieben Kinder.

In diesem ersten Abschnitt des Jahres 1918 entwickeln sich die Dinge zum Schlechten. Die Zeitungen preisen unablässig die Tapferkeit des kaiserlichen Heers, doch Rosa hat längst begriffen, dass sich Kriege nicht durch Mut und leider auch nicht durch alltägliche Opfer gewinnen lassen. Die Großmächte – Frankreich, Großbritannien, Italien und sogar die Vereinigten Staaten, Kanada und Australien – haben sich allesamt gegen Österreich und Deutschland verbündet. Es stehen noch schwerere Zeiten bevor.

An der serbischen Front, wo alles begonnen hat, ist der Sieg über Belgrad angefochten worden. Die Überlebenden des serbischen Heeres sind nach Griechenland ausgewichen, haben dort die Reihen geschlossen und sich neu organisiert. Griechenland und Frankreich haben ihnen den Rücken gestärkt. Die Frontlinie ist durchbrochen worden, die Entschlossenheit der bulgarischen Soldaten hat nicht viel genutzt. So wird ausgerechnet Bulgarien, der wertvolle Bündnispartner Österreichs und Deutschlands, im September 1918 als Erstes kapitulieren. Es wird der Anfang vom Ende sein.

Im Osten ringt indes Russland seit Anfang 1917 mit einer Revolution, die den Beginn einer neuen Ära der Weltgeschichte verkündet und den Rückzug der zaristischen Truppen bewirkt. Auch das Osmanische Reich zerfällt, und die Sieger teilen sich das, was davon übrig bleibt.

An der Westfront, in Frankreich, hat das Jahr mit einem Angriff der Deutschen begonnen. Die Frühjahrsoffensive sorgt für rasche Erfolge und erlaubt es den Truppen des deutschen Kaisers und preußischen Königs, Wilhelm II., sich einen Weg zu bahnen und 150 Kilometer vor Paris Stellung zu beziehen. Der Vormarsch wird jedoch gestoppt, und in der zweiten Jahreshälfte geht die Initiative über an die alliierten Streitkräfte, die im August auf ganzer Linie angreifen.

Das preußische Heer ist nicht in der Lage, dem Bündnis aus

Franzosen, Engländern, Amerikanern, Kanadiern, Australiern und sogar Neuseeländern die Stirn zu bieten. Die Verluste sind gewaltig, die Zahl der Gefallenen, Invaliden und Verwundeten geht in die Millionen. In den Reihen der Truppen, unter den erschöpften Soldaten, ist das Gefühl der Sinnlosigkeit dieses Sturms der Gewalt mittlerweile so greifbar, dass es immer häufiger zur Fahnenflucht kommt. Im September hat der Generalstab bereits begriffen, dass die Niederlage unvermeidlich ist.

Die Feuerpause, die Deutschland mit Hilfe der Amerikaner vorschlägt, wird nichts mehr nutzen. Der Krieg hat die deutsche Wirtschaft ins Chaos gestürzt. Das Elend greift um sich. Unter der Oberfläche gärt bereits die Revolte. Der 9. November 1918 markiert das Ende des deutschen Kaiserreiches, an seiner Stelle wird die Republik ausgerufen.

Am 11. November entschließt sich Deutschland zur Kapitulation.

Nach der Schlacht von Karfreit, zwischen Oktober und November 1917, hatten Österreicher und Deutsche an der Isonzofront die Oberhand über Italien. Die Truppen des Königreichs Italien sind zerschlagen worden und Zehntausende Soldaten in Gefangenschaft geraten. Rosa erinnert sich noch an den Tag, Mitte November, als die Siegesnachricht Pinzon erreichte: Die österreichischen Offiziere haben bis tief in die Nacht getrunken, gesungen und getanzt. Doch wenige Monate später, mit der Schlacht von Vittorio Veneto, hat sich das Blatt gewendet, und nun ist das kaiserliche Heer zum Rückzug gezwungen.

Auch Österreich hat um eine Feuerpause ersuchen müssen. Mit den Unabhängigkeitserklärungen von Budapest, Prag und Zagreb ist das Kaiserreich im Zerfall begriffen. So schlägt Wien den Italienern am 29. Oktober einen Waffenstillstand vor. Er wird am 3. November in der Villa Giusti unterzeichnet.

Innerhalb weniger Monate kommt es 1919 zum Abschluss der Friedensverträge von Versailles und von Saint-Germain-en-Laye. Die den Europäern durch den amerikanischen Präsidenten Woodrow Wilson auferlegten Friedensbedingungen sehen ein Recht auf Selbstbestimmung für Minderheiten vor. Dennoch wird Südtirol, das nach der Unterzeichnung der Abkommen durch England und Frankreich unter italienische Kontrolle geraten ist, keine Stimme am Verhandlungstisch erhalten.

Für Rosa bleibt der Brenner eine offene, schmerzliche Wunde. In gleicher Weise empfinden die meisten Bewohner Südtirols, einst Untertanen des Kaisers und österreichische Staatsbürger, die nun einer neuen Regierung, der in Rom, unterworfen sind. Es ist nicht verwunderlich, dass sie die Ankunft der Italiener wie eine fremde Besatzung, die Teilung Tirols wie eine Amputation erleben. Und die Loslösung von Österreich als unrechtmäßige Trennung vom Mutterland.

Günther Pallaver, ein brillanter Politologe und Professor an der Universität Innsbruck, erzählte mir, dass sein 1869 in Trient geborener Großvater Battista, genannt Tittele, der als Halbpächter tätig war, zu sagen pflegte: »Sen trentini ma non sen italiani: sudtirolesi.« (»Sie sind Trentiner, aber keine Italiener: eben Südtiroler.«) Die beiden Völker kannten sich eben bereits vor dem Anschluss. Sie unterhielten gut nachbarliche Beziehungen, viele Trentiner gingen nach Südtirol, um Arbeit zu finden, das Südtiroler Bürgertum schickte seine Kinder zum Italienischlernen her. Aber wie es der namhafte Journalist Claus Gatterer formulierte, bestand das Trauma für die Tiroler südlich des Brenners 1919 nicht in der Begegnung mit den Italienern, sondern in der Begegnung mit dem »italienischen Staat als Ordnungssystem« oder, wenn man so will, als »System von Werten«. Bürokratie, Zentralismus, unfähige Verwaltungsbeamte: Die Konfrontation mit dieser Realität ist es, die den Südtirolern den Eindruck vermittelt, von Barbaren überfallen worden zu sein.

Zu allem Unglück sollte der Staatsstreich Mussolinis bereits wenige Jahre später die Faschisten an die Macht bringen. Sie betrieben nicht nur eine Politik der wirtschaftlichen sowie kulturellen Kolonialisierung, sondern schickten darüber hinaus, wie Pallaver erinnert, ihre unfähigsten Bürokraten und ganz gewiss nicht die Elite nach Südtirol.

Um hautnah mit den Wurzeln dieses Traumas in Berührung zu kommen, beschließe ich, zum Brenner zu fahren. In dem Dorf ist Rosa zur Brunnenkur gegangen, als ihre Probleme mit der Gallenblase heftiger wurden. Aber »der« Brenner ist in erster Linie ein Pass. Einer der niedrigsten Alpenpässe überhaupt, der seit Jahrhunderten eine Verbindung zwischen Mitteleuropa und der italienischen Halbinsel gewährt. Der Bau der Eisenbahn, 1867, zehn Jahre vor Rosas Geburt, hat ihn zu einem wirtschaftlichen und militärstrategischen Knotenpunkt werden lassen.

Gemeinsam mit meinem Mann Jacques fahre ich in die Gemeinde Brenner, und es ist nicht nur eine Reise zurück in die turbulente Geschichte zu Beginn des vergangenen Jahrhunderts, sondern auch in meine ganz persönliche Geschichte. Ich bin in Vill, in der Nähe von Neumarkt, aufgewachsen, in einem Haus inmitten von Weinbergen mit Blick über das Etschtal. Um das Südtiroler Unterland von der Salurner Klause bis fast zum Brennerpass zu überblicken, brauchte ich nur rund eine halbe Stunde im Wanderschritt nach Castelfeder aufzusteigen. Das ist eine wilde, stille Hochebene von ganz eigenem Reiz, auf der hier und dort ein paar alte Gemäuer und trockene Dornsträucher verstreut sind. Man bekommt beinahe Angst, wenn das Wetter umschlägt und man von den Wolken überrascht wird, deren düstere, schwarze Schatten über die Wiesen jagen, einen rasch verfolgen und aus den Felsen die Seelen der Vergangenheit heraufbeschwören. In diesem Siedlungsgebiet brachten die Räter ihren Göttern Opfer dar, errichteten die Romanen ihre Festungen und hingen die mittelalterlichen Herren ihren Träumen von Glanz und Ruhm nach. Das fruchtbare, dicht besiedelte Tal, das ich vom Gipfel aus erblickte, war einst nichts weiter als ein ungesunder Sumpf. Doch kann ich heute all die verstehen, die es unter Einsatz ihres Lebens verteidigt haben.

Unten verlaufen die Bahnstrecke und eine dicht befahrene Autobahn. Wenn ich als kleines Mädchen mein Zimmerfenster öffnete, hörte ich den Lärm der Züge und LKWs. Im Sommer kamen ganze Kolonnen von Campingwagen hinzu, Touristenströme, die an die Stelle von Übergriffen und Feldzügen getreten sind.

Für die Strecke zwischen meinem Elternhaus in Neumarkt und der Gemeinde Brenner benötigt man nicht einmal eine halbe Stunde. Es gibt nur eine Straße, die von Restaurants, kleinen Boutiquen und Souvenirläden sowie der roten Fassade eines riesigen Einkaufszentrums gesäumt wird, in dem sich Österreicher mit Wurstwaren, Käse und italienischer Mode eindecken. Ich nähere mich einer schwarzhaarigen Frau mit strahlendem Lächeln, der Besitzerin eines kleinen Souvenirladens. Sie erkennt mich und gibt mir zu verstehen, dass sie Journalisten nicht mag, sie will nicht, dass ich ihren Namen erwähne. »Die Presse hat schon immer ein schmutziges Spiel mit uns getrieben«, erklärt sie und ergänzt, der Pass werde in den Zeitungen gern als Hort der Schmuggler und dunklen Geschäfte dargestellt. In ihren Augen ist er dagegen lediglich irgendein dem Verfall überlassener Winkel Italiens. »Es gibt hier nichts mehr«, sagt sie. »Wir haben nicht einmal mehr einen Friseur oder eine Apotheke, der Arzt kommt zwei Stunden pro Woche.«

Sie sieht ihr Dorf als Opfer der weltweiten Umwälzungen. Der Wegfall der europäischen Binnengrenzen hat die wichtigste Einnahmequelle des Ortes versiegen lassen: den Zoll und entsprechende Vermittlungstätigkeiten. Der Bau der Autobahn und die damit einhergehende Verlagerung des LKW-Verkehrs hatten bereits zuvor für erhebliche wirtschaftliche Einbußen gesorgt. Sie hat nicht ganz unrecht: Niemand fährt mehr durch Brenner. Einzige Ausnahme bilden die Motorradfahrer, die aus allen Ecken der Welt kommen und die alte Staatsstraße nehmen, da es die angenehmere und interessantere Strecke ist. Ich stoße tatsächlich auf eine Gruppe ganz in Leder gepackter Australier, die unterwegs nach Norden sind und sich gegenseitig vor dem Grenzstein fotografieren, der den Übergang zwischen Österreich und Italien markiert.

Die Thermen, die Rosa 1906 besucht hatte, haben ihre Tore wegen eines Rechtsstreits geschlossen. Meine Gesprächspartnerin ist allerdings davon überzeugt, dass eine Wiedereröffnung Touristen anziehen könnte: Das hiesige Quellwasser vermöge jede Krankheit zu heilen. Wahrheit oder Einbildung? Wer weiß das schon in diesem Tal, in dem der Wind, zwischen den Bergen gefangen, ohne Unterlass bläst. Das Dorf hat etwa 150 Einwohner, aber von den Alteingesessenen ist nur eine Handvoll geblieben. Die alten Familien sind fortgegangen oder ausgestorben. Wer dageblieben ist, beklagt sich über die Immigranten, vor allem Pakistaner, die sich im Dorf niedergelassen haben.

In der nahe gelegenen Bar Anita treffen wir den Mann, der das historische Gedächtnis des Ortes verkörpert: Herrn Remo. Er ist siebenundsiebzig Jahre alt, und er wirkt zart und schmächtig in seiner karierten Jacke, aber seine Haltung ist deutlich positiver als die seiner Mitbürgerin. »Wir sind hier im Herzen Europas«, betont er, glücklich darüber, jemandem seine Erinnerungen mitteilen zu können. Er erklärt sich bereit, uns zu führen, und begleitet uns zum Bahnhof. »Genau hier habe ich mit den anderen Kindern gespielt«, berichtet er, während wir die Gleise entlanglaufen, auf denen Mussolini gekommen ist, um Hitler zu begrüßen. Er erinnert sich an die herrschende Kälte, an die nackten Finger, die an dem eisigen Stahl der Waggontüren klebten, wenn er mit seinen Freunden in den Zug stieg. Er hat noch lebhaft die Bombenangriffe der Amerikaner im Kopf, die die Bahnhöfe unter Beschuss nahmen, sie zum Glück aber oft verfehlten. Den Rucksack auf dem Rücken suchte er, gemeinsam mit den Eltern, Schutz in den Wäldern und Höhlen der Berghänge. Ein Schild an einer Wand erinnert an den »Luftangriff« vom 21. März 1945, bei dem zwölf Zivilisten und ein italienischer Polizeibeamter getötet wurden. Remo erzählt auch, dass seine Schwester nach 1943 versucht hat, den in Waggons eingesperrten Gefangenen, die über den Brennerpass transportiert wurden, etwas zu essen zu bringen. »Weg! Weg!«, schrien die Nazi-Wachleute, um das Mädchen, das nichts von Juden und Vernichtungslagern wusste, zu verscheuchen.

Auf ebendiesem Bahnhof ist es bereits zwanzig Jahre nach der Spaltung von 1918 zu weiteren, für das Schicksal des alten Kontinents wichtigen Ereignissen gekommen. Besonders verhängnisvoll war der Händedruck von Adolf Hitler und Benito Mussolini im März 1940. Die beiden Diktatoren kamen sich damals lächelnd auf dem Bahnsteig entgegen. Nach der Unterzeichnung des »Stahlpakts« in Berlin bekräftigten sie hier erneut ihr Bündnis, obgleich sie die Welt bereits in den tödlichsten Konflikt gestürzt hatten, den die Geschichte jemals erleben sollte. Ein Konflikt, der mit der systematischen Vernichtung von sechs Millionen Juden unvorstellbares Grauen brachte.

Wie eine bloße Fußnote am Ende der großen, sich abzeichnenden Tragödie, bestätigte Hitler bei dieser Begegnung

Mussolini, dass er die deutschsprachige Gemeinschaft in Südtirol aufgeben würde. Damit verleugnete er alle, die glaubten, im nationalsozialistischen Deutschland, als dem Erben des einst großen, nunmehr zu einer Provinz des Dritten Reiches herabgesunkenen Österreich, eine Schutzmacht zu finden.

Herr Remo führt mich zum Friedhof neben der kleinen Kirche St. Valentin. Alle liegen unter derselben Erde begraben: egal, ob sie auf Italienisch oder auf Deutsch gebetet haben. Diese Gipfel haben keine Geschichten mehr zu erzählen, weder traurige noch fröhliche, der Pass ist zum Symbol eines Kontinents ohne Grenzen geworden, gewisse Lektionen hat man hier gelernt. Aber stimmt das? Fast ein Jahrhundert nach dem Zusammenbruch der Mittelmächte wird das Gebäude eines versöhnten Europas heute von einer neuen wirtschaftlichen, politischen und moralischen Krise und ihren Umwälzungen bedroht.

8

Die Schwarzhemden kommen

Rosa hat Hella an die Hand genommen und hält sie energisch zurück. Die Kleine ist noch keine fünf Jahre alt, strotzt aber bereits vor unbändiger Energie: »Warte, Schatz! Der Zug steht noch nicht!«

»Wir sind da, wir sind da!«, freut sich Hella und presst ihr kleines Gesicht an das Abteilfenster.

Der Zug fährt im Schritttempo in den Bahnhof von Bozen ein und kommt schließlich mit kreischenden Bremsen zum Stehen. Unter dem Druck der in den Gängen zusammengepferchten Reisenden, die seit der Station Neumarkt stehen mussten, springen die Türen auf.

An diesem Sonntag, den 21. April 1921, wimmelt es auf den Bahnsteigen nur so von Menschen. Die Menge zögert, ob sie den soeben eingefahrenen Zug erstürmen soll, denn noch weiß niemand, ob er weiterfährt. Die Eisenbahnangestellten streiken schon seit Wochen, nicht nur in Südtirol, sondern auch in anderen Regionen Italiens. Nur wenige Züge sind unterwegs, und alles liegt in den Händen der Maschinisten, die ohne Vorwarnung die Fahrt unterbrechen können. An jeder Station muss man bangen.

Rosa bahnt sich einen Weg durch die ungeduldigen Reisenden. Sie hält Ausschau nach einem Bahnangestellten, den sie um Auskunft bitten kann.

»Entschuldigen Sie, mein Herr«, ruft sie einem Mann zu, der die Uniform der Staatlichen Eisenbahngesellschaft trägt.

Der Mann dreht sich um. Er ist nicht mehr jung, und sein Gesicht wirkt sehr müde.

Er mustert Rosa von Kopf bis Fuß und antwortet im Dialekt. Rosa fühlt sich durch diesen vertrauten Ton ermutigt.

»Womit kann ich dienen, gnädige Frau?«

»Meine Tochter sollte aus Brixen kommen. Aber ich weiß nicht, ob der Zug gefahren ist.«

»Alle Züge aus Brixen sind gestrichen. Ich glaube nicht, dass Ihre Tochter es bis in die Stadt geschafft hat, es sei denn, sie hat einen Platz im Autobus bekommen.«

Rosa schüttelt den Kopf. Elsa ist ein sehr ängstliches Mädchen, sie würde es kaum wagen, in einen dieser überfüllten Überlandbusse zu steigen, die die ausgefallenen Züge ersetzen sollen. Abgesehen davon, dass die Direktorin der Internatsschule, an der Elsa nun bald die Matura ablegen wird, sie niemals auf diese Weise reisen lassen würde.

»Ich danke Ihnen«, erwidert Rosa lächelnd. »Und der Nachmittagszug nach Trient? Geht der gewiss?«

Der Mann schaut auf das bekritzelte Blatt in seiner Hand. »Der Schnellzug um 18.10 Uhr? Ja, der müsste fahren. Es scheint zumindest so.«

Der Bahnangestellte wirft einen Blick auf Hella.

»Wollen Sie in die Stadt?«

»Ja«, erwidert Rosa. »Meine Tochter möchte den Umzug sehen.«

Auch Elsa hätte zu ihnen stoßen sollen, um gemeinsam mit ihnen den Sonntag zu verbringen. Zwei Tage zuvor schien sie so glücklich, die Stimme der Mutter am Telefon zu hören. Es war zu einer Störung der Verbindung gekommen, da die Leitung über die neue Telefonzentrale in Trient lief. Die Telefonistinnen waren mit den vielen Anrufen vollkommen überfordert, abgesehen davon, dass einige von ihnen nur Italienisch sprachen. Am Ende hatte sich Rosa gefragt, ob es nicht schneller ginge, wie in den alten Zeiten eine Nachricht per Pferd zu schicken.

»Den Umzug …«, murmelt der Mann mit unschlüssiger Miene.

Seit ein paar Tagen findet in Bozen die erste Landwirtschaftsmesse nach Kriegsende statt. Tiere, Maschinen und regionale Produkte werden an verschiedenen Punkten der Stadt ausgestellt. Für den Nachmittag ist ein Umzug in Tiroler Trachten geplant. Rosa hat sich gedacht, dass es die ideale Gelegenheit sei, um Hella einen ersten Besuch in der Stadt zu gönnen, und auch, um Elsa wiederzusehen, die es nicht geschafft hat, in den Osterferien nach Pinzon zu kommen.

»Ich weiß nicht, ob ich Ihnen das empfehlen würde …«, bemerkt der Bahnangestellte, ohne den Blick von dem Mädchen abzuwenden, das ungeduldig mit den Füßen stampft und an der Hand der Mutter zerrt. »Die Schwarzhemden sind heute Morgen eingetroffen.«

»Die Schwarzhemden?«

»In der Zeitung hieß es, die Messeveranstalter hätten auf patriotische Lieder und politische Parolen verzichtet«, fährt der Mann fort, wobei er sich nervös umsieht. »Aber die Faschisten sind dennoch gekommen. Die drei oder vier Züge, die heute Morgen gefahren sind, waren voll mit Schwarzhemden. Bewaffnete Schlägertrupps, meine Dame. Kein gutes Zeichen …«

Rosa hört ihm aufmerksam zu und zögert einen Augenblick, aber Hella ist voller Ungeduld und kaum noch zu halten. Die Reisenden begeben sich zum Ausgang, sie haben endlich eingesehen, dass der Zug nicht weiterfährt. Die Leute ringsum drängeln und sind aufgebracht. Plötzlich bricht Hella in Tränen aus. Rosa führt sie fort und wirft dem freundlichen Bahnangestellten einen beinahe entschuldigenden Blick zu. Sie weiß nicht, weshalb, aber sie würde ihm gern sagen, dass es ihr leidtut, dass er recht hat und sie besser aufpassen und heimkehren sollte. Schließlich sind noch keine zwei Monate seit jenem furchtbaren Tag vergangen, an dem es Jakob um ein Haar übel erwischt hätte.

Es ist der 6. März 1921. In der spätwinterlichen Kälte haben sich auf dem Platz von Neumarkt viele Leute versammelt. Alle Augen sind auf den Kanonikus Michael Gamper gerichtet, der im Begriff ist, eine Rede zu halten. Auch Jakob steht dort, gemeinsam mit einer Gruppe anderer Grundbesitzer, gleich in der vordersten Reihe.

»Der ist auf Zack, dieser Gamper.«

»Meine Tochter schätzt ihn über alles. Er ist ihr Religionslehrer an der Marienschule.«

»Ich finde, er hat sehr klare Vorstellungen. Ich lese immer seine Artikel im ›Volksboten‹.«

»Gerade jetzt, wo uns die Italiener übers Ohr hauen wollen, brauchen wir Leute wie ihn. Wenn wir nicht aufpassen, werden wir nach diesen Wahlen ohne einen einzigen Volksvertreter dastehen.«

»Allerdings, es ist ohnehin traurig genug, im italienischen Parlament zu landen ...«

»Still, es geht los.«

»Liebe Mitbürger des Südtiroler Unterlandes, mit dieser großen Volksversammlung verschafft Ihr Euch so laut Gehör, dass die Mächtigen in Trient und Rom nicht umhinkönnen, Euch Beachtung zu schenken. Es nutzt nichts mehr, uns nur zu sagen, dass Ihr zu uns gehört, dass Ihr von unserem Fleisch und Blute seid. Euer Schicksal ist auch das unsere. Wir gehören zusammen wie die Glieder eines Körpers, und wenn man in krimineller Weise eine Teilung der Provinz oder eine Neuaufteilung der Wahlkreise herbeiführen will, so kommt das auch für uns einer Verletzung und Verstümmelung gleich. Es schmerzt, wenn man sich an unserem Fleisch und Blut vergeht, und wir werden mit Euch schreien.«

Der Kanonikus Gamper legt eine Pause ein, und seine stechenden, unter den markanten Augenbrauen ein wenig tiefliegenden Augen mustern die Menge zu seinen Füßen. Er ist sechsunddreißig Jahre alt, engagiert sich seit seiner Studentenzeit in der Politik und hat 1908 die Priesterweihe empfangen. Seit vielen Jahren schreibt er regelmäßig für die Zeitung, doch seit er die Aufgabe übernommen hat, den Tyrdia-Verlag zu leiten, ist er von seiner kulturellen Mission – der Wahrung der Einheit seines Volkes und des engen Bandes zum katholischen Glauben – noch überzeugter. Wobei diese Mission mehr denn je auch eine politische ist.

»Ja, das Südtiroler Unterland gehört uns, es gehört zum übrigen deutschen Südtirol, und zwar nicht erst seit gestern oder vorgestern, nicht erst seit den Novembertagen 1918, nicht seit einem Jahrhundert oder Jahrtausend, sondern seit es Deutsche auf diesem Boden gibt. Und dieser Zeitraum erstreckt sich über bald eintausendfünfhundert Jahre!«

Gamper hat diese Rede lange vorbereitet. Das Problem scheint formaler Natur zu sein, aber es ist entscheidend. In gut zwei Monaten, am 15. Mai, finden Parlamentswahlen statt, die ersten, an denen Südtirol als Provinz des Königreichs Italien teilnehmen wird. Die Frage ist, wie die Wahlkreise eingeteilt werden. Wenn die deutsche Minderheit in Wahlkreise mit italienischer Mehrheit einverleibt wird, gewinnt kein deutschsprachiger Abgeordneter einen Sitz. Dann werden sie keine Gelegenheit haben, ihre Anliegen auf nationaler Ebene voranzutreiben. Der Deutsche Verband, ein 1919 gegründeter Zusammenschluss Südtiroler Parteien, zu dem auch Gampers katholische Bewegung gehört, will erreichen, dass alle deutschen und ladinischen Gebiete zu einem gemeinsamen Wahlkreis zusammengefasst werden. Insbesondere geht es ihm darum, dass man das Südtiroler Unterland, also das Gebiet zwischen Bozen, Salurn und Tramin, als deutsch anerkannt und nicht als italienisch, wie es dieser Ettore Tolomei beweisen will, der seit der Eroberung Südtirols durch die Italiener wie ein König herumstolziert.

»Deutscher Fleiß und deutsche Arbeit haben das, was einst eine sumpfige Ebene war, in den heutigen Garten, in ein wahres Paradies verwandelt«, fährt der Kanonikus fort. »Und das Eingangstor zu diesem Paradies war die Klause von Salurn. Dort stellten die Unterländler Männer als Wachen auf, für den Fall, dass Neider aus den südlichen Gebieten versuchen würden, in dieses Paradies einzudringen.«

Die Vorrede ist lang, aber es ist schließlich nicht leicht, eine Menge mit einer Rede über Wahlkreise zu begeistern. Gamper weiß, dass ihm das gelingen muss. Nur wenn sie laut genug sind, ist man in Rom gezwungen, ihnen Gehör zu schenken.

Jakob konzentriert sich auf die Rede, er nickt zustimmend. Aber er steht am Rande der kleinen Schar von Bekannten und nimmt aus dem Augenwinkel eine Bewegung wahr, einem dichten, dunklen Schatten gleich, der sich rasch verlagert. Er reckt sich, um über die Menge hinwegzublicken, und bemerkt, dass zu beiden Seiten der vorderen Reihen zwei Gruppen von Männern in schwarzen Hemden Stellung bezogen haben. Sie sind bewaffnet. Er kann sie nicht zählen, aber es sind bestimmt über fünfzig, und diese dunkle Masse, die sie mit all ihren gleichen Uniformen bilden, lässt sie nur noch zahlreicher erscheinen. Jakob stößt dem neben ihm stehenden Freund in die Seite und deutet wortlos auf die Männer.

»Unheil in Sicht«, bemerkt dieser und gibt die Neuigkeit weiter.

»Die sind nicht von hier.«

»Sie müssen aus Trient gekommen sein.«

»Vielleicht auch aus Bozen, dort werden es immer mehr. Ich habe gelesen, dass sie bereits ihren eigenen Verband gegründet haben.«

»Faschistischer Kampfbund. Das klingt nicht gerade freundlich. Und den ersten Mitgliedsausweis haben sie natürlich diesem Tolomei ausgestellt.«

»Den faschistischen Parteiausweis hat der ja schon seit Jahren. Aber es wird ihn sicher gefreut haben, noch einen weiteren zu bekommen.«

Inzwischen hat die Menge die fremden Teilnehmer bemerkt. Unruhe macht sich breit. Von der Bühne aus beobachtet Gamper besorgt das Geschehen. Er hofft, dass alles gutgehen wird, aber die Stimmung ist aufgeheizt.

»… und auch in den folgenden Jahren blieb Salurn die Grenze zwischen Deutschen und Welschen. Ebenso wahr ist, dass sich einige Italiener dank ihrer Emsigkeit im Nonstal und im Fleimstal niederlassen konnten. Ihr Unterländler habt sie freundschaftlich empfangen, und wenn sie ihre Sprache sprechen wollten, habt ihr sie nicht verspottet. Sie selbst haben sich als Gäste auf deutschem Boden gesehen, nicht als Italiener im eigenen Land.«

Spontaner Applaus erhebt sich, der in der Kälte und der angespannten Stimmung wie eine Herausforderung klingt. Einige Schwarzhemden legen die Hand an den Schlagstock, den sie an der Seite tragen.

Jakob erstarrt, er weiß nicht, was er tun soll. Besser wäre es, zu verschwinden, sich nicht da hineinziehen zu lassen, es scheint ihm, als würde er Rosas Stimme hören, die ihn ermahnt, auf der Stelle heimzukehren. Aber er kann nicht, er will seinen Platz hier, sein Volk nicht im Stich lassen. Er richtet sich auf und macht sich auf das Schlimmste gefasst.

»Was soll das, drängelst dich einfach vor? Ich will was sehen, du Idiot«, hört er einen der Faschisten rufen.

»Was willst du schon sehen? Du würdest ohnehin nichts verstehen«, erwidert sein Nebenmann schlagfertig. »Ebenso gut könnte ich meinen Kühen was von Politik erzählen.«

»Denen würde diese beschissene Rede vielleicht gefallen.«

»Dann hau doch ab, geh nach Italien, wo du herkommst!«

Inzwischen hat Anwalt Josef Noldin aus Salurn auf der Bühne das Wort ergriffen, um die Kundgebung zu beenden.

»Unsern Gegnern aus Trient, die sich anschicken, Streit und Chaos in unsere friedlichen Dörfer zu bringen, rufen wir warnend zu: Hände weg vom deutschen Tirol!«, ertönt seine Stimme.

In diesem Augenblick beginnt der Tumult.

Jakob wird von der Menge erfasst. Gemeinsam mit anderen bahnt er sich einen Weg an den Rand der Versammlung, wo einige Männer bereits handgreiflich geworden sind. Die Frauen versuchen zu fliehen und die Kinder in Sicherheit zu bringen. Jakob glaubt einen Pistolenschuss zu hören, vielleicht ist es aber auch nur der Lärm einer umgestoßenen Bank. Wut über diese anmaßenden Fremden kocht in ihm hoch. Wild entschlossen dringt er ins Zentrum des Geschehens vor. Er ist ein friedfertiger und gutmütiger Mann, aber in diesem Augenblick sieht er rot.

Noch bevor er auf einen Gegner trifft, an dem er seinen Zorn auslassen kann, schreitet jedoch die Polizei ein.

»Was geht hier vor? Schluss, alle miteinander! Der Erste, der sich rührt, wird verhaftet!«

Die Schlägerei hat gerade erst begonnen, und die Worte können noch bis zu den erhitzten Gemütern vordringen.

»Seid ihr Deutschen nicht mal in der Lage, eine Versammlung abzuhalten, ohne Schaden anzurichten? Genügt es euch nicht, den Krieg verloren zu haben?«, fährt der Polizeikommissar fort.

Jakob lässt die Fäuste sinken. Sein Zorn weicht von einem Augenblick auf den anderen der Ernüchterung und dem Gefühl der Demütigung.

Seine Mitbürger ringsum schütteln den Kopf, sie haben begriffen, dass es für heute genug ist. Natürlich werden die Schwarzhemden ungeschoren davonkommen. Dabei waren sie es, die provoziert haben, und nun schiebt man stattdessen ihnen die Schuld in die Schuhe. Wird das von jetzt an immer so sein?

Rosa verscheucht die beunruhigende Erinnerung aus ihrem Gedächtnis und wendet dem Bozner Bahnhof den Rücken zu.

»Mutterl, Mutterl, sieh doch, wie schön!«, ruft die kleine Hella begeistert.

In den vergangenen Tagen ist auf den Bergen und in der Stadt der letzte Schnee für diesen Winter gefallen. Die Hausdächer glänzen in der Sonne und der tiefblaue Himmel kündet von einer neuen Jahreszeit.

»Komm, Liebling, lass uns gehen.« Rosa beugt sich über ihre Tochter, küsst sie auf die von der Kälte geröteten Wangen und rückt den Kragen ihres dunkelgrünen Wollmäntelchens zurecht. »Es wird alles gutgehen«, versichert sie, ohne zu wissen, ob dieses Versprechen an sie oder an sich selbst gerichtet ist.

Sie laufen weiter, lassen zu ihrer Linken die imposante Fassade des Hotels Laurin hinter sich, das dem kaiserlichen Heer während des Krieges als Hauptquartier gedient hat. Es ist erst seit wenigen Monaten wieder für die Allgemeinheit geöffnet. Sie gelangen auf einen großen Platz im Zentrum der Stadt.

Hella deutet auf eine Statue. »Wer ist dieser Mann?«, fragt sie und starrt auf die schlanke, in einen Mantel gehüllte steinerne Gestalt.

»Das ist Walther von der Vogelweide«, antwortet Rosa, wobei sie jede Silbe dieses schwierigen Namens deutlich betont. »Unser großer Dichter.«

»Was ist ein Dichter, Mutterl?«, bohrt Hella weiter.

Rosa schaut das Mädchen unschlüssig an. Wie soll sie auf so eine Frage antworten? Keines der anderen Kinder hat sie ihr je gestellt.

»Ein Dichter ist jemand, der mit Worten spielt, der Worte benutzt, um dir Herzklopfen zu bereiten. Um dich mit Freude zu erfüllen oder um dich zum Weinen zu bringen.«

»Aber Worte tun nicht weh, sie können dich nicht zum Weinen bringen«, beharrt Hella.

»Worte sind sehr stark. Natürlich können sie dir weh tun. Sehr weh sogar«, erklärt Rosa. Ihre Tochter scheint darüber nachzudenken, doch zu Rosas Erleichterung stellt sie keine weiteren Fragen.

Bozen hat sich bereits ziemlich verändert, seit der Krieg vorbei ist. An den Hauswänden der öffentlichen Gebäude flattern italienische Fahnen, und die gängige Währung ist nicht länger die Krone, sondern die Lira. Im August 1920 hat die Abgeordnetenkammer in Rom den Vertrag von Saint-Germain-en-Laye ratifiziert, und im September wurde die Maßnahme vom Senat gebilligt: Der Anschluss Südtirols an Italien ist nunmehr offiziell und unwiderruflich. Die Lokalzeitung »Bozner Nachrichten« hat auf der ersten Seite einen langen Leitartikel veröffentlicht, der an den Mut und die Geduld der Bevölkerung appellierte. Rosa hat sich die Zeilen eingeprägt. Sie sind das Eingeständnis einer Niederlage, aber auch eine Aufforderung zu Stärke und Einheit: »SÜDTIROLER! Mit dem heutigen Tage ist die Einverleibung Südtirols in das Königreich Italien vollzogene Tatsache. Damit ist das alte Land Tirol in zwei Teile zerrissen. Südtirol ist das Opfer des Friedensvertrages geworden, der uns trotz des feierlich verkündeten Selbstbestimmungsrechtes von unseren Volksgenossen losreißt. Wir Südtiroler haben die unerschütterliche Hoffnung, daß der Tag kommen wird, an welchem uns Gerechtigkeit und weitschauende Politik die nationale Befreiung bringen werden. SÜDTIROLER! Aufrecht wollen wir den heutigen Tag über uns ergehen lassen! Wir fordern Euch auf, jede Ungesetzlichkeit zu vermeiden und mit Ruhe und Würde das Schicksal zu ertragen«[2].

Mutter und Tochter haben die sogenannten Lauben, eine von Läden und Modegeschäften gesäumte Straße, erreicht. Rosa hält an einem Kiosk: Die italienischen Zeitungen und Zeitschriften sind gut sichtbar neben den deutschen aufgereiht. Schlagzeilen verkünden, dass Rapid Bozen 3:1 gegen den Turnverein Meran gewonnen hat. Der städtische Fußballverein ist Tabellenführer. Als wenn Fußball in dieser heiklen Situation in irgendeiner Form von Bedeutung wäre. Da ist es interessanter zu erfahren, dass Kartoffeln und Rinderfett wieder im Handel erhältlich sind. Vielleicht schwächt sich die Krise ja allmählich ab. Rosa seufzt, als sie liest, dass die Razzien nach Prostituierten verstärkt worden sind. Die armen Mädchen: Manche sind noch halbe Kinder. Sie kommen aus den nahe gelegenen Tälern in die Stadt und verkaufen ihren Körper, um nicht hungers zu sterben, doch dann fallen sie einer der Krankheiten zum Opfer.

Die deutschen Zeitungen warnen die Bevölkerung außerdem vor den faschistischen Banden, die immer gewaltbereiter in ganz Italien wüten. Die Autoren finden harsche Worte für die Provokationen der Schwarzhemden. Es sind die Schlägertrupps und Handlanger Mussolinis, jenes Mannes, dessen politische Karriere als drittklassiger, fast gänzlich unbekannter Journalist begonnen hatte.

Bozens Bürgermeister, Julius Perathoner, ist ein umsichtiger Mensch. Er leitet den Stadtrat seit über fünfundzwanzig Jahren. Er lässt nichts unversucht, seine Mitbürger, die die Teilung Tirols beklagen und von einem Wiederanschluss an Österreich träumen, mit der neuen Realität zu versöhnen. Trotz seiner Bemühungen ist die Spannung greifbar.

Rosa bleibt vor dem Hutgeschäft Vera stehen. Es hat erst vor wenigen Monaten eröffnet und bietet die neuesten Modelle aus Wien an. An diesem strahlenden Sonntag ist das Geschäft geschlossen, doch Mutter und Tochter amüsieren sich dabei, mit den Spiegelbildern im Schaufenster hinter dem Metallgitter ihre Späßchen zu treiben. Als sie ein Stück weiterlaufen, zerrt Hella an Rosas Hand, um ihr vor dem Kino Eden ein Plakat zu zeigen. Es stellt einen Ritter mit einer Lanze dar, der einen Löwen erlegt hat, darüber steht in Großbuchstaben: *Veritas vincit.*

»Was ist das, Mutterl?«

»Ein Film«, antwortet Rosa, aber ihr ist sofort klar, dass diese Erklärung nicht genügt. Hella ist keine fünf Jahre alt, und sie war noch nie im Kino. »Das ist wie eine Reihe von Ansichtskarten, die man aneinanderlegt, um eine Geschichte zu erzählen.«

»Eine Geschichte? Was für eine Geschichte?«, fragt Hella weiter, ohne den Blick von dem Löwen und dem Ritter abzuwenden.

»Siehst du die Schrift auf dem Plakat? Da steht: ›Die Wahrheit siegt‹. Der Film erzählt von einem Mann und einer Frau, die sich gernhaben. Durch die Grausamkeit der anderen werden sie getrennt, aber die Liebe führt sie wieder zusammen.«

»Mutterl, was heißt ›Wahrheit‹?«

Rosa starrt ihr Kind an, und ihr wird ganz seltsam. Was soll sie antworten, nachdem sie ihre eigenen Wahrheiten hat untergehen sehen? Den Kaiser. Das Vaterland. Der einzige Halt, der ihr noch bleibt, ist der Glaube, und zu diesem Thema weiß die Tochter bereits alles, was sie vorläufig darüber wissen muss: dass Gott gut ist und dass er über sie wacht.

»Lass uns eine heiße Schokolade trinken!«, schlägt sie vor. Auf dem Weg zum Café Streitberger merkt Rosa bald, dass die Menschenmenge immer dichter wird, man kommt kaum noch voran. Sie zieht Hella hinter sich her und versucht, sich einen Weg durch das Gedränge zu bahnen. »Bleib immer dicht bei mir«, schärft sie der Tochter ein, die nur noch Augen für all das Neue ringsum hat. Die Bozner Frühjahrsmesse hat ihren Höhepunkt erreicht. Die Luft ist von den schmetternden Klängen der Blechblaskapellen erfüllt. Auf den Gehwegen stehen die Menschen dicht an dicht, um den vorbeiziehenden Männern und Frauen in ihren Trachten zuzuschauen.

Rosa verschafft sich mit den Ellbogen Raum, sie wird immer unruhiger. Der Bahnangestellte hat sie gewarnt: Die Schwarzhemden sind in der Stadt, und sie hat große Angst vor diesen Schlägertrupps. Wie soll sie Hella beschützen, wenn etwas passiert? Dort ist der Obstplatz: Der Umzug und die ihn begleitende Menge werden auf immer engeren Raum zusammengedrängt, und vor ihnen haben sich einige junge Kerle mit weichen, in den Nacken geschobenen Mützen zusammengerottet. Unter den groben Wolljacken blitzt das Schwarz ihrer Hemden hervor. Sie sind mit Schlagstöcken und langen Messern, vermutlich auch mit Schusswaffen ausgerüstet.

»Oh, mein Gott!«, murmelt Rosa. »Komm, Hella!«

Plötzlich ertönen Schreie, und es hagelt Beschimpfungen. Die Faschisten brüllen aus voller Kehle »A noi!« und stürzen sich auf die Umzügler. Die ersten Stockhiebe sausen nieder, Verletzte stöhnen auf. Die Schläger haben sich in kleine Gruppen aufgeteilt. Sorgfältig suchen sie ihre Opfer aus, kreisen sie ein und fallen dann systematisch über sie her. Sie schlagen brutal zu, verschonen weder Mütter noch Kinder. Die Menge versinkt im Chaos. Die Männer und Frauen in Tiroler Tracht haben die Flucht ergriffen, lassen ihre Instrumente auf der Straße zurück. Die Zuschauer versuchen zu fliehen, aber sie stolpern und stürzen zu Boden, während man auf sie einprügelt. Die ersten Steine fliegen, Schaufensterscheiben gehen zu Bruch. »Wer stehen bleibt, ist verloren«, brüllen die Schwarzhemden, während sie ihren Opfern hinterherjagen.

Rosa wird von Panik ergriffen. Sie hat Hella auf den Arm

genommen, aber sie spürt nicht einmal ihr Gewicht. Sie weiß nur, dass sie die Kleine beschützen muss. Hella ist seltsam ruhig. Mit einem Ausdruck der Missbilligung beobachtet sie die Schlägerei. Dieses Durcheinander ist schuld, dass sie auf die Fahrt im Fesselballon und die heiße Schokolade verzichten muss, die Mutter ihr versprochen hatte. Gleichzeitig ist sie jedoch auch erschrocken, sie spürt die Kraft der Verzweiflung, mit der Rosa sie umklammert.

Die ersten Verletzten liegen rücklings in einer Blutlache, Rosa weiß, dass sie um jeden Preis von hier verschwinden muss. Sie hebt die Augen zum Himmel und sieht einen Doppel-Glockenturm, der sich gegen das Blau abzeichnet. »Die Herz-Jesu-Kirche!« Dort muss sie Zuflucht suchen. In ihrem Schutz wird sie abwarten, bis sich der Sturm der Gewalt gelegt hat. Gemeinsam mit weiteren Flüchtenden stürzt sie in eine Gasse. Sie rennt, und ihr pocht das Herz bis zum Hals.

»Es geht alles gut! Es geht alles gut«, sagt sie sich immer wieder. »Gott wird uns nicht im Stich lassen.«

Rosa verlangsamt den Schritt, setzt Hella zu Boden und ergreift ihre Hand. Die Menge hat sich gelichtet. Bald haben sie es geschafft. Vier Männer überholen sie im Laufschritt. Sie keuchen und stoßen Schimpfworte hervor. Vor einem Mann in Tracht bleiben sie stehen. Sie schreien etwas, aber Rosa hört es nicht mehr. Die Welt ist in einem Abgrund gewaltiger Stille versunken. Sie starrt auf den Gegenstand, den einer der Männer gezückt hat. Ein Revolver. Sie drückt Hellas Gesicht in die Falten ihres Rockes. Ein dumpfer Knall zerreißt die Luft.

Rosa will schreien, aber sie ist wie gelähmt. Die Kleine windet sich los und dreht sich um, schaut zu den Männern, die sich über die Leiche beugen. Die Straße ist verlassen. Hella starrt wie gebannt auf die Szene. Rosa fängt sich, schüttelt die Panik ab, die sie während dieser endlosen Sekunden gelähmt hat, und beginnt erneut wie eine Verrückte zu rennen. Sie und Hella müssen aus dem Blickfeld verschwinden, ehe diese Mörder sie entdecken. Sie schlägt eine andere Richtung ein. Besser nicht in die Kirche gehen. Sie muss rasch zum Bahnhof. Sie will nur noch heim. Zurück in den Schutz der eigenen vier Wände, in Jakobs Arme. Hella ist ganz still, sie hat nicht einmal angefangen zu weinen. Sie hofft nur, dass sie diesen bösen Männern niemals wieder begegnen wird.

Am nächsten Tag erfährt Rosa aus der Zeitung, dass sie Zeugin des Mordes an Franz Innerhofer, einem Volksschullehrer aus Marling, geworden ist. Er ist der erste Südtiroler, der der Gewalt der Faschisten zum Opfer gefallen ist.

Die Schrift in ihrem Tagebuch, zu dem sie erst Monate nach diesem Alptraum wieder greift, zittert vor Wut ob der Eindringlinge, die ihr Land überfallen.

Pinzon 16. Oktober 1921
Kirchweihsonntag

Soeben kam ich in Begleitung meiner Kinder vom nachmittäglichen Gottesdienst heim. Es war heute ein feierliches Dankfest für die so reich gesegnete Ernte, somit sah ich mich als Hausmutter verpflichtet, dem Feste beizuwohnen. Der Herbst war heute so schön, daß es alte Leute nicht mehr gedenken. Die Sonne schien so heiß, als hätte man meinen wollen, man sei mitten im Sommer drinnen. Noch einige Tage und wir haben alles unter Dach gebracht, so sind wir für den Winter gedeckt und wahrlich, wir haben es nicht verdient, daß unser Herrgott so gut mit uns ist. Wie traurig sieht es in Deutschösterreich aus, unser liebes, altes unvergessliches Österreich, ist noch ärmer geworden. Das Geld ist wertlos, 1 Lira ist gleich 160 Kronen.

Wie wertlos ist die »Krone« geworden, auf dem Haupte –
und in der Tasche!

Wir leben zwar auch etwas gedrückter, denn die Welschen
wollen uns Deutsche, rechte Muttersprache, rauben und
kolossale Steuern aufbinden, die Warenpreise in die Höhe
schrauben, kurz, den Bauernstand in den Abgrund brin-
gen. Die Religion, unsere einzige Richtschnur, ist den Wel-
schen ein Dorn im Auge, am liebsten möchten sie die Klö-
ster und Schulen ausrotten. Es wurden daher viele Famili-
en dem »Herz-Jesu« geweiht, auch ich säumte nicht, ein
Bild unseres größten Meisters im Wohnstüberl anzubrin-
gen. Am 23. September 21 wurde selbes von Hochw.
Herrn Pfarrer Johann Dosser feierlich im Beisein der
achtköpfigen Familie eingesegnet. »Wo Glaube da Liebe,
wo Liebe da Friede, wo Friede da Gott, wo Gott, keine
Not!«

9

Die Besetzung

Hella wächst heran, sie ist lebhaft, stets hellwach und neugierig. Sie liest gern, auch nachts, obwohl die Mutter das nicht möchte. So bemerkt Hella, dass auch Rosa in jener Zeit oft wach ist, sie hört, wie sie sich durch die Stille des Hauses bewegt. Eines Abends schleicht Hella leise aus ihrem Zimmer und folgt ihr, sieht, wie die Mutter in der Stube verschwindet, und schiebt vorsichtig die Tür einen Spalt auf, um hineinzuspähen.

Rosa legt ein Scheit Holz in den Ofen und öffnet einen großen Einband. Alle im Haus wissen, was es damit auf sich hat, es ist das Rechnungsbuch. Sie taucht die Feder in die Tinte und beginnt, von einer Reihe loser Blätter die Einnahmen und Ausgaben säuberlich zu übertragen. Sie scheint mehrmals nachzurechnen, dann stützt sie den Kopf in die Hände. Hella hat ein schlechtes Gewissen, die Mutter heimlich zu beobachten. Mit einem Mal begreift sie, dass diese nächtlichen Stunden womöglich die einzigen Momente des Tages sind, in denen sie ihren Sorgen freien Lauf lassen kann. Dann hebt Rosa den Kopf, doch sie dreht sich nicht um.

»Hella«, sagt sie in die nächtliche Stille hinein.

Das Mädchen zieht sich zurück, hält den Atem an, würde am liebsten im Erdboden versinken. Sie will nicht entdeckt werden.

»Hella«, wiederholt Rosa. »Ich weiß, dass du da bist.« Ihr Ton ist gütig und beruhigend.

Hella schlüpft aus ihrem Versteck und wagt sich vor, eine kleine, zarte, aufrechte Gestalt im weißen, mit Spitze besetzten Nachthemd.

»Seit wann bist du da?«

»Warum weinst du, Mutterl?«

»Ich weine nicht.« Aber Rosa hat sich rasch die Augen mit dem Taschentuch getrocknet.

»Doch. Ich habe es gesehen.«

»Sag es nicht Vater. Und auch nicht den anderen, einverstanden? Sie haben schon genug Sorgen.« Sie überlegt, was sie ihrer Tochter sagen soll, sie ist erst sieben Jahre alt. Dann beschließt sie, bei der Wahrheit zu bleiben. »Ich bin in Sorge, weil die Dinge nicht so gut laufen. Die Steuern sind stark erhöht worden. Viele Ausgaben fallen an, die Knechte und Mägde müssen bezahlt werden. Manche von ihnen leben schon seit den Zeiten deines Großvaters hier, aber es sind so viele hungrige Mäuler. Die Zeiten sind für niemanden leicht, und man muss denen beistehen, die am wenigsten haben.«

»Vetter Hans sagt, dass die Welschen an allem schuld sind.«

»Nicht ganz. Bevor sie kamen, war allerdings vieles besser«, erklärt sie bitter.

»Aber was kann ich tun, um dir zu helfen?«

»Nichts, du sollst nur eifrig lernen. Was liest du gerade?« Rosa kennt die Wissbegierde ihrer Tochter.

»Ein Buch über Österreich, das mir der Onkel gegeben hat, mit ganz vielen Bildern.«

»Das ist bestimmt ein schönes Buch. Aber jetzt gehst du zu Bett. Auf! Ich bring dich.«

Rosa lächelt ein wenig müde, und als sie mit ihrer Kleinen die Stube verlässt, fällt ihr Blick auf die Rechnungen. Sie warten auf ihre Rückkehr. Es scheinen niemals weniger zu werden.

Die Schwarzhemden, die Männer, die Rosa an jenem Sonntag des Jahres 1921 in Bozen in Panik versetzt haben, sind an die Macht gekommen. Nach dem Marsch auf Rom hat der König Benito Mussolini am 31. Oktober 1922 zum Ministerpräsidenten ernannt, und seit diesem Tag besitzt der neue italienische Despot uneingeschränkte Macht. Er lässt keine Gelegenheit aus, die deutschsprachige Minderheit in Südtirol, die sich hartnäckig weigert, auf ihre Sprache, ihre Ideale und ihre Geschichte zu verzichten, zu schmähen.

Mit der Ankunft des Präfekten der neu gebildeten Region Venezia Tridentina, Giuseppe Guadagnini, wird am 4. November 1922 dann offiziell die Politik der Assimilation der deutschsprachigen Minderheit eingeleitet. Der von Ettore Tolomei für Südtirol ausgearbeitete Maßnahmenkatalog soll zum Programm des faschistischen Staates erhoben werden. Im Jahr darauf stellt der fanatische italienische Irredentist, nunmehr im Schwarzhemd, die Richtlinien im Bozner Stadttheater vor: Italianisierung der Institutionen und des Erscheinungsbildes des Alto Adige, wie die Region nun genannt wird; Schaffung von Anreizen für die Umsiedlung und Niederlassung weiterer Italiener in der Gegend; fortschreitende Vernichtung der deutschen Kultur. Für die Südtiroler ist das eine Kriegserklärung.

Die Gewalt greift um sich. Rosa ist beunruhigt, wenn Jakob in die Stadt muss, um sich mit anderen Grundbesitzern oder Mitgliedern des Kellereiverbandes zu treffen. Der ehemalige Bürgermeister von Neumarkt, Baron Anton von Longo, ist mit seiner Familie ins Exil gegangen, sie haben sich auf ihr Gut in Kärnten zurückgezogen. Zu viele Auseinandersetzungen mit den Faschisten: Erst gab es Ärger, weil das italienische Schild »Municipio« in den Augen der Schwarzhemden nicht gut genug sichtbar an der Fassade des Gemeindehauses angebracht war. Dann folgten Bedrohungen und Einschüchterungen. Als der Baron zur Polizei gegangen ist, um Anzeige zu erstatten, hat man ihn dort nur ausgelacht.

Die Welt mit ihren vertrauten Bezugspunkten ist aus den Fugen geraten.

Hella geht zur Schule, aber offenbar darf sie nicht einmal in ihrer eigenen Sprache Schreiben lernen. Von einem Tag auf den anderen hat man die Lehrerin hinausgeworfen, und statt ihrer ist eine neue, italienische Lehrkraft gekommen. Ab jetzt wird nur noch in der Sprache der Eroberer unterrichtet.

Hella begreift es nicht und stellt unzählige Fragen: Die alte Lehrerin ist noch im Dorf, sie begegnet ihr täglich. Warum arbeitet sie also nicht? Hat sie vielleicht keine Lust, morgens aufzustehen? Rosa geht sie besuchen, bringt ihr ein wenig Obst oder eine Flasche von ihrem Wein mit. Sie verlieren kein Wort über die politische Situation, allen ist klar, dass das neue Regime mit der geplanten Italianisierung bei den Schulen beginnt und dass die Kinder als Erste herhalten müssen.

Hella beklagt sich tatsächlich ein wenig, denn ihr Leben hat sich eindeutig verschlechtert. Jetzt ist die Schule nicht mehr mit Schulschluss zu Ende, sondern daheim geht alles von vorn los. Kaum ist man angekommen, heißt es erneut, die Hefte hervorzuziehen, um Deutsch zu üben. Neben all ihren Verpflichtungen muss Rosa nun auch noch die Rolle einer Zweitlehrerin übernehmen, damit ihre Kleine in der Sprache Lesen und Schreiben lernt, die sie seit jeher spricht. Allmählich wird es gefährlich, in der Öffentlichkeit Deutsch zu benutzen. Und wie viele Eltern gibt es schon, die ihren Kindern Deutsch beibringen können? Sicherlich nicht allzu viele. Zwar ist die Analphabetenrate, verglichen mit anderen Regionen, nicht sehr hoch, aber ohne die Schule ist der Kampf von vornherein verloren.

So wie Hella erleben Tausende anderer Kinder in Südtirol diese Monate als sehr verwirrend.

»Mutter, ich verstehe die neue Lehrerin nicht.«

»Du musst Geduld haben«, mahnen die Mütter.

Doch manche beginnen, eine andere Art der Antwort zu geben.

In den Häusern kommt es immer häufiger zu heimlichen, spontan von Freiwilligen organisierten Zusammenkünften. Es geht darum, ein alternatives Bildungssystem für deutsche Sprache und Kultur zu schaffen. Bald spricht man von Katakombenschulen, eine Bezeichnung, die der Kanonikus Gamper, einer der Initiatoren dieser Form des Widerstandes, gern benutzt. In einem seiner Artikel der Wochenzeitung »Volksbote«, durch den viele neue Mitstreiter gewonnen werden, schreibt er: »Wir müssen es halt den ersten Christen nachmachen. Als sie vor den Verfolgern nicht mehr sicher waren, in den öffentlichen Tempeln ihren Gottesdienst zu halten, dann zogen sie sich an den häuslichen Herd zurück. Dort beteten sie gemeinsam und opferten mitsammen. Als die Verfolger auch dorthin drangen, nahmen sie zu den Toten in den unterirdischen Gräbern, in den Katakomben, ihre Zuflucht.«[3]

Um sich besser abstimmen zu können, wird das Gebiet in drei Bezirke aufgeteilt: Bozen, Meran und Brixen. 1923 sind die privaten Deutschkurse noch nicht offiziell verboten, aber es wird bald so weit kommen, und man muss den Vorsprung nutzen.

Es sind die Frauen, die als Erste unverblümt Stellung beziehen. Sie fordern in aller Öffentlichkeit, dass ihre Kultur nicht vernichtet wird. In Bozen und anderen Zentren organisieren sie Demonstrationen, und im April 1924 wenden sie sich in einem Brief direkt an Königin Elena von Italien. Als Mutter, so denken sie, wird sie bestimmt Verständnis für sie haben.

Königliche Hoheit!
[...] Die Verdrängung der deutschen Sprache aus den Schulen des Alto Adige bereitet uns Frauen aus dieser Gegend so viel Kummer, dass wir uns heute nicht anders zu helfen wissen, als uns mit demütigem, aber inständigem

Flehen an Euch zu wenden: Möge uns das unversehrt blei-
ben, was einem jeden Volke am heiligsten ist, nämlich sei-
ne Muttersprache, und möge diese als Unterrichtssprache
wieder in den Schulen zugelassen werden.
[...] Deshalb bitten wir im Namen aller Mütter des Alto
Adige Ihre Königliche Hoheit darum, sich als Förderin
und Vermittlerin unseres natürlichen Rechtes zu verwen-
den und unser Anliegen, die deutsche Sprache zu bewah-
ren und in den Schulen lehren zu dürfen, bei den zustän-
digen Instanzen zu verteidigen.
Der unauslöschliche Dank aller Bürger deutscher Her-
kunft sei Ihrer Durchlaucht und Ihrem Verdienste gewiss.

Aber die Königin lässt sich nicht einmal zu einer Antwort
herab.

In den Straßen, Ämtern und öffentlichen Behörden Südtirols, von Bozen bis hin zum kleinsten Dorf, stößt man nunmehr allseits auf Faschisten. Bürgermeister, Verwaltungsan-
gestellte und Beamte werden ausgetauscht. Bald herrscht
überall die Pflicht, ausschließlich italienische Schilder oder
Hinweistafeln aufzustellen. Jeder Versuch, die deutsche
Kultur zu wahren, wird unterbunden. Unterdrückung und
Repression sind unter dem Regime in allen Regionen Italiens gang und gäbe, doch anderswo verfolgt man politische
und ideologische Gegner. Hier ist der Kampf dagegen deutlich härter, die Schwarzhemden beabsichtigen eine regelrechte Kolonialisierung. Und der Widerwille gegen den
Einmarsch der italienischen Armee von 1919 verwandelt
sich rasch in Hass auf den Faschismus.

Das Leben von Rosa, ihren Angehörigen und Freunden ist
zu einem Dickicht aus neuen Verboten, Steuern, Auflagen
und Gefahren geworden. Jakob wird beschimpft, als er sich
auf dem Platz in Neumarkt eine Weile lang mit einem
Freund auf Deutsch unterhält. Baron Anton von Longo

stirbt 1925 in Österreich, ohne seine Heimat wiedergesehen zu haben. Ein Bekannter wird im Wirtshaus zusammengeschlagen, weil er sich geweigert hat, sein Bier auf Italienisch zu bestellen, ein anderer, ein staatlicher Angestellter, verliert seine Arbeit, weil er »Deutscher« ist. Die Geschäfte laufen immer schlechter: nicht nur wegen der Weltwirtschaftskrise, sondern weil die neue politische Klasse die deutschen Grundbesitzer diskriminiert. Aufgrund all der neuen Steuern und der neuen Währung, die beim Tausch der Geldvermögen in Kronen zu einem Wertverlust von 40 Prozent geführt hat, müssen viele ihre Höfe aufgeben. Oft werden diese von italienischen Mitbürgern, die die Regierung dazu ermuntert, sich hier niederzulassen, auf Auktionen ersteigert. Die Orte erhalten neue Namen – Kurtatsch heißt nun Cortaccia, Neumarkt wird zu Egna und Pinzon zu Pinzone. Das gesellschaftliche Leben der deutschen Gemeinschaft kommt zum Erliegen, man trifft sich nur noch in den eigenen vier Wänden, volkstümliche Feste und Bräuche hat das Regime abgeschafft, da es in ihnen, nicht ganz zu Unrecht, die Sehnsucht nach dem alten Österreich zu erkennen glaubt. Eine alte, äußerst beliebte Tradition, die der Herz-Jesu-Feuer, wird verboten, da man sie als einen Ausdruck von Anti-Italianismus betrachtet. Tatsächlich sind viele lokale Bräuche nicht italienischen Ursprungs, aber für sich genommen können sie nicht als feindselig gelten.

Doch sie sind im Begriff, es zu werden.

Hella beginnt, die Geheimschule zu besuchen. Die Orte wechseln ständig, und jedes Mal muss man sich eine Tarnung überlegen, falls es zu Kontrollen kommt. Für die Kinder ist es nicht einfach, sich zu konzentrieren. Die Angst, entdeckt zu werden, ist stärker als die Freude am Lernen oder der Ansporn durch die Lehrkräfte, von denen viele ausgebildete Lehrerinnen sind, die im Zuge der Italianisierung ihre Arbeit verloren haben.

Rosa beobachtet, wie Hella das Haus ohne Mappe oder Hefte verlässt. Sie darf nichts mitnehmen, jemand könnte Verdacht schöpfen. Nicht einmal die Kameradinnen trifft sie unterwegs: Sie geht allein. Höchstens ein Stück Kuchen hat sie dabei, das sie als Grund für ihren Besuch vorschieben kann. Sobald sie angekommen ist, setzt sie sich in die Stube des Hauses, in dem der Unterricht stattfindet, während nach und nach, jeweils einzeln, weitere Kinder eintreffen. Manchmal empfängt Rosa sie in Pinzon, sie bereitet für alle Himbeersaft und einen schönen Kuchen vor, auch um vorgeben zu können, man säße bloß auf eine Marende, eine gemütliche Brotzeit, beisammen. Falls die Carbinieri kommen, gilt die Regel, die Blätter, auf denen sie schreiben, so schnell wie möglich in einer der Lücken hinter der hölzernen Wandvertäfelung oder unter dem Sesselpolster zu verstecken, wo sie nicht nachschauen werden.

Als es zu einem offiziellen Verbot der Kurse kommt, werden die Kontrollen schärfer. Es hagelt Festnahmen und Bußgeldzahlungen, und über die ersten Lehrerinnen wird die »Verbannung« verhängt. 1925 schreibt der Präfekt Guadagnini nach Rom:

Die beträchtliche Zahl der insbesondere im Gebiet zwischen Bozen und Salurn entdeckten Geheimschulen beweist, dass im Alto Adige eine ständige Widerstandsbewegung existiert, die auf die Rekrutierung von Lehrern, die Einrichtung besagter Schulen und die dafür benötigte Finanzierung abzielt. Diese Bewegung muss über Vertrauensleute in den Gemeinden verfügen. [...] Es bedarf eines durch mich vermittelten, direkten Abkommens mit den juristischen Behörden, um Beschlagnahmungen und Hausdurchsuchungen durchführen zu können. Des weiteren sollte Kontakt mit den Schulbehörden aufgenommen und müssen genaue Anweisungen erteilt werden, damit es zu einer verstärkten Überwachung, einer sofortigen Schließung der entdeckten Schulen, der Beschlagnahmung des Lehrmaterials sowie der Strafverfolgung der Verantwortlichen kommen kann.

Denunziationen sind an der Tagesordnung, und jedes Mal muss man von vorn beginnen, einen neuen, sicheren Ort finden. Im Sommer ist alles einfacher, man kann sich im Freien treffen und Unterricht auf der Wiese abhalten, aber riskant bleibt es dennoch. Es erfordert Mut, zu unterrichten, aber auch, die Kinder hinzuschicken. Selbst zwischen Leuten, die sich sehr gut kennen, herrscht Misstrauen. Unter der faschistischen Diktatur gibt es hier wie im übrigen Italien jede Menge Feiglinge, Opportunisten und Kollaborateure.

Die Kinder führen ein Doppelleben: Sie müssen verheimlichen, dass man ihnen Unterricht erteilt.

»Hella, warum hast du ›casa‹ mit k geschrieben?«, fragt die Lehrerin eines Tages, während die Kleine eine Rechtschreibübung an die Tafel schreibt. Hellas Herz klopft lauter: Seit Monaten schärft man ihr ein, sich nicht zu verraten, k und j gibt es im Italienischen nicht. Es ist wie ein Schuldeingeständnis. Manche stellen ihren Schülern Fallen, um der Polizei zu helfen, den Geheimschulen auf die Schliche zu kommen. Diesmal belässt es die Lehrerin dabei.

»Du brauchst keine Angst zu haben, aber schreibe es in Zukunft anders«, sagt sie nur.

Rosa hat ihren Kindern und deren Freunden immer gerne Märchen und Geschichten aus alten Zeiten erzählt, aber jetzt hat sie damit aufgehört. Sie leidet darunter, aber es ist zu gefährlich: Volkssagen gelten als anti-italienische Propaganda.

Eines Nachmittags beobachtet sie, wie Hans, Luises Sohn,

Hella von Andreas Hofer erzählt, von jenem bescheidenen Wirt, der, um Tirol zu verteidigen, gegen das napoleonische Heer gekämpft und es besiegt hat. Hans ist gesund in den Krieg gezogen und als Versehrter heimgekehrt, nachdem ein Granatsplitter ihn am Kopf getroffen hat. Viele Monate hat er im Militärhospital zugebracht, und als er endlich heim durfte, waren alle in der Familie über seinen Zustand entsetzt. Luise ist mit ihm nach Lourdes gegangen und hat ein Gelübde abgelegt, nie wieder Fleisch zu essen und jeden Abend den Rosenkranz zu beten, wenn nur ihr Sohn wieder gesund würde. Vorläufig scheint es ihm besser zu gehen, aber wer weiß, ob das so bleibt. Sicher ist nur, dass die Kriegserlebnisse und der erlittene Schmerz Hans zum wohl wackersten Gegner der Italiener haben werden lassen – insbesondere zu einem Gegner der Faschisten.

Rosa betrachtet Vetter und Base, die nebeneinander auf der Bank vor dem Haus sitzen, das lebhafte Gesicht von Hans, während er erzählt, und den aufmerksamen Blick der Kleinen, die ihm zuhört.

Bei der vermutlich zweifelhaften Episode von der Erschießung klatscht Hella in die Hände. Als das Erschießungskommando Hofer, der mit der Hand ein Kruzifix umklammert, bei der ersten Salve nicht trifft, ruft dieser herausfordernd: »Ach, wie schießt ihr schlecht!«

Rosa sagt nichts, obwohl sie weiß, dass sie einschreiten müsste. Wenn Hella diese Dinge in der Schule wiedergibt, wird die Familie die Folgen zu spüren bekommen. Ihre Schwester hat recht, Hans ist wirklich unvorsichtig.

Hella nähert ihren Kopf dem des Vetters, und die beiden beginnen im Flüsterton zu singen, als hätten sie ihre Lektion in Verschwiegenheit sehr wohl gelernt:

Zu Mantua in Banden
der treue Hofer war,
in Mantua zum Tode
führt ihn der Feinde Schar.
Es blutete der Brüder Herz,
ganz Deutschland, ach, in Schmach und Schmerz.
Mit ihm das Land Tirol,
Mit ihm das Land Tirol.

Nachdem sie zu Ende gesungen haben, schaut Hella sich um, als habe sie jemandem einen Streich gespielt. Beim Anblick der Mutter zuckt sie zusammen, dann setzt sie ein breites Lächeln auf. Rosa kann nicht anders, als ihr Lächeln zu erwidern, aber in ihrem Herzen spürt sie eine dunkle Vorahnung: Diese Tochter wird noch in Schwierigkeiten geraten.

Pinzon 23. März 1924,
Sonntag nachmittags

Meine Jungen sind heute nach Entiklar gefahren, ich sitze momentan allein und kann ungestört meinen Gedanken freien Lauf geben. Der Winter hat uns seit einigen Wochen verlassen, Die Mandelbäume stehen in schönster Blüte, Frühling, o Du schöne Zeit, alles ist voll Begeisterung, endlich aus dem langen Schlafe aufgewacht zu sein. Man verlangt neues Leben, darum nur hinaus, in Gottes freie Natur, denn daheim hinter den vier Mauern drücken einen die Alltagssorgen förmlich nieder.
Seit die Welschen hier hausen, scheint alles wie ausgestorben, nur hinter Schloß und Riegel erlaubt man sich ein deutsches Liedl zu singen. Die Welschen wollen alles Deutschtum verdrängen, selbst die deutschen Beamten wurden brotlos gestellt. Die Schulen sind nur italienisch,

sogar der Religionsunterricht muß laut Vorschrift italie-
nisch vorgetragen werden. Sie trachten die Besitzer zu
vernichten, damit die heimatliche Scholle früh genug ver-
welscht wird. Steuern über Hals und Kopf, man ist ge-
zwungen, Geld aufzunehmen, wo Banken genug hilfreich
zur Seite stehen. O alte biedere Zeit, Du liegst mir fern,
Du liegst mir weit!
Unsere kleine Helene darf zu Ostern zur ersten hl. Kom-
munion. Möge das Christkind behüten, daß uns die Wel-
schen nicht unsern hl. Glauben rauben, der uns Tiroler-
kindern schon in die Wiege hineingelegt wurde. Leider
haben wir auf unsem Landl verzichten müssen und wohl
jeder Einheimischen packt das Heimweh nach dem einzig
schönen Tirol. Doch es kann ja nicht immer so bleiben, das
Leben will Abwechslung, ich hoffe, daß meinen Kindern
diese bange Zeit erspart bleibt. Unseren Hof haben wir bis
auf einige Güter verpachtet, da die alten Dienstboten
nicht mehr im Stande waren den ganzen Grund zu bear-
beiten. Berta besucht das 2. Jahr die Handelsschule, die
übrigen 5 Kinder sind einstweilen zu Hause. Wenn mir
auch die Geschäftssorgen hie und da heiße Zähren entlo-
cken, so bin ich Gott dankbar, weil wir die Gesundheit
besitzen, diesen wertvollen Schatz!

Rosa betritt Elsas Zimmer, um für einen Augenblick den
tausend Pflichten dieses Festtages zu entkommen. Sie würde ihre Tochter gern in die Arme schließen, aber sie hat
Angst, das bezaubernde cremefarbene Seidenkleid zu zer-
drücken.

Die junge Frau ist gerade dabei, mit ein paar Nadeln vorn
auf dem modisch zu einem Pagenkopf frisierten schwarzen
Haar das flache Tüllhäubchen festzustecken, von dem der
Brautschleier auf die Schultern fällt. Ihre blauen Augen
glänzen vor Freude.

»Was gibt es, Mutter, bin ich zu spät dran?«, fragt sie lachend.

»Und ob du das bist! Frauen sind immer zu spät dran, wenn das Glück auf sie wartet.«

»Ich bin bereit.« Elsa wirft einen letzten Blick in den Spiegel. »Ich habe Franz versprochen, bevor wir in die Kirche gehen, nicht zu rauchen, aber ich habe wahnsinnige Lust, mir eine Zigarette anzustecken!«

»Unterstehe dich«, ermahnt Rosa sie. Sie macht sich Vorwürfe, nicht von Anfang an gegen die schlechte Gewohnheit angegangen zu sein, die Elsa bereits als junges Mädchen angenommen hat. Ihre Älteste und deren Schwester Gusti haben in diesem gastfreundlichen, stets von Studenten oder österreichischen Offizieren besuchten Heim schon recht früh ihre Vorliebe für Tabak entdeckt. Die Gäste meinten es gewiss gut, wenn sie den Töchtern Zigaretten anboten. Aber nun raucht Elsa wie ein Schlot.

Rosa läuft Elsa voran die Haustreppe hinab und hilft ihr in den Wagen, der sie nach Neumarkt fahren wird. Seit vielen Jahren träumt sie von diesem Tag, nun, am 25. Mai 1925, ist er gekommen. Sie möchte, dass diese Hochzeit unvergesslich wird.

Vor der Dorfkirche werden sie von einem schlanken jungen Mann mit schmaler Nase und fein geschnittenem Gesicht erwartet. Obwohl erst dreiunddreißig Jahre alt, ist sein Haar merkwürdigerweise vollkommen weiß, und dieses Detail verleiht ihm eine Reife und Ernsthaftigkeit, die Elsa auf Anhieb gefallen haben. Er heißt Franz Deutsch und ist Sohn einer angesehenen Familie aus Neumarkt, sein älterer Bruder ist Oberpostdirektor in Innsbruck und er selbst Forstingenieur.

Die Angehörigen und Gäste der Brautleute haben auf den Bänken Platz genommen. Der Pfarrer aus Pinzon, Hochwürden Dosser, vollzieht die Trauung. Rosa sitzt in der ersten Reihe und verfolgt aufgeregt die Zeremonie. »Sie sieht noch so jung aus«, sagt sie sich, während sie die 22-jährige Elsa betrachtet, die neben dem Mann, mit dem sie fortan ihr Schicksal in guten wie in schlechten Zeiten teilen wird, vor dem Altar niederkniet. »Dabei war ich selbst kaum älter, als ich Jakob geheiratet habe.« Sie hofft, ihr eine gute Mutter gewesen zu sein und sie Geduld und Zuversicht gelehrt zu haben.

Jakob hilft ihr aufzustehen, und Rosa nähert ihre Lippen seinem Ohr: »Die Braut verlässt das Elternhaus, um ihrem Bräutigam zu folgen«, murmelt sie.

»Amen. Gott segne unsere Kinder!«, erwidert er, während er Mariedl, Josef und Berta betrachtet, die neben ihrer Mutter stehen. Gusti ist gleich hinter ihnen und behält Hella im Blick, darauf bedacht, dass sie ihr Kleidchen nicht zerdrückt. Im Stillen dankt Jakob dem Herrn für die Familie, die er ihm geschenkt hat, und er drückt Rosa fest die Hand.

Nach der Trauung begeben sich die Gäste in kleinen Gruppen zum Hotel Post, wo eine üppige Hochzeitsfeier in bester Südtiroler Tradition auf sie wartet. Es wird bis spät in die Nacht getanzt und ungeachtet der neuen gesellschaftlichen und politischen Ordnung aus voller Kehle auf Deutsch gesungen.

Ich besuche meinen Onkel Norbert in seinem Haus in Signat, auf dem Ritten, einer schönen, ländlichen, auf halber Höhe, etwa fünfzehn Kilometer von Bozen entfernt gelegenen Gegend. Von seiner mit wundervollen Geranien geschmückten Holzterrasse genießt man die Aussicht über das Eisacktal und den großartigen Anblick der Dolomiten. Es ist ein Julitag, aber seit dem Morgen schwanken die Temperaturen: erst ein Gewitter, dann heiße Sommersonne. Der blaue Himmel ist von ein paar weißen Wolken durchzogen. Ich betrachte die waldbedeckten Hänge und denke, dass sie vielen Südtirolern Freund und Rettung waren. Im Dickicht der Bäume kann man sich leicht verlieren, sich auf der Flucht vor Feinden verstecken.

Norbert ist, ebenso wie sein Vater Franz, seit jeher in den Tiroler Wäldern unterwegs gewesen. Vater und Sohn waren Forstingenieure, ihre Aufgabe bestand darin, Baum für Baum den Waldbestand zu erfassen und unter Kontrolle zu halten. Mit dem Wald verband sie eine ebenso gewaltige Leidenschaft wie einen Seemann mit dem Meer.

Mein Großvater, Franz Deutsch, wurde 1892 in Neumarkt geboren. Als österreichischer Staatsbürger studierte er in Wien, aber mit dem Ersten Weltkrieg war er gezwungen, die Universität zu verlassen und nach Ungarn zu gehen, wo er gegen die Kosaken kämpfte. Die Geschichte, die er mir als Kind erzählte, um mir zu erklären, warum sein Haar so früh weiß geworden war, werde ich nie vergessen: »Der Kampf war beendet, und wir hatten verloren. Man hatte uns gefangen genommen, mich und meine Kameraden. Einige waren tödlich verwundet. Ich gehörte zu den Glücklichen, die mit ein paar Schrammen davongekommen waren. Die Kosaken gaben uns den Befehl, uns auf den Boden zu legen, das Gesicht nach unten. Sie haben ihre Säbel gezückt und angefangen, mit grausamen Hieben auf die Köpfe einzuschlagen, bis ein Schädel nach dem anderen zertrümmert war. Dann kam ich an die Reihe. Ich war in den Händen des Kosaken, der mir nun gleich den Todesstoß versetzen würde. Ich konnte nichts tun. Ich habe das Pfeifen der Luft gehört, während die Klinge niedersauste, und den gewaltigen Schlag auf meinem Helm gespürt.« Hatte der Schinder am Ende vielleicht keine Kraft im Arm? Oder hatte der Helm den Hieb abgefangen? Tatsache ist, dass mein Großvater mit einer Kopfverletzung überlebte. »Ich habe gewartet, dass sie verschwinden. Dann bin ich langsam auf die Beine hoch. ›Ist noch jemand am Leben?‹ Nur einer meiner Kameraden ist aufgestanden. Und er hat mir gesagt, dass mein Haar vollkommen weiß geworden sei.«

Nach dem Ende der Auseinandersetzungen ist Franz Deutsch nach Neumarkt zurückgekehrt und von dort weiter nach Wien, um sein Studium zu beenden. Nach dem Abschluss, 1923, begann er als Förster in Bruneck zu arbeiten, und zwei Jahre später hat er geheiratet.

Ich stelle mir meinen Großvater gerne als jungen Mann vor, wie er an jenem Festtag 1925 stolz und glücklich an der Seite seiner Braut steht. Ihm waren im Leben weder Enttäuschungen noch Leid erspart geblieben, und ich habe ihn immer als einen ernsten, ein wenig mürrischen Mann im Kopf, der jedoch auch zu großzügigen Gesten fähig war. Seine wahre Leidenschaft war das Kartenspiel, und gemeinsam mit meiner Großmutter nötigte er meinen Bruder, als kleinen Jungen, ganze Nachmittage lang zum Canasta-Spielen. Stets gewann Elsa, eine Zigarette in der Hand und eine geistreiche Bemerkung auf den Lippen. Mag ihre Mutter sie auch Geduld gelehrt haben, ist sie doch bis zum Schluss ein Freigeist geblieben.

In ihren Tagebuchaufzeichnungen von 1922 schreibt Rosa nichts über die politischen Ereignisse, die ihre Welt ins Wanken gebracht haben. Der Marsch auf Bozen bleibt ebenso unerwähnt wie der kurz darauf folgende Marsch auf Rom und die Machtergreifung der Faschisten. Sie versucht, eine Realität zu ignorieren, die sie nicht billigen kann. Stattdessen bemerkt sie, dass ihr Leben an einen entscheidenden Wendepunkt gelangt ist, sie ist fünfundvierzig Jahre alt und betet zu Gott, die fünfzig erreichen zu dürfen. Seit sie sich zwölf Jahre zuvor einer Operation hat unterziehen müssen, die ihr zum Verhängnis hätte werden können, ist für Rosa nichts mehr selbstverständlich. Es war 1910, als sie sich in das Krankenhaus von Innsbruck begeben musste, um sich Gallensteine entfernen zu lassen. »*Im Geiste sah ich schon den Würgengel vor mir*«, hatte sie in ihr Tagebuch notiert. Ob sie von Innsbruck lebend zurückkehren würde, war vollkommen ungewiss. Am Morgen der Operation, dem 3. März, hatte sie in der Klinikkapelle die Sakramente empfangen. Jakob und ihr Schwager, Doktor Sembianti, waren bei ihr, ebenso der sie operierende Chirurg, Doktor Hlavacek. »Herr, ich empfehle mich in deine Hände«, hatte Rosa gebetet, bevor sie in einen tiefen, durch den Äther hervorgerufenen Schlaf versunken war. Die Operation verlief gut, aber die Genesung dauerte viele Monate.

Seit Jahren hat Rosa nicht mehr an jene enge Begegnung mit dem Tod gedacht, doch nun, Anfang März 1925, verspürt sie das Bedürfnis, eine wichtige Formalität zu erledigen: Sie schreibt ihr Testament. Ihr reifes Alter fällt mit einer immer gefährlicher werdenden politischen Situation zusammen. Ihre älteste Tochter verlässt das Haus. Was auch immer geschehen mag, sie möchte nicht, dass sich jene schlimmen Szenen, die auf den Tod ihres Vaters Johann gefolgt waren, noch einmal wiederholen.

Mache heute frei und ungezwungen, bei gesundem Verstande, die Bestimmung meines letzten Willens. Mein herzlichster Wunsch und Bitte ist, daß nach meinem Tode kein Unfriede unter den Erben entstehe, sondern selbe in Dankbarkeit und Zufriedenheit das annehmen, was ihnen zukommt.

»Allen Köpfen recht getan ist eine Kunst, die niemand kann!«

1. Mein Leichnam soll im hiesigen Friedhofe zu Pinzon neben meinen Ahnen sel. beigesetzt werden.

2. Bestimme ich in der Lorettokapelle eine jährl. Messe für mein Seelenheil für immer. Die Gräber müssen von meinen Nachfolgern immer rein und im Stand gehalten werden.

3. Meinem Sohn Josef vermache ich das Haus Nr. 15 samt Inventar inklusive, sowie Stadel, Ansetz, Garten, Anger samt Obstgarten und rechts das Weingut Sölderle im Voraus als Geschenk.

Die übrigen Weingärten, Wiesen, Acker, Möser, sollen von beeideten Schätzleuten geschätzt werden und unter den 6 Kindern (sechs) gemeinsam verteilt werden. Josef soll alles übernehmen und die Schwestern wie es ihm möglich ist auszahlen. Den Zins aber müssen sie jährl. erhalten. Ebenso müssen die Forderungen und Schulden gemeinsam bestritten werden.

4. Das Haus Nr. 14, sowie Stadel, Stall, oberen Weinkeller samt oberen Anger habe ich am 20. November 1911 meinem lieben Gatten geschenkt und ich hoffe, das selbes nach seinem Tode wieder meinen leiblichen Kindern zufallen wird.

5. Der alte Brauch nach dem Gottesdienst der von der Geistlichkeit Montan abgehalten wird das Frühstück zu geben, soll aufrecht bleiben.

6. Die Töchter haben das Recht im Hause so lange sie ledig sind zu bleiben.

7. Meine Nachfolger mögen den Armen die Hand nicht verkürzen, da mit der Segen Gottes darauf ruhe.

8. Mit dem lieben Vater sollen die Kinder recht herzlich gut sein, ihm nie den geringsten Kummer bereiten, im Alter und Krankheit ihn treu und liebevoll pflegen.
»Du sollst Vater und Mutter ehren, auf daß du lange lebest und es Dir wohl ergehe auf Erden!«

9. *Mein letzter Wunsch ist, daß die Kinder die Religion aufrecht erhalten und fortpflanzen wollen, denn der Glaube ist unser sicherster Reisepaß für die Ewigkeit.*

Indem ich nun meine lieben teuren Kinder im Schutze Gottes empfehle u. ihnen reichlich Glück für die Zukunft wünsche, segne ich sie im Namen des Vaters, des Sohnes und des hl. Geistes Amen

Als Richtigkeit folgt meine eigenhändige Unterschrift

Rosa Rizzolli, geborene Tiefenthaler
Pinzon, 1. März 1925

10

Italiener oder Deutsche?

Nach der Morgenmesse sitzt Rosa im Schatten der Linde auf dem Platz in Pinzon. Sie trägt ein leichtes, langes, graues Kleid mit einem weißen Kragen und eine blütenweiße Schürze um die Taille. Sie hat die Zeitungen und die Post der letzten Tage dabei, die zu lesen sie bisher noch nicht die Zeit gefunden hat. Es ist Juli, bald werden die Knechte mit der Maisernte beginnen, und sie wird sie gut beaufsichtigen müssen. Auch die Weinernte im September wird sie fordern: Die Zeiten sind hart, der Wein verkauft sich schlecht. Es ist nicht der Augenblick, um leichtfertig mit Geld umzugehen.

Rosa versucht, ihren Leuten, so gut es geht, zu helfen, aber es langt hinten und vorn nicht. Und nicht jeder, der an ihre Freigebigkeit appelliert, ist selbst zu Opfern bereit. Am Sonntag hat sie, wie üblich nach der Messe, den Pfarrer von Montan zum Frühstück zu Gast. Auch ihre Tochter Gusti ist dabei, und sie kommen auf die furchtbare Krise zu sprechen. Der Geistliche betont, wie wichtig die christliche Nächstenliebe sei, eine indirekte Aufforderung, der Kirche etwas zu spenden.

Rosa, deren Tür den Bedürftigen stets offen steht, schweigt diesmal. Nach einer Weile entschuldigt sie sich, steht vom Tisch auf und geht hinaus. Wenige Minuten später klopft es an der Eingangstür, und eines der Dienstmädchen geht, um zu öffnen. Auf der Schwelle stehe eine alte Bettlerin und bittet um ein Almosen, berichtet sie Gusti. »Schick sie fort«, erwidert das Mädchen, und der Pfarrer bekräftigt Gusti darin. Doch die alte Landstreicherin ist bereits im Haus und bis in die Stube vorgedrungen. »Was willst du, Alte?«, fragt der Pfarrer verärgert. »Wir haben nichts für dich.« Am Ende lässt sich Gusti erweichen und gibt ihr ein wenig Geld. Der Pfarrer dagegen nicht. Die Alte verschwindet murrend. Nach ein paar Minuten taucht Rosa wieder auf, noch immer in die Lumpen gehüllt, mit denen sie sich verkleidet hatte, um die Bettlerin zu spielen. »Nun, verehrter Vater?«, fragt sie. »Sie predigen christliche Nächstenliebe, aber denken nicht im Traum daran, sie zu praktizieren. Wie steht es also damit?«

Bei dem Gedanken daran, wie dem Priester die Schamröte ins Gesicht gestiegen war, muss sie innerlich lachen. Das ist ihm recht geschehen!

Als Rosa Schritte hört, dreht sie sich um, ihr treuer Verwalter eilt die Straße, die zur Scheune führt, hinauf: »Grüß Gott, gnädige Frau.«

»Grüß Gott.« Rosa lächelt ihm zu, doch dann bemerkt sie seinen Gesichtsausdruck. »Stimmt etwas nicht?«

An diesem Montag, den 28. Juli 1928, wirkt der Mann noch finsterer als sonst. Er dreht den Filzhut zwischen den Händen. Auf der Stirn, dort, wo der kahle Schädel, den er meist bedeckt hält, und das sonnenverbrannte Gesicht aufeinanderstoßen, ist deutlich eine Linie zu erkennen. Die hellen Augen blicken bekümmert, und er hat sogar vergessen, sich den geschwärzten Stumpen, der unter dem Schnauzbart hervorlugt, wieder anzuzünden.

»In der Stadt geschehen schlimme Dinge.« Er schüttelt den Kopf, und Rosa ist sofort klar, wovon er spricht. Ihre erste Reaktion ist Erleichterung: Mit dem Gut ist alles in Ordnung. Doch dann spürt sie Traurigkeit aufsteigen, sie hatte versucht, die Nachricht, die seit Monaten in aller Munde ist, zu verdrängen. Sobald man bei den üblichen politischen Diskussionen in ihrer Stube auf dieses Thema kommt, schlagen die Wogen hoch. Die Faschisten haben in Bozen ein Siegesdenkmal errichtet und als Standort genau den Platz gewählt, auf dem Österreich-Ungarn nach der Schlacht von Karfreit zu Ehren der im Krieg gefallenen Kaiserjäger ein Mahnmal zu errichten gedachte. Heute soll die Einweihung stattfinden. Rosa mag nicht darüber sprechen, aber sie versucht, sich zuversichtlich zu geben: »Ich kann mich noch an den Tag erinnern, als man die Glocken aus Pinzon fortschaffte, um sie einzuschmelzen und Kanonenkugeln daraus zu gießen«, sagt sie. »Aber ich erinnere mich auch an den Tag, an dem man die neuen Glocken aufgehängt hat, so dass wir sie wieder durch das Tal schallen hören. Es hat fünf Jahre gedauert, doch wir haben unsere Glocken zurückerhalten. Gott wird uns helfen, diese neue Prüfung zu überstehen.«

»Möge der Allmächtige Sie erhören. Die Welschen nehmen uns alles fort. Schon bald wird es uns an Kräften fehlen, um unser Land zu bestellen. Ich werde alt, für mich spielt es keine Rolle, aber was soll aus unseren Kindern werden? Sie können sich nur beugen oder das Weite suchen.«

Rosa würde ihn gern beruhigen, doch was soll sie ihm sagen? Im Jahr zuvor hat sie selbst mit ansehen müssen, wie ihr Sohn Josef die italienische Uniform anzog und fortging, um seinen Wehrdienst zu leisten. Unter italienischer Fahne, der Fahne der Feinde. Gottlob haben sie ihn nicht allzu weit fortgeschickt: Sechs Monate lang hat er in Innichen, im Pustertal, gedient. Der Verwalter hat recht, was hält die Zukunft bereit? Wird die kleine Herlinde, die Elsa erst im Jahr zuvor zur Welt gebracht hat, gezwungen sein, im eigenen Vaterland im Exil zu leben?

»Wissen Sie, was dieser Mussolini gesagt hat? Er hat gesagt, Bozen habe schon immer Bolgiano geheißen und sei schon immer eine ›durch und durch italienische‹ Stadt gewesen. Er behauptet, Tiroler wären Italiener, die nur vergessen hätten, es zu sein, und die sich auf sich selbst besinnen müssten! Italiener … *wir*?«

Auch Rosa hat die Rede des Mannes, den sie den »Duce« nennen, gelesen. Im Jahr zuvor hat er von seinem Platz in der Abgeordnetenkammer aus verkündet, die am Brennerpass verlaufende Grenze zwischen Österreich und Italien habe seit jeher existiert. »Und mögen im Alto Adige auch Hunderttausende rein Deutscher leben, so bleibt die Brenner-Grenze doch heilig und unverletzlich«, hat dieser kleine, überheblich wirkende Mann, der die Geschicke Italiens lenkt, betont.

»Ich weiß, ich weiß«, nickt Rosa mit einem Anflug von Ungeduld. Was soll sie denn tun? Zehn Jahre ist es her, dass ihr Vaterland in fremde Hände gefallen ist, zehn lange Jahre der Wirtschaftskrise und der schlechten Nachrichten. Längst spürt sie die Last der Zeit auf ihren Schultern. Vor kurzem hat sie die fünfzig erreicht, und Gott hat sie nicht verschont. Sie weiß, dass es noch zu kämpfen gilt, aber an manchen Tagen fühlt sie sich plötzlich verzagt.

»Mutterl, Mutterl«, ruft Hella, die aus dem Haus gerannt kommt. Sie ist immer so flink, dieses Mädchen, das ganz aus Augen und Beinen zu bestehen scheint. Sie ist erst zwölf Jahre alt, aber bisweilen staunt Rosa über ihre Fragen, und auch ihr durchdringender, nachdenklicher Blick lässt sie viel älter erscheinen.

Der Verwalter betrachtet sie gerührt, die offenherzige und fröhliche Hella ist bei allen auf dem Gut beliebt.

»Es wird Zeit für mich, an die Arbeit zurückzukehren«, bemerkt er abschließend. »Möge Gott uns beistehen. Fräulein Helene, vergessen Sie nicht, vorbeizuschauen, um zu prüfen, ob die Äpfel reif sind.« Er zwinkert Hella zu, und sie schenkt ihm ein strahlendes Lächeln.

»Ich komme bald!«, ruft sie. Hella geht furchtbar gern in die Obsthaine, um Äpfel von den Bäumen zu »stibitzen«. Eigentlich schickt sich das nicht für eine Gutstochter, aber Rosa sieht darüber hinweg. Ihr Angestellter macht auf dem

Absatz kehrt, zieht den Hut auf und schlägt den Weg in die Weinberge ein.

»Was ist geschehen, Mutterl? Weshalb sind alle so bekümmert heute Morgen?«, will Hella wissen. Sie setzt sich neben die Mutter und lässt eine Hand in ihre gleiten. Rosa faltet die Zeitung, die auf ihren Knien gelegen hat, zusammen und streicht mit den Fingern durch das kastanienfarbene Haar der Kleinen. Sie hat bereits vor längerer Zeit für sich beschlossen, ihren Kindern stets zu antworten, auch wenn sie unangenehme oder schmerzliche Fragen stellen.

»Weißt du, in Bozen ist etwas geschehen, worüber viele Menschen sehr traurig sind. Der König von Italien ist gekommen, um ein großes Denkmal einzuweihen. Sie haben es am Ufer der Talfer errichtet, und es ist gerade erst fertig geworden«, beginnt sie zu erklären. Hella hört ihr mit ernster Miene zu. Sie liebt die Geschichten, die ihre Mutter erzählt, vor allem wenn darin Hexen, Prinzessinnen oder sprechende Tiere vorkommen. Doch ihr ist gleich klar, dass dies kein Märchen ist.

»Was für ein Denkmal? Wie sieht es aus?«

»Für die Italiener ist es ein Siegesdenkmal. Uns erinnert es dagegen an eine schwere Niederlage.«

Sie greift nach der Zeitung und zeigt der Tochter die Fotografie auf der ersten Seite. Die Abbildung nimmt fast den gesamten Raum ein, ein Triumphbogen aus weißem Marmor. Darunter steht: »Das Siegesdenkmal.« In dem Artikel wird die Inschrift zitiert, die auf dem Architrav prangt: HIC PATRIAE FINES. SISTE SIGNA. HINC CETEROS EX-COLUIMUS LINGUA LEGIBUS ARTIBUS.

»Was bedeutet das?« Noch übersteigt das Lateinische Hellas Horizont. Rosa übersetzt für sie, auch wenn sie das große Überwindung kostet. Diese Worte sind wie ein Schlag ins Gesicht: »Hier sind die Grenzen des Vaterlandes. Setze die Zeichen. Von hier aus brachten wir den Übrigen Sprache, Gesetz und Kultur.«

»Ist es das, worüber der Herr Verwalter so verärgert war?«

»Ja, Liebling. Schau, es waren die Italiener, die dieses Denkmal errichtet und diesen Satz dort eingemeißelt haben. Im Gegensatz zu ihnen haben wir keinerlei Grund zur Freude.« Mussolini persönlich hat es veranlasst und damit den Finger in eine noch offene Wunde gelegt. Es geht um den Sieg von 1918 gegen das Kaiserreich Österreich-Ungarn. Ursprünglich hatte der Duce vorgehabt, das Denkmal dem Andenken Cesare Battistis, jenes von den Österreichern verhafteten und hingerichteten Helden des italienischen Irredentismus, zu weihen. Die Witwe Battistis hat die Faschisten jedoch darum ersucht, ihren seligen Mann, der zudem glühender Sozialist war, aus dem Spiel zu lassen. So haben die Behörden sich dazu entschlossen, es ersatzweise dem »Sieg« zu weihen. Mit der Inschrift hat Rom zu allem Schaden noch den Spott hinzugefügt und gibt sich als eine Macht aus, die jenen »ceteros«, die in einer früheren Version der Inschrift gar als »barbaros« bezeichnet werden sollten, die Zivilisation bringt. Den Barbaren Südtirols.

»Was können wir tun, Mutterl?«, fragt Hella.

Rosa denkt an die zweieinhalb Jahrzehnte ihres Lebens an der Seite von Jakob, an die Silberhochzeit, die sie im Jahr zuvor, noch immer ineinander verliebt, gefeiert haben. Wie kann sie Hella, die sie eindringlich anblickt, ein damit vergleichbares Glück sichern? Sie erhebt sich, ergreift die Hand des Mädchens, und gemeinsam schlagen sie den Weg nach Glen ein. Der Himmel ist blau, die Sonne scheint warm, und die Luft ist schwer von Düften. Die Natur ringsum ist eine einzige Pracht.

»Hella, was du tun kannst, ist, deine Arbeit nach besten Kräften zu verrichten, dich deinem Nächsten gegenüber großzügig zu erweisen und auf Gott zu vertrauen.«

»Aber wenn Gottvertrauen nicht genügt? Wenn man Krieg führen muss? Josef trägt Soldatenuniform.«

»Josef ist fortgegangen, um das Soldatenhandwerk zu erlernen, aber dann ist er zurückgekehrt. Es gibt keinen Krieg.«
Rosa verspürt ein gewisses Unbehagen. Sagt sie die Wahrheit? Ist das, was die Faschisten treiben, nicht im Grunde Krieg?
»Mein Schatz, lass uns das Lied der Freude singen, magst du?«
Hella ist noch ganz nachdenklich, aber sie merkt, dass ihre Mutter nicht länger reden will. Und das Lied der Freude gefällt ihr sehr gut. Sie beschleunigt ihren Schritt und stimmt in Rosas Gesang ein:

Hab ein Lied auf den Lippen,
hab stets frohen Mut,
hab Sonne im Herzen,
und alles wird gut.[4]

»Fühlst du dich eher als Italienerin oder eher als Deutsche?«
Mein ganzes Leben lang habe ich diese Frage zu hören bekommen, und ich vermag den Gründungsvätern der Europäischen Union gar nicht genug dafür zu danken, dass ich heute antworten kann: »Ich bin und fühle mich als Europäerin«, eine in meinen Augen perfekte Lösung. Es gibt jedoch noch eine weitere, ebenso gültige Antwort: Ich bin Südtirolerin. Als solche habe ich mich bei jeder Frage stets mit einem Problem konfrontiert gesehen: Es gab immer sowohl eine deutsche als auch eine italienische Sicht der Dinge. Und offensichtlich hielten beide Seiten an den abgedroschensten Vorurteilen über die jeweils andere fest. Den Italienern zufolge waren die Südtiroler ein nationalsozialistisch gesinntes Bergvolk, das kein Recht auf die gesetzlich festgeschriebene Autonomie habe. Die Deutschen ihrerseits betrachteten die Italiener als faschistische Grobiane, die nur darauf lauerten, ihre Identität und lokale Kultur zu untergraben. Auch die

jeweiligen Medienorgane waren alles andere als vorurteils-
frei bei ihrer Darstellung der Gegenwart ebenso wie bei der
historischer Ereignisse. Die in zwei Jahrzehnten Faschismus
heraufbeschworenen Geister ließen sich nicht ohne weiteres
vertreiben.

Entsprechend große Kontroversen löste die 1981 durchge-
führte erste ethnische Volkszählung aus. Der noch immer
gültige Artikel 89 des Sonderstatuts für Trentino-Südtirol
legte fest, dass die öffentlichen Ämter der Provinz Bozen
nach dem sogenannten »ethnischen Proporz« zu vergeben
seien, dass man also die Gewichtung der jeweils deutschen,
italienischen und ladinischen Zugehörigkeiten zu berück-
sichtigen habe. Einfacher ausgedrückt: Wenn sich der Anteil
der deutschsprachigen Bevölkerung auf 70 Prozent beläuft,
müssen 70 Prozent der Stellen an diese Gruppe gehen, den
Italienern stünden entsprechend 26 und den Ladinern 4
Prozent zu. Dasselbe Prinzip gilt für den sozialen Woh-
nungsbau und andere Formen staatlicher Unterstützung beziehungsweise Fürsorge. Das ist natürlich nicht ganz einfach. Wann ist Bürokratie schon einfach?

Das Problem war festzustellen, wie viele Deutsche, Italiener
und Ladiner es in Südtirol eigentlich gibt. Die Lösung: sie
danach zu fragen. Jeder musste erklären, zu welcher eth-
nisch-linguistischen Gruppe er gehörte. Bedenkt man, dass
sich durch die Einwanderung bereits neue Minderheiten zu
bilden begannen, ging es hier um eine regelrechte Grund-
satzentscheidung. Sie konnte ideologisch begründet werden
oder aber einfach eine Frage des persönlichen Vorteils sein,
auf jeden Fall hatte sie konkrete Auswirkungen. Der Arbeitsplatz und die eigene Zukunft konnten davon abhängen.
Die Zugehörigkeitserklärung galt für zehn Jahre. Heute genügt eine einmalige, unbeschränkt gültige Erklärung, die
jedoch jederzeit widerrufbar ist. Um ein öffentliches Amt
zu bekleiden, braucht man allerdings einen Zweisprachig-

keitsnachweis, den man durch das Ablegen einer Prüfung erwirbt.

Im Jahr 1981 gehörte ich zu denen, die sich, gemeinsam mit dem charismatischen und einflussreichen Grünen-Vorsitzenden Alexander Langer gegen die Volkszählung aussprachen. Allerdings protestierte ich nicht lautstark gegen den Schrecken eines »ethnischen Katasters«, wie Langer es tat, der mit flammenden Worten vor der »neuen Option«, vor dem Zwang »ethnischer Käfige« warnte. In seinen Augen handelte es sich absolut offenkundig um den schwersten Angriff auf die Demokratie, um die schlimmste Vergiftung der Beziehungen zwischen den verschiedenen Ethnien Südtirols seit dem Hitler-Mussolini-Abkommen und der »Option« von 1939. Langer äußerte sich zutiefst besorgt über die, wie er es nannte, »gewaltige Kampagne zugunsten eines legalen Rassismus«. Ich fand den historischen Vergleich ein wenig überzogen. Aber ich stimmte ihm zu, dass der Abgrund zwischen den Ethnien nicht gerade geringer wurde durch eine solche erzwungene Entscheidung. Im Gegenteil. Mit der Zeit habe ich meine Haltung – übrigens ebenso wie im Zusammenhang mit der Frage der Frauenquote – revidieren müssen. Wenn ein Missstand ungerechtfertigt über derart lange Zeit fortbesteht und sich verfestigt hat, kann es notwendig sein, sich eine Zeitlang vehement dagegenzustemmen, um eine Veränderung herbeizuführen. Nimmt man die Frauenrechte, so besteht dieses Missverhältnis infolge jahrhundertelanger Männerherrschaft, die den Frauen jeden Zugang zur Macht verweigerten. Im Falle Südtirols ist der Missstand durch zwei Jahrzehnte faschistischer Diktatur entstanden: Die Bürger deutscher Herkunft wurden aus allen Führungsposten und leitenden Funktionen entfernt. Zur Wiederherstellung des Gleichgewichts waren der ethnische Proporz und die entsprechende Volkszählung zwar sicher nicht die perfekte Lösung, aber möglicherweise unumgänglich. Natürlich kam es auch zu unschönen Zwischenfällen und zu Missbrauch. Aber mit einer derartigen Geschichte im Gepäck wäre es naiv zu glauben, die Dinge würden sich von selbst regeln, ohne jede gesetzlichen Eingriff.

Es kam also der Tag, an dem ich mich offiziell für Deutsch erklärte. Als man mich aufforderte, meine »Zugehörigkeit« zu wählen, war meine erste Reaktion auf diese Frage, die für mich jenseits meines Wertehorizontes lag, die Antwort zu verweigern.

Meine Familie war an Identitätsfragen nicht sonderlich interessiert, im Gegenteil: Unsere kleine Familie galt in den Augen der Verwandten, aufgrund unserer Beziehungen zu den Italienern, als allzu »verunreinigt«. Wir waren *die etwas Welschen*, vor allem nachdem wir in den sechziger Jahren, wegen der Arbeit meines Vaters, für acht Jahre nach Verona gegangen waren. Dennoch konnte ich natürlich nicht anders, als mich für die deutsche Zugehörigkeit zu entscheiden.

Das Kreuzchen, das ich 1981 auf das Blatt setzte, blieb nicht ohne Folgen. Das hatte ich nicht vorausgesehen, zumal ich weder vorhatte, in die öffentliche Verwaltung zu gehen, noch, in Südtirol zu bleiben. Dennoch gab es bei der Arbeit das eine oder andere Problem.

Anfang der achtziger Jahre arbeitete ich für das Fernsehen. Allmählich erwachte das Bedürfnis nach einer neuen Generation von Journalisten, die in einer Zeit aufgewachsen waren, in der das Trauma der faschistischen Diktatur Geschichte war. Das war einer der Gründe, weshalb die Redaktion der italienischen Lokal-Nachrichtensendung TG3 in Südtirol 1984 den Chefredakteur mit einem einstimmigen Antrag darum ersuchte, mich, die ich damals für den deutschsprachigen Sender der RAI arbeitete, zu übernehmen. Sie hatten Angst davor, einmal mehr und ganz zufällig den nächsten Günstling auf der vakanten Stelle landen zu sehen. In der

Regel beherrschten diese Perlen aus Rom nicht einmal die deutsche Sprache und platzten wie Außerirdische in das Geschehen: Sie waren vollkommen unvorbereitet und den lokalen Kontroversen in keiner Weise gewachsen. Ich war jung, eine Frau, beherrschte beide Sprachen perfekt und sollte außerdem eine Art Brückenfunktion zwischen den ethnischen Gruppen übernehmen.

Dass ich gewählt wurde, war ungewöhnlich. Es kam selten vor, dass man von einem deutschen Sender oder Fernsehkanal zu einem italienischen wechselte, und umgekehrt. Jedenfalls protestierten einige Italiener, als meine Anstellung bekanntgegeben wurde, weil ich ihnen »ihren« Arbeitsplatz weggenommen habe. Ich solle zu »meinen« Deutschen zurückkehren, sagten sie. Mir lag jedoch daran, beide Bevölkerungsgruppen zu vertreten und allen gerecht zu werden – egal, ob ich nun, auf der Jagd nach Epigonen wie Andreas Hofer einen Gipfel nach dem anderen stürmte, oder ob ich, anlässlich des Weltfrauentags etwa, in den Straßen von Bozen unterwegs war, um Frauen zu interviewen. Zu meinem Glück traf ich in allen Redaktionen auf Größen wie Silvano Faggioni, Piero Agostini oder Hansjörg Kucera, die mir nicht nur das Handwerk, sondern auch strenge berufliche Maßstäbe beibrachten. Meine Vorliebe für Grenzen sollte zu einer Konstante innerhalb meiner journalistischen Tätigkeit werden, erwuchs sie doch aus jener Grenze, die ich in mir trug.

Zwei Jahre nach dem für die Südtiroler so traurigen Tag der Einweihung des Siegesdenkmals, das auch in den darauffolgenden Jahren noch für heftige Kontroversen sorgen sollte, geht Hella für ein Schuljahr in ein Internat nach Salzburg. Italien, das sie im August 1930 mit dem Zug verlässt, ist nunmehr ein vollkommen dem faschistischen Regime unterworfenes Land. Und auch Südtirol wird immer stärker in die Zange genommen. Bereits von der Mitte der 20er Jahre an sind die Gottesdienste der einzige Bereich, in dem die deutsche Sprache noch geduldet wird. Die katholische Kirche kämpft unermüdlich um den Erhalt der unterdrückten Kultur. Der Tyrolia-Verlag darf weiterhin in deutscher Sprache publizieren, aber um sich der Zensur zu beugen, die den Gebrauch des Wortes »Tirol« verbietet, hat er sich den neuen Namen Athesia geben müssen. Mit Unterstützung des Vatikans haben sich die Pfarrer aus den staatlichen Schulen, an denen der Religionsunterricht in italienischer Sprache stattzufinden hat, zurückgezogen, um stattdessen sogenannte Pfarrschulen zu errichten, in denen auf Deutsch gebetet und unterrichtet wird. Die Faschisten sind gezwungen, sie zu dulden: Seit dem Konkordat von 1929 kann den Kindern der Katechismus-Unterricht nicht verwehrt werden, selbst wenn unter dem Deckmantel der religiösen Unterweisung deutsche Sprache und Kultur vermittelt wird. Umso erbitterter versteifen sie sich auf alle anderen Bereiche des öffentlichen Lebens. Bereits 1926 sind die Bürgermeister durch von der Regierung bestimmte, sogenannte Podestà ersetzt worden. Natürlich Italiener. Allerdings gibt es auch Ausnahmen, einige deutsche Bürgermeister haben sich zur Kollaboration entschlossen und behalten ihren Posten.

Die Kinder sind in die faschistische Jugendorganisation eingebunden, die Buben gehen als *Balilla*[5], die Mädchen als *Piccole Italiane*. Für sie ist es ein Spiel, sie treiben Sport und haben ihren Spaß dabei, aber daheim sind die Uniformen ganz und gar nicht gern gesehen. Viele Eltern lehnen sich dagegen auf, für die Kleinen ist das Leben nicht einfach. Als im Sommer 1926 das Wanderkino nach Neumarkt kommt, warten die Kinder gespannt darauf, dass auf dem Dorfplatz die Bühne mit der Leinwand und die Sitzreihen aufgebaut werden. Man wird den Film *Der heilige Berg* zeigen. Er ist von Leni Riefenstahl, einer Schauspielerin und Regisseurin, die sich in jenen Jahren einen Namen macht. Später wird sie das machtvolle Image des nationalsozialistischen Regimes entscheidend mitprägen. *Der heilige Berg* ist eine Liebesgeschichte, nichts Politisches. Doch die deutschen Eltern beschließen, die Vorführung zu boykottieren, denn sie weigern sich, vor Filmbeginn die faschistische Nationalhymne zu singen.

Viele schließen sich zum Protest zusammen. Italienische Fahnen werden verbrannt, deutsche Hymnen gesungen, und man bekennt öffentlich die eigene regimekritische Gesinnung. Immer häufiger werden Leute verhaftet oder gehen ins Exil. Luises Sohn Hans hat einiges riskiert, als er mit seinen Söhnen zum Podestà gegangen ist, um ihm die Balilla-Uniformen zurückzugeben, mit denen sie aus der Schule heimgekommen sind. »Meine Söhne werden sie niemals tragen«, hat er mit seinem starken Akzent rundheraus auf Italienisch erklärt. Der Podestà, der fürchtete, im ganzen Dorf Protest auszulösen, ließ es dabei bewenden. Die Familie Tiefenbrunner-Tiefenthaler ist sehr einflussreich. Allerdings ist sie ins Visier des Regimes geraten, und dieser Widerstand wird sie noch teuer zu stehen kommen.

Ebenfalls 1926 ist per königlichem Dekret die sogenannte Reitalianisierung deutscher Nachnamen, die laut Ettore Tolomei angeblich italienischen Ursprungs sind, beschlossen worden. Diese »Namensbereinigung« zielt darauf ab, 80 Prozent aller Nachnamen der Bevölkerung zu erfassen und sie in ihre vermeintlich ursprünglich lateinische Form zurückzuwandeln. Innerhalb weniger Jahre kommt es zu rund 4000 Zwangsumbenennungen, zum Teil mit grotesken Ergebnissen. Es gibt Fälle, in denen Geschwister, die auf verschiedenen Ämtern italianisiert werden, unterschiedliche Nachnamen erhalten, je nachdem, welche Übersetzung die jeweiligen Angestellten gerade wählen. Bisweilen stützt man sich auf eine wörtliche Übersetzung, aber oft sind nur lautliche Merkmale ausschlaggebend: Fuchs wird Volpi, aber Gogl wird zu Golfi, Bernlocher zu Baldi und Bischof zu Bisofi.

Zwischen 1926 und 1928 wird das gesamte italienische Parlament faschistisch, die deutsche und die slawische Minderheit sind die ersten Opfer: Von nun an werden sie in keiner der Kammern mehr vertreten sein.

Ende 1926 hat die Zensur alle Südtiroler Presseorgane bis auf die katholischen zum Schweigen gebracht. Die Zeitung »Der Tiroler« musste sich in »Der Landsmann« umbenennen und erscheint wegen der Zensur immer öfter mit großen Leerflächen auf der ersten Seite. Schließlich hat man, unter Berufung auf die staatliche Sicherheit, die Auflösung aller deutschen Parteien sowie aller Verbände angeordnet, selbst der Kirchen- und Sportvereine.

Auch Österreich, das Hella 1930 als Vierzehnjährige während ihres einjährigen Schulaufenthaltes in Salzburg kennenlernt, ist ganz anders, als es in den von Vetter Hans geliehenen Büchern beschrieben wird. Salzburg ist die Stadt Mozarts, und für sie, die aus einer recht musikalischen Familie stammt, sind vor allem die Konzerte reizvoll. Die Stadt ist schön, mit ihrem schimmernden Fluss, den Bergen ringsum, den Kuppeln der Barockkirchen und den modernen Häusern. Auf den Straßen sind viele Autos unterwegs, mehr als Hella je zuvor gesehen hat. Aber auf den Gehwegen stößt man auf zahlreiche Bettler, die Menschen sind oft abweisend, eine starke Spannung liegt in der Luft. An den Samstagen und Sonntagen finden regelmäßig große Arbeiterkundgebungen statt, Tausende von Menschen drängen sich schreiend und protestierend auf den Straßen. Oft schreitet die Polizei ein und knüppelt die besonders Gewalttätigen nieder.

Hella wird bewusst, wie präsent der Faschismus auch in Österreich ist, das sie immer für eine Insel der Seligen gehalten hat. Auf den Straßen sind militante Gruppen unterwegs. Sie werden seit Jahren vom italienischen Regime finanziert, um all jene unter Kontrolle zu halten, die einen Anschluss an Deutschland anstreben, denn die Faschisten sehen darin den ersten Schritt zu einer Wiedereinverleibung Südtirols.

Hella schreibt oft an die Eltern, aber die Post ist lange unterwegs, und die Briefe werden stets von der Zensur geöffnet, die alles liest. So ist immer nur von Familienangelegenheiten die Rede, von Neuigkeiten aus dem Dorf, ohne irgendeine Anspielung auf die politische Lage oder wirtschaftliche Schwierigkeiten.

Die Internatsregeln sind sehr streng, es gibt kaum Gelegenheit zur Zerstreuung. Hella versucht zu lernen, zu verstehen, sich mit den Mitschülerinnen zu messen. Diejenigen, die aus Deutschland kommen, berichten von den Problemen dort, von Inflation und wachsender Armut. In Berlin wimmelt es von Obdachlosen und Betrunkenen. Hella ihrerseits erzählt von den Bergen, von Pinzon und Entiklar, aber auch davon, dass sie und ihre Leute gezwungen sind, ihre Sprache heimlich zu sprechen. Selbst die Grabinschriften müssen auf Italienisch abgefasst werden. Ihre Freundinnen können es nicht fassen, dass man sie auf dem Meldeamt in Elena umbenannt hat.

»Es steht ein großer Umbruch bevor. Du wirst sehen, alles kommt in Ordnung«, erklärt ihr eines Abends eine Freundin, die bereits kurz vor dem Abschluss steht.

»Wie das? Der Faschismus ist unglaublich mächtig, und wir haben keine Möglichkeit, uns zu wehren.«

»Dafür wollen wir schon sorgen, Deutschland wird euch retten. Südtirol muss wieder deutsch werden, so wie es immer war.«

»Aber wie?«

»Es gibt einen Mann in Deutschland. Ich habe einmal eine Rede von ihm gehört, in München, als ich mit meiner Mutter unterwegs war. Er stand auf der Bühne, hinter ihm wehten schwarz-weiß-rote Flaggen. Du hättest die Menschenmenge sehen sollen! Er sagte, Deutschland müsse wieder groß und mächtig werden. Wie inbrünstig er gesprochen hat! Meine Mutter hat sich später erkundigt, wer das war.«

»Und wer war es?«, fragt Hella, die ihr mit angehaltenem Atem gelauscht hat.

»Er heißt Adolf Hitler. Und er wird uns alle aus der Not befreien.«

Ein Jahr ist schnell vergangen. Trotz der Sehnsucht nach ihrer Heimat kommt es Hella vor, als habe ihr die Zeit in Salzburg die Augen geöffnet. Sie glaubt nun alles, was daheim geschieht, viel besser zu begreifen. Und sie weiß, was sie tun muss, sobald sie zurückgekehrt ist.

11

Die illegale Zeit

Es ist der 24. August 1934, der Bartholomäustag. Die Sonne strahlt hell über den Wiesen und Weinbergen, die Frauen haben wunderbare Süßspeisen zubereitet und Brot gebacken, die Männer entkorken Weinflaschen. In den Häusern brennen Kaminfeuer, nicht etwa weil es kalt ist, sondern weil es der Brauch so will. In einem Akt des Aufbegehrens haben Hella und ihre Schwester Gusti rot-weiße Tücher und die österreichische Flagge gehisst. Beim Anblick des im Sommerwind wehenden Banners ihres Kaisers kommen Rosa die Tränen.

Das Bartholomäusfest ist eines der ältesten, eng mit der Hirtenkultur verknüpften Volksfeste jener Gegend. Auf dem Ritten feiert man mit Gesang und Tanz, und auch ein Viehmarkt findet statt. Wie alle volkstümlichen Bräuche und Feste wird natürlich auch dieses vom Regime mit Argwohn betrachtet. Aber das hat die Familien Tiefenthaler, Tiefenbrunner und Rizzolli nicht davon abgehalten, sich in Fennberg, einem auf tausend Metern Höhe gelegenen Familienanwesen, wo man gern die Ferien verbringt, zu treffen. Alle sprechen deutsch, und man nutzt die Gelegenheit, den Kindern ein wenig Sprachunterricht zu erteilen. Vor allem wird gesungen: Es ist eigens ein Sänger gekommen, der ohne Instrumentalbegleitung auf Hochdeutsch die alten Volkslieder anstimmt.

»Wie schön diese Tage sind. Sieh nur, wie viele wir sind«, seufzt Rosa an ihre Schwester Luise gewandt, die neben ihr auf dem Rasen sitzt. Sie schaut zu ihrer Tochter Elsa hinüber, die ganz in der Nähe mit ihren Kindern Herlinde, Hubert und Norbert spielt und dabei den kleinen Heini im Arm hält. Ihr Mann Franz hat vor dem Mittagessen eine Rede über ihre Heimat gehalten, und am Ende hatten alle Zuhörer Tränen in den Augen. Wegen des Kaminrauchs natürlich, nicht vor Rührung, haben die männlichen Verwandten in Feierlaune beteuert. Doch der politisch motivierte Weltschmerz ist in diesen Zeiten recht weit verbreitet.

»Lasst uns beten, liebe Freunde«, sagt der Pfarrer aus Kurtatsch und erhebt sich. Rosa beginnt, gemeinsam mit den anderen, das Vaterunser auf Deutsch zu sprechen.

»Wir danken Dir Herr, für diesen Tag, den Sonnenschein und dafür, dass wir uns hier so zahlreich versammelt haben, und wir beten stets darum, dass Du, oh Herr, unser Vaterland erhalten mögest«, schließt der Priester.

»Amen«, antworten alle im Chor.

Plötzlich wird der Frieden gestört, und alles gerät in Aufruhr: Der Podestà ist gekommen, allerdings ohne Begleitung der Carabinieri; er wird es nicht wagen, dieses Familienfest zu unterbinden. Aber seine Anwesenheit ist eine deutliche Warnung. Einer wird in aller Eile losgeschickt, die rot-weißen Tücher und die Fahne verschwinden zu lassen.

Hella und Josef, die sich den ganzen Tag ein wenig abseits gehalten haben, nutzen die allgemeine Aufregung, um sich davonzustehlen.

»Wir müssen los«, flüstert sie. »Es ist Zeit.«

Sie entfernen sich unauffällig, wie selbstverständlich, und begeben sich in den Wald.

»Dieser Much Tutzer sagt, dass er uns sprechen will.«

Hella und Josef laufen schweigend nebeneinanderher. Die Vögel zwitschern, in der Ferne hört man noch Kinderlachen, aber die Stimmung ist plötzlich ernst geworden.

»Da sind sie.«

»Was soll ich tun?«, fragt Josef.

»Überlass ihnen das Wort.« Hella tritt unerschrocken auf

den jungen Mann zu, der offenbar der Anführer ist. Sie ist achtzehn Jahre alt, hochgewachsen, und ihre durchdringenden braunen Augen unter dem dunklen, im Nacken zu einem Knoten gebundenen Haar heften sich ohne Scheu auf ihr Gegenüber. Ihr Gesicht mit den markanten Wangenknochen und den schmalen, oft zu einem Lächeln geöffneten Lippen, ist zart und ebenmäßig, aber in diesem Augenblick wirkt es ernst und entschlossen.

»Much«, stellt sich der junge Mann mit dem Bürstenhaarschnitt vor.

»Hella«, erwidert sie.

»Du hast schon vom VKS gehört, gell?«

»Ja. Kann ich mithelfen?«

Instinktiv schauen sich beide verstohlen um. Sie sind im Wald, niemand ist in Sicht, außer sie, ihr Bruder, dieser charismatische junge Mann und ein paar seiner Leute.

»Du unterrichtest bereits in den Geheimschulen?«

»Nein, aber ich würde es gern tun.«

»Damit ist es nicht mehr genug. Wir müssen uns zusammenschließen und zum Angriff übergehen, wenn wir unser Land zurückerobern wollen. Gamper begreift das nicht.«

»Der Kanonikus Gamper war der Einzige, der es gewagt hat aufzubegehren«, entgegnet Hella.

»Aber es ist Hitler, der uns retten wird.«

Hella muss ihm recht geben. Wie so viele ihrer Altersgenossen glaubt auch sie, dass Deutschland und der so fest vom Deutschtum überzeugte Nazismus nunmehr die einzige Lösung sind. Nur durch einen Anschluss ans Reich werden sich die Südtiroler vom Faschismus befreien können. Ihre Mutter hegt daran starke Zweifel, Hitlers antireligiöse Ideen behagen ihr ganz und gar nicht. Aber Rosa gehört zu einer Generation, die nichts bewirkt hat, denkt Hella mit Bitterkeit. Von dem großen Kaiserreich der Habsburger ist nur noch ein kleines Land namens Österreich geblieben, das

Südtirol ganz gewiss nicht beistehen kann. In den letzten Jahren ist alles nur immer schlimmer geworden, und nun wird es Zeit, sich an die zu wenden, die ihnen wirklich beistehen könnten.

»Was kann ich für euch tun?«, fragt sie, wobei sie dem jungen Anführer des VKS, jener neu entstandenen Bewegung, der auch einige ihrer Freunde und Bekannten angehören, in die Augen schaut.

»Du kannst uns helfen, unsere Zelle in Montan aufzubauen, und dein Bruder könnte Vertrauensmann von Pinzon werden. Gibt es noch andere aus deiner Familie, die bereit sind zu helfen?« Ihr Gesprächspartner weiß, dass die Rizzolli-Tiefenthaler ein ziemlich einflussreicher Clan sind und der Sache dienlich sein könnten. Hella zögert, und Josef ergreift das Wort: »Vielleicht mein Vater. Er hat genug von der Situation, und er sorgt sich um seine Geschäfte.«

»Einverstanden. Wir lassen von uns hören«, sagt Much. An seinem Ton erkennen Hella und Josef, dass die Unterredung beendet ist. Selbst ein zu langes Gespräch im Wald kann in diesen Zeiten gefährlich werden. »Servus, Josef, servus, Hella«, verabschiedet Much sich mit einem kurzen Kopfnicken und verschwindet, gefolgt von seinen Leuten.

»Kehren wir zu den anderen zurück.« Josef hakt sich bei seiner Schwester unter. Wieder laufen sie wortlos nebeneinanderher. Es war eine sehr kurze Begegnung, aber Hella hat das Gefühl, dass ihr Leben an einem Wendepunkt steht.

Much Tutzer, der junge Mann, den Hella getroffen hat, ist in Bozen einer der Anführer des Völkischen Kampfrings Südtirols (VKS), der wichtigsten nationalsozialistisch gesinnten Organisation dieser Region, in der sich schon bald alle übrigen zusammenfinden werden. Der VKS entstand 1934 durch die Vereinigung kleiner, im Verborgenen agierender Gruppierungen, die sich zur Wahrung und Verbreitung der deutschen Kultur gebildet hatten. Sein erklärtes Ziel ist die Zusammenführung aller deutschen Enklaven zu einem einzigen Reich, und sein Credo lautet: Gehorsam gegenüber dem Führer. In dieser frühen Phase bestehen jedoch, trotz der ideologischen Einflussnahme, keine offiziellen Verbindungen zwischen dem VKS und den Parteistrukturen der NSDAP.

Der VKS beschließt schon bald, sich in Sektionen aufzuteilen: Brixen, Meran, Vinschgau, Sterzing, Pustertal, Unterland und Überetsch. Die Organisation wird rasch größer, die Zeit ist reif, die Menschen haben lange genug gelitten, und nach nur wenigen Monaten haben sich bereits mehrere hundert Gruppen gebildet: So werden unter anderem in Montan Hella Rizzolli und in Pinzon ihr Bruder Josef zu Anführern bestimmt.

In jener Zeit, um die Mitte der dreißiger Jahre spüren die jungen Südtiroler mehr denn je das Bedürfnis nach Verbündeten. Seit Jahren gilt ihr Land in Mussolinis Augen als gefährliches Wespennest, und der Duce lässt keine Gelegenheit aus zu betonen, dass es kein Zurück gibt. Dieses Gebiet, so Mussolini, sei italienisch, und »die Deutschen im Alto-Adige sind keine nationale Minderheit, sondern eine ethnische Reliquie«. Nach zahllosen Gesuchen an Deutschland und Österreich, Garantien bezüglich der Wahrung der Brenner-Grenze zu geben, hat er begonnen, die gegen Deutschland gerichteten austro-faschistischen Milizen, die Heimwehren des zukünftigen österreichischen Bundeskanzlers Engelbert Dollfuß, zu unterstützen. So sind sich die Regierungen der Ersten Republik Österreich und Italiens wieder nähergekommen. Österreich braucht die Unterstützung des faschistischen Regimes, wenn das Reich die Befreiung von den Reparationszahlungen erlangen will. Im Gegenzug hat es unter anderem offiziell erklärt, sich in der Südtirolfrage nicht einzumischen. Ein entsprechendes Abkommen ist im Februar 1930 unterzeichnet worden.

Die Nachricht hat natürlich in Windeseile Südtirol erreicht. Der Kummer und die Enttäuschung darüber, vom einstigen kaiserlichen Vaterland im Stich gelassen zu werden, sind gewaltig. In der Folge erscheint der Nationalsozialismus immer mehr Menschen als ein Ausweg, und er gewinnt weiter an Zuspruch. Vor allem junge Leute beobachten Hitlers Machtaufstieg mit Begeisterung. Das Wahlergebnis seiner Partei in Deutschland im September 1930 scheint zu beweisen, dass alles möglich ist: Auch eine an Mitteln schwache, aber ideologisch starke Gruppe kann ein ganzes Land für sich gewinnen.

Infolge der Wirtschaftskrise verhärten sich indes die Fronten, extremistische Gruppierungen machen sich die Wut und Enttäuschung aller zunutze, und die faschistischen Repressionen nehmen kein Ende. Von 1932 an wird verschärft gegen die Geheimschulen vorgegangen. Über Bedrohungen, Verhöre und Verhaftungen hinaus bietet der Staat italienischen Lehrern, die bereit sind, nach Südtirol zu gehen, besondere Anreize.

Allerdings hat das Regime inzwischen begriffen, dass eine Kolonialisierung weder einfach ist noch rasch vonstattengehen wird. Die Geschichte scheint einen neuen Lauf zu nehmen. In Rosas Tagebucheintrag aus jener Zeit schimmert, obwohl sie gewiss keine Befürworterin des Nationalsozialismus ist, eine Spur von Hoffnung auf: »*Mögen die guten Zeiten wieder kommen, dies ist der Wunsch für die Zukunft.*«

Die Südtiroler Jugend beginnt sich zu organisieren. Immer öfter treffen sie sich, um neue Formen des Widerstandes gegen die Schwarzhemden auszuarbeiten. Ihrer Überzeugung nach war der Deutsche Verband des Kanonikus Gamper zu zurückhaltend. Die Zeiten, in denen man bereit war, auch noch die andere Wange hinzuhalten, sind vorbei.

Die aus Deutschland kommende Propaganda wird, obwohl

sie im Verborgenen bleibt, immer wirkungsmächtiger. Die Jahre zwischen 1933 und 1939 werden unter der traurigen Bezeichnung »die illegale Zeit« im Gedächtnis bleiben. Die Haltung des Faschismus ist zunächst zweideutig: Zwar gibt es eine bemerkenswerte Nähe zu Hitler, aber der Pangermanismus ist ein Merkmal, das in der NSDAP eine allzu große Rolle spielt und gefährliche politische Folgen haben könnte. Das gesamte Jahr 1932 über bleibt das Regime bei seiner offiziellen Linie einer kontrollierten Duldung: Die Anhänger des Führers werden nicht bestraft, aber im Auge behalten. In einem Leitartikel der regimetreuen Tageszeitung »La Provincia di Bolzano« sowie ihrer deutschen Entsprechung, der »Alpenzeitung«[6] heißt es unter dem Titel *Wir und Hitler*: »Wir hatten tatsächlich Gelegenheit zu präzisieren, daß wir gegenüber Hitler den Standpunkt einer wohlwollenden Neutralität einnehmen. Wir hatten auch erklärt, daß wir nichts dagegen hätten, wenn in Italien wohnhafte deutsche Staatsangehörige hier Hitlergruppen aufstellen, wenn sie dabei nur die italienischen Gesetze beobachten und die öffentliche Ruhe nicht stören; mit anderen Worten dasselbe, was von den italienischen Fasci im Auslande verlangt wird.« Die nationalsozialistisch gesinnten Südtiroler lassen jedoch weiterhin Vorsicht walten. Sie treffen sich im Geheimen und gewinnen Proselyten unter der Bevölkerung. Sie erklären, dass Österreich nunmehr lediglich ein Marionettenstaat in den Händen der italienischen Faschisten sei und man nur noch auf einen Anschluss an Deutschland hoffen könne. So werde schließlich vielleicht auch Südtirol an die Reihe kommen, und alle gemeinsam könnten wieder deutsch werden. Die Alten sind weniger enthusiastisch, vor allem weil sich die nationalsozialistische Doktrin so erbittert gegen den katholischen Glauben ausspricht. Aber es gibt auch Versuche zu offiziellen Gesprächen: Der Jurist Eduard Reut-Nicolussi, ein namhafter Lokalpatriot, der sich seit Jahren ins Ausland zurückgezogen hat, trifft Hitler, um mit ihm über die Südtirolfrage zu sprechen. Der Führer erklärt erneut, dass es ein innenpolitisches Problem Italiens sei und er nicht vorhabe, sich einzumischen.

Die jungen Leute wollen es nicht wahrhaben. »Es ist nur eine Strategie«, beharren sie und halten hartnäckig an ihrem neuen Helden fest. Als Anfang 1933 sein Wahlsieg bekanntgegeben wird, frohlocken sie. Die vollkommen der Kontrolle des Regimes unterworfene lokale Presse übt dagegen Zurückhaltung: *Hitler übernimmt die Macht in Deutschland* titeln die »Alpenzeitung« und die »Provincia di Bolzano« am 31. Januar 1933 unisono. Das Foto des Führers, wie er in einem Cabriolet stehend vor der Reichskanzlei eintrifft, wandert jedoch von Hand zu Hand. Den Südtirolern vermittelt es ein Gefühl der Stärke und weckt die Hoffnung auf ein Ende ihres Schicksals und den Beginn einer neuen Epoche.

»Es ist nur eine Frage der Zeit.«

Doch im September desselben Jahres eskaliert die Situation. Der junge ultrafaschistische Giuseppe Mastromattei wird zum Präfekten von Bozen ernannt. Er setzt der zögerlichen Haltung ein Ende und ordnet an, alle, die das Hakenkreuz tragen, deutsche Fahnen zur Schau stellen oder dem Führer huldigen, zu verfolgen, in Polizeigewahrsam zu nehmen oder gar in die Verbannung zu schicken. Im Juli 1934 wird der österreichische Bundeskanzler Dollfuß von Nationalsozialisten ermordet. Das Ereignis kennzeichnet den absoluten Tiefpunkt der Beziehungen zwischen Hitler und dem seit Jahren ein sehr gutes Verhältnis zu Wien pflegenden Mussolini.

Im selben Jahr trifft der italienische Diktator den neuen österreichischen Kanzler Kurt Schuschnigg, um ein weiteres Abkommen zur Zusammenarbeit der beiden Länder zu unterzeichnen. Zu den ausgehandelten Bedingungen zählt die

Nichteinmischung in die Südtirolfrage. Die italienischen Zeitungen stellen dies als einen der zahllosen diplomatischen Erfolge des Duce dar: Wut und Enttäuschung lassen viele Zweifler endgültig zu der Überzeugung gelangen, dass Hitler-Deutschland die einzige Rettung sei.

Die Repressalien des faschistischen Regimes gegen Aktionen nationalsozialistischer Sympathisanten werden weiter verschärft. Auf der Suche nach subversiven Vereinigungen und Zusammenkünften führen Carabinieri eine Razzia nach der anderen durch. Die ersten Inschriften, die dem Führer huldigen, tauchen auf Mauern und Hauswänden auf. Sie werden innerhalb weniger Stunden mit Farbe übertüncht und finden sich nach ein paar Tagen an genau derselben Stelle wieder. Hitlers »politische Erfolge« geben zunehmend Anlass zu Optimismus.

Im Juli 1933 sind in Deutschland, bis auf die NSDAP, alle Parteien aufgelöst worden. Es gibt kein Parlament mehr, nach dem Reichstagsbrand nicht einmal mehr das Gebäude. Wieder einmal deuten die Südtiroler die Nachrichten auf ihre Weise: Wenn Hitler beschließt, sie zu befreien, darf er nicht mit anderen politischen Kräften verhandeln.

Doch die eigentliche Wende bringt die Volksabstimmung an der Saar, in jenem 1920 durch den Versailler Vertrag bestimmten Gebiet, das Frankreich zugewiesen und unter das Mandat des Völkerbundes gestellt worden war. Am 13. Januar 1935 kann die Bevölkerung per Referendum entscheiden, ob sie zum Deutschen Reich zurückkehren will oder nicht. Es stimmen 91 Prozent mit Ja. »Heute die Saar – wir übers Jahr!« wird zum Motto der Südtiroler Aktivisten. Hitler sei es gelungen, für seinen gewaltigen Plan eines Großdeutschen Reiches, für das Deutschtum, ein Stück Vaterland zurückzuerobern, lässt die nationalsozialistische Propaganda bekanntgeben.

In der Nacht des 13. Januar 1935 schließen sich Scharen junger Leute vor Ort im Geheimen zusammen. Der Moment ist gekommen, ein deutliches Zeichen zu setzen. Eine Botschaft an die Faschisten: Eure Tage sind gezählt! Und eine an Hitler: Führer, hol uns heim!

Eine Feuerwerksrakete wird am Etschufer gezündet, steigt schillernd in den Himmel auf. Das ist das Signal.

Das gesamte Tal erwacht. In allen Dörfern strömen die Bewohner aus den Häusern, schauen zu den Bergen, manche erschrocken, manche begeistert. Einige stimmen ein Lied an. Die Berghänge sind mit leuchtenden Feuern übersät, in Form gewaltiger Hakenkreuze.

Am Morgen prangen auf allen Mauern Inschriften: »Heute die Saar – wir übers Jahr«. Dutzende Hauswände sind ebenso wie die Ufermauern der Etsch in den Reichsfarben bemalt. Die Plakate mit dem Gesicht des Duce hat man mit großen Hakenkreuzen versehen.

12

Die Entdeckung des Reichs

Hella sieht sich kurz um, bevor sie an der Haltestelle Königsplatz in die Straßenbahn steigt. Sie mustert die umstehenden Leute, die sich gemeinsam mit ihr in den Wagen drängen. An diesem Dezembertag 1934 sind die Temperaturen in der bayerischen Hauptstadt München, in der Hella seit einigen Monaten einen Ausbildungslehrgang für angehende Lehrer an Südtiroler Geheimschulen besucht, ungewöhnlich mild. Bevor sie die Wohnung in der Nähe des Englischen Gartens verlassen hat, die sie mit zwei Freundinnen teilt, hat sie einen leichten braunen Wollmantel übergezogen und sich einen etwas dunkleren Topfhut aufgesetzt.

Hella nimmt im hinteren Teil des Wagens Platz und sieht die schönen gotischen Hausfassaden vorüberziehen, die die breiten Straßen der Münchner Altstadt säumen. Die Stadt, in der 1920 der Keim des Nationalsozialismus gelegt wurde, ist nunmehr über und über mit riesigen Hakenkreuzflaggen behängt. Sie flattern sanft in der frischen, blauen Winterluft, und Hella wird nicht müde, sie bewundernd zu betrachten. Ihr, der nunmehr Achtzehnjährigen, verheißen sie eine mögliche neue Zukunft für ihr Volk.

Vor nicht allzu langer Zeit hat Hella an einer Kundgebung Hitlers teilgenommen. Er war nach München gekommen, um an seinen ersten gescheiterten Versuch der Machtergreifung zu erinnern, den Putsch von 1923, der ihm ein Jahr Gefängnis eingebracht hatte. »Ihr müsst Kämpfer sein!«, hatte der Führer sich an die vor der Feldherrnhalle versammelte Menge gewandt. »Unsere Feinde sind Legionen, und sie sind nicht bereit, ein starkes Deutschland zu dulden! Sie wollen nicht, dass unser Volk geeint ist! Sie wollen nicht, dass unser Volk sich wehrt! Sie wollen nicht, dass unser Volk frei ist!« Bei diesen Worten hatte Hella die Tränen nicht mehr zurückhalten können. Und als der Führer die gesamte Jugend dazu aufforderte, sich zum Kampf für die Rettung Deutschlands zu rüsten, spürte sie, dass sie bereit war, ihm überallhin zu folgen. Seitdem widmet sie sich der Sache mit unablässigem Eifer. Der Aktivismus hat ihr auch zu ungewohnter Unabhängigkeit verholfen. Für sie, wie für viele junge Leute aus weitaus konservativeren und katholischeren Familien als der ihren, bedeutet der VKS neue Begegnungen, Stunden und Tage, in denen man sich der Kontrolle von Eltern, Pfarrern und Dorfnachbarn entziehen kann, um zu trinken, zu rauchen und mit den Kameraden zu flirten. Persönliche Freiheit, der Reiz des Gefährlichen und eine charismatische Führungsperson: Hella liebt ihr neues Leben.

An der Haltestelle Marienplatz steigt sie aus der Tram und läuft gemessenen Schritts in Richtung Burgstraße. Als sie an dem riesigen Rathaus vorbeikommt, schaut sie hinauf zur Turmuhr: Die Zeiger stehen auf zwölf Uhr mittags. Hella schlendert zwischen den Ständen des Christkindlmarktes hindurch, der, wie jedes Jahr, bereits ab November das Bild der Altstadt prägt. Die Menschen drängen sich, um Süßwaren, Kerzen und kleine Handwerksprodukte zu begutachten, wägen ab, ob sie lieber ein Paar Pantoffeln oder eine handgefertigte Figur für die Hauskrippe erstehen sollen. Die junge Frau denkt an Pinzon, wo ihre Mutter bestimmt gerade das Haus für das nahende Weihnachtsfest, ihre liebste Jahreszeit, schmückt. Dieses Jahr wird es ihr schwerfallen, eine festliche Stimmung zu erzeugen. Die Lage in Südtirol ist kritisch: Es gibt kaum Arbeit und daher auch wenig Geld, Freude und Vertrauen in die Zukunft. Die Krise macht sich überall bemerkbar, der Wein verkauft sich nicht. Seit der Machtübernahme der Nationalsozialisten sind die Geschäfte mit Deutschland, vor allem dank der Handelserleichterungen für Wein- und Obstproduzenten, zwar intensiviert worden, aber es reicht nicht aus.

Hella wird wütend, wenn sie an ihre stets erschöpfte Mutter denkt, wie sie sich mit müdem Gesicht in Gottes Willen ergibt und geduldig versucht voranzukommen. Die Zeiten der tapferen Schicksalsergebenheit sind vorbei. Der Augenblick des Kampfes ist da.

Als sie an einer Gruppe von Männern vorbeikommt, die das milde Wetter bei einem Krug Bier und einer Bratwurst genießen, hört Hella sie fröhlich und unverfroren irgendetwas hinter ihr herrufen. Sie beschleunigt den Schritt, es gilt, keine Zeit zu verlieren. Zwei Gruppen Uniformierter, SS- und SA-Leute, treffen aufeinander und werfen sich finstere Blicke zu. Seit im Juni des Vorjahres in einer einzigen blutigen Nacht die Reihen der SA ausgedünnt worden sind, müssen sie auf der Hut sein. Die »Braunhemden«, die Hitlers Machtergreifung ermöglicht haben, mussten eine schwierige Lektion lernen: Diskussionen mit dem Führer sind nicht länger erlaubt. Hitler hat sich eine weitere Miliz aufgebaut, die SS, und von nun an wird dieses ganz und gar schwarz gekleidete Korps über die Zukunft der Diktatur wachen.

Hella biegt in die Sparkassenstraße Richtung Münzstraße ab. Seit sie die Lehrgänge besucht, die hier in München stattfinden, um der Überwachung durch die Faschisten zu entgehen, ist sie mit den Straßen der Stadt bestens vertraut. Sie betritt das Hofbräuhaus und sieht sich in dem von Stimmen und Rauch erfüllten Saal um, dann bahnt sie sich rasch einen Weg zwischen den Tischen hindurch.

»Grüß dich, Othmar!«

Der junge Wehrmachtsoffizier springt auf, schlägt die Hacken zusammen und drückt ihr die Hand. Seine blauen Augen leuchten.

»Hella, ich dachte schon, dir sei etwas zugestoßen.«

Sie lacht, während sie an einem Ende des langen Tisches einander gegenüber Platz nehmen. »Was sollte mir schon zugestoßen sein? Komm, lass uns ein bisschen Wein bestellen.«

Hella ist nicht gewillt, die Dinge zu dramatisieren oder sich gar Vorhaltungen machen zu lassen. Othmar, Sohn Südtiroler Einwanderer, den sie in dieser Bierstube kennengelernt hat, macht ihr den Hof. Doch für sie ist er lediglich ein Freund, und in letzter Zeit geht er ihr mit seiner Ängstlichkeit ein wenig auf die Nerven.

»Hella, die Lage ist nicht gut. Der Führer und Mussolini sind verbündet, und dieses Bündnis wird immer enger. Keiner der beiden will wegen Südtirol Probleme bekommen. Hitler hat ganz andere Ziele im Kopf, glaub mir.«

»Das ist nur eine Taktik des Führers, um sich mit Italien gut zu stellen, während er seine eigene Macht festigt, das habe ich dir doch schon gesagt«, erklärt Hella mit einem Anflug von Ungeduld in der Stimme. »Natürlich will er, dass alle Deutschen im Reich vereint werden.«

»Aber du und die andern, ihr riskiert einfach zu viel. Die Propaganda, die Geheimschulen ... Vermutlich wissen die Faschisten längst, wer du bist und dass es diese Lehrgänge gibt. Wenn du in Schwierigkeiten gerätst, wird es sicher nicht Hitler sein, der dir da heraushilft.« Er greift nach ihrer Hand auf dem Tisch. »Es ist mittlerweile ein zu gefährliches Spiel für ein Mädchen. Du musst dich zurückziehen, solange noch Zeit ist.«

»Sag mir nicht, was ich zu tun habe, Othmar.«

»Ich möchte, dass du in Sicherheit bist.«

»Und ich möchte meinen Beitrag leisten«, beharrt sie störrisch auf ihrer Meinung. »Ich werde mich zurückziehen, aber wann ich es will, nachdem wir den Sieg davongetragen haben.«

In den Augen des jungen Soldaten flackert widerwillige Bewunderung auf, aber er schüttelt den Kopf.

»Hella, die haben dich im Auge, glaub mir. Du bringst dich und auch deine Leute in Gefahr.«

Bei diesen Worten zögert Hella. Sie liebt ihre Familie sehr und möchte auf keinen Fall, dass ihr etwas zustößt. Doch sie erwidert: »Wir müssen alle unseren Beitrag leisten.«

In der Familie ist Hella immer als eine außergewöhnliche Frau beschrieben worden. Nicht wie Rosa, der, soweit ich zurückdenken kann, nie irgendein Fehler nachgesagt wurde, aber in der gemeinsamen Erinnerung war sie unzweifelhaft eine positive Figur. Auch die Lokalhistoriker erwähnen sie stets als eine äußerst mutige junge Frau, die sich für das Deutschtum einsetzte. Ohne Furcht und ohne Tadel. Man hat mir erzählt, wie sie den Kinderchor organisierte, um den heimlichen Deutschunterricht zu tarnen, wie sie die Kleinen, wenn Gäste in das Haus nach Pinzon kamen, auf dem Platz unter der Linde singen ließ. Man hat mich auf den kleinen Friedhof geführt, an ihr Grab mit dem lächelnden Gesicht auf dem Foto und den Daten, die von einem kurzen, aber intensiven Leben zeugen. Man hat mir erzählt, wie beliebt sie wegen ihrer geselligen Art und der Entschlossenheit, mit der sie sich dem Faschismus widersetzte, bei allen war.

Ich kann mich jedoch nicht erinnern, dass irgendjemand jemals näher auf ihre Zusammenarbeit mit dem VKS eingegangen wäre. Ihre Briefe und Karten, die ich in jüngster Zeit Gelegenheit hatte zu lesen, haben mir jedoch gezeigt, wie groß ihre Nähe zum Nationalsozialismus war. Als ich genauer nachfragte, hat niemand diesen Aspekt geleugnet, aber das Problem wurde mit einem Satz abgetan, den ich schon oft gehört hatte: »Sie glaubte an das Deutschtum und hat gegen die faschistische Unterdrückung gekämpft.« Diese Ideale sollen offenbar die ideologische Verblendung rechtfertigen, der sie und ihre Hitler ebenso wohlgesonnene Schwester Gusti erlegen waren.

Ich kann hier nicht auf das dramatische und bereits von weitaus kompetenteren Fachleuten thematisierte Problem des Verhältnisses zwischen Südtirol und dem dortigen Bewusstsein für die in Kauf genommenen Kompromisse mit dem Nationalsozialismus eingehen. Aber ich muss sagen, dass ich mit dieser Interpretation der Geschichte meiner Großtante nicht einverstanden bin. Hella hat keinen unvermeidlichen und durch die Verfolgungen, die Epoche und ihr Alter zwingend vorgegebenen Weg eingeschlagen. Sie hat ihre Wahl aus freien Stücken getroffen. Die heldenhafte Lehrerin der Katakombenschulen, wie sie in der Familie beschrieben wird, gehörte einer Gruppierung an, die Hakenkreuze zur Schau trug, sich auf den deutschen Führer berief und zum erklärten Ziel hatte, Teil des Reiches zu werden. Teil des Reichs, das sich bereits damals seiner politischen Gegner entledigte. Ein derartiger Fehler ist zwar nachvollziehbar, aber nicht zu rechtfertigen.

Wie viel wusste man im Südtiroler Unterland über das, was sich in Deutschland abzuzeichnen begann? Das ist schwer zu sagen. Aber es sei daran erinnert, dass die ersten kritischen Stimmen gegen den Nationalsozialismus aus den Reihen der Priester kamen: Viele hatten recht genaue Kenntnisse und berichteten ihren Gemeindemitgliedern darüber, was jenseits der Grenze geschah. So gab es später bekanntermaßen auch Südtiroler, wie etwa Friedl Volgger, die am eigenen Leib zu spüren bekamen, welch Alptraum die nationalsozialistische Verheißung in Wahrheit war. Darüber hinaus war Hitlers Antisemitismus bereits in der ersten Hälfte der dreißiger Jahre alles andere als ein Geheimnis.

Schließlich erkannten viele recht bald, dass Hitler ein Feind und kein Verbündeter war. Zu ihnen gehörte beispielsweise der Kanonikus Gamper, der zwar bis 1935 mit ihm sympathisierte, sich dann aber rasch zu einem entschiedenen Gegner entwickelte. Dergestalt, dass er keine zehn Jahre später von NS-Soldaten durch die Berge gehetzt und ins Exil gejagt wurde. Anfangs hatte der Deutsche Verband noch mit dem VKS zusammengearbeitet, aber er musste schon recht bald einsehen, dass Katholizismus und Nationalsozialismus nicht miteinander vereinbar waren. Als Berlin 1937 auf einer Verschmelzung der beiden Bewegungen bestand, hielt die daraus hervorgegangene Deutsche Volksgruppe Südtirol (DVS) nur wenige Monate, ehe sie wegen unversöhnlicher Differenzen aufgelöst wurde. In dem furchtbaren Jahr 1939 standen sich VKS und Deutscher Verband im Kampf um das Seelenheil Südtirols gar frontal gegenüber.

Es war also auch in diesem unterdrückten und gebeutelten Land möglich, sich darüber zu informieren, was in Deutschland vor sich ging, und sich entsprechend anders zu entscheiden. Aber Hella entschied sich für Hitler.

Hella sitzt wie hypnotisiert in der Menge. Sie kann den Blick nicht von dem Mann abwenden, der wenige Meter von ihr entfernt, in Militäruniform und strammer Haltung, auf der Tribüne steht. Er hat ihr den Rücken zugewandt, während er in zwei Mikrofone spricht. Auch wenn sie sein Gesicht nicht sieht, kennt Hella doch jedes kleinste Detail an ihm. Die schwarze, nach rechts gekämmte Haarsträhne, die ihm in die Stirn fällt, der gestutzte Schnauzbart, die durchdringenden braunen Augen. Er ist ihr Held, Adolf Hitler.

Hella sitzt auf der Ehrentribüne des Zeppelinfeldes, eines riesigen Aufmarschgeländes. Rechts und links reihen sich Tribünen aneinander, auf denen Zehntausende Verfechter des Nationalsozialismus Platz genommen haben. Auf den drei anderen Seiten des großen Rechtecks drängen sich weitere Schaulustige und Bewunderer des Regimes. Über

150 000 Menschen sind aus dem gesamten Reich nach Nürnberg gekommen, um an dem jährlich stattfindenden Reichsparteitag teilzunehmen, der am 8. September 1936 begonnen hat und genau eine Woche dauern wird. Nur 500 von ihnen ist es vorbehalten, gemeinsam mit dem Führer auf einer Tribüne zu sitzen, und zu diesen Auserwählten gehört Hella.

Hinter ihr erhebt sich ein längliches Bauwerk, das sich über die gesamte Länge des Zeppelinfeldes erstreckt. Es ist erst vor wenigen Tagen fertiggestellt und eigens zu diesem Anlass errichtet worden. Die beiden durch dreißig Säulen gegliederten Seitenflügel flankieren einen in klaren, geometrischen Linien gehaltenen Zentralbau. Der Gesamteindruck erinnert entfernt an einen griechischen Tempel, und ebendiese Wirkung hat Reichsarchitekt Albert Speer erzielen wollen. Den Mittelteil bekrönt ein riesiges, von einem Lorbeerkranz umrahmtes Hakenkreuz aus Beton. Jedes Mal wenn Hella den Kopf hebt, vermittelt ihr dieses Machtsymbol dort oben ein Gefühl der Sicherheit. Sie steht ihrem Schicksal nicht mehr allein gegenüber: Sie wird von einem großen Führer gelenkt und von einem ganzen Volk begleitet. So wie es in den Propagandaflugschriften heißt, die sie in ihrer Heimat heimlich verteilt: »Vor uns liegt Deutschland, in uns marschiert Deutschland und hinter uns kommt Deutschland.«

Vor ihr und ringsum auf dem riesigen Aufmarschgelände flattern in unzähligen Reihen Hakenkreuzfahnen im Wind und erfüllen die Luft mit ihrem martialischen Knattern. Aus Hunderten von Lautsprechern ertönen Militärhymnen, die das ungeduldige Gemurmel der auf den Beginn der Paraden und Militäraufmärsche wartenden Massen überdecken. Weitere Kundgebungen werden ganz in der Nähe, in den für die Koordinationstreffen der Sektionen und Parteiführungskader bestimmten Gebäuden stattfinden.

»Und du, wo kommst du her?«, wendet sich Hellas Nachbar mit starkem bayerischen Akzent an sie. In dem Lärm der jubelnden Menge, der sich zur Begrüßung der ersten nun eintreffenden Delegationen des Arbeitsdienstes erhoben hat, geht seine Stimme beinahe unter.

Hella antwortet, ohne die Augen von dem Aufmarsch abzuwenden. »Ich bin Südtirolerin«, sagt sie, »ich komme aus dem besetzten Südtirol.«

»Bist du zum ersten Mal in Nürnberg?«

Diesmal dreht Hella sich zu ihm um und nickt. Die Begeisterung steht ihr ins Gesicht geschrieben, und der junge Mann neben ihr lächelt ihr zu.

Die großen Parteitage der NSDAP finden seit 1927 in Nürnberg statt. Seit der Machtergreifung 1933 haben sie sich in ein gewaltiges Propagandainstrument und zu einer im Lauf der Jahre immer eindrucksvolleren Bekundung der Stärke des Reiches entwickelt. Die Botschafter und Minister auf der den ausländischen Würdenträgern vorbehaltenen Tribüne reißen die Augen auf, aber sie sehen nicht genug. Die nationalsozialistische Partei lässt eine Sturmtruppe nach der anderen, Mannschaften der SS und der SA, gefolgt vom regulären Heer aufmarschieren. Auch Panzerfahrzeuge, Kanonen und Flugzeuge sind zu sehen. Die Wehrübungen führen eindrucksvoll vor Augen, wie gut die Soldaten für alles gewappnet sind. Das im Ersten Weltkrieg besiegte Deutschland, das amputierte und gedemütigte Deutschland, das man gezwungen hat, für maßlose Zahlungen zu bluten, hat den Kopf erhoben und bereitet sich darauf vor, Rache zu üben.

»Bist du unserem Führer schon einmal begegnet?«, fragt sie der junge Mann erneut. Dieses Mädchen mit dem unschuldigen Gesicht und dem mutigen Blick hat es ihm angetan. Sie ist nicht einmal Deutsche und scheint dennoch begeisterter als alle anderen.

»Natürlich.« Hella freut sich, die Frage stolz bejahen zu können. »Ich war 1934 bei einer Kundgebung in München dabei.«

»Er ist ein großer Mann«, versichert der junge Bursche und

stellt sich vor: Er heißt Günther und arbeitet als Ingenieur in einem Flugzeugwerk. »Die Junkers, weißt du«, fügt er mit leiser Stimme hinzu. Seit 1935 spielt Deutschland mit offenen Karten, und Projekte, die zuvor im Geheimen vorangetrieben wurden, liegen jetzt offen zutage. Eines davon ist die massive Produktion von Kriegsgerät, die durch eine Klausel des Versailler Vertrages verboten war. Die europäischen Staaten haben protestiert, um ihr Gesicht zu wahren, aber sie wurden vor vollendete Tatsachen gestellt. Die Junkers-Werke produzieren, ebenso wie die Tochtergesellschaften Messerschmitt und Henschel, jedes Jahr Hunderte von Kampfflugzeugen.

»Hitler hat alles begriffen«, fügt Günther hinzu.

Hella nickt, ohne den Blick von den Reihen der mit nacktem Oberkörper und geschultertem Spaten vorbeimarschierenden jungen Männer abzuwenden. Es waren die Massen der Arbeiter, die für den Wiederaufbau der deutschen Nation gesorgt, sie aus der Krise geführt und dazu beigetragen haben, dass Arbeitslosigkeit und Inflation überwunden werden konnten, die das Land in die Knie gezwungen hatten. Vor allem aber ist das Arbeiterheer für eine heimliche Anstrengung von ungeheurer Tragweite mobilisiert worden: zum Aufbau jener für die Umsetzung der Ziele des Führers nötigen, gigantischen Infrastruktur. Autobahnen, Eisenbahnen, Fabriken und eine perfekt funktionierende Rüstungsindustrie.

»Der Führer weiß genau, dass die bolschewistische Bedrohung vor der Tür steht. Europa und unsere Werte sind in Gefahr. Er ist der Einzige, der das begriffen hat«, fährt Hellas Nachbar fort.

»In Deutschland sind die Tage des Bolschewismus gezählt«, erwidert sie. Dieser Kamerad kommt ihr allmählich ein wenig schulmeisterlich vor. »Es ist unglaublich, wie die ausländische Presse Hitler als Tyrannen darstellt«, empört sie sich schließlich.

»Und derweil lassen sie ihre kommunistischen Parteien, die sie direkt in die Arme Stalins treiben werden, immer weiter wachsen. Aber noch ist es nicht zu spät, um den Plan des Führers zu erkennen. Wir können uns alle gegen die bolschewistische Pest vereinen.« Günther lächelt ihr erneut zu, man trifft nicht oft auf ein so hübsches Mädchen, das gleichzeitig so gut informiert ist. Vielleicht ein bisschen zu gut. Eigentlich dürfte sie über internationale Politik nicht besser Bescheid wissen als er. »Zum Glück hat sich wenigstens Mussolini auf die richtige Seite geschlagen«, fügt er hinzu und senkt die Stimme in verschwörerischem Tonfall: »Noch darf man es nicht laut sagen, aber eins steht bereits fest, dass bald ein Abkommen mit Italien geschlossen wird.«

Hellas Kopf schnellt herum, und der Zorn, den er in ihren Augen lodern sieht, lässt ihn zurückweichen, als habe sie ihm einen Schlag versetzt.

»Mussolini? Mussolini ist ein Mörder!«, schreit die junge Frau. »Er will uns Südtiroler vernichten! Er will uns aus unserer Heimat vertreiben!«

Günther starrt sie verständnislos an, und Hella wird klar, dass er kaum etwas über den Kampf weiß, der für sie und viele andere eine Frage von Leben und Tod ist. Es ist noch kein Jahr her, dass ihre Schwester Mariedl und deren Mann Toni, am Rand des Ruins, gezwungen waren, ihre Güter für ein Stück Brot zu verkaufen. Sie mussten nach Graz flüchten, wo sie ein Restaurant übernommen haben. Soll das etwa das Schicksal der Leute sein, deren Vorfahren seit Jahrhunderten in Südtirol gelebt haben, dort zur Welt gekommen und dort gestorben sind?

»Der Führer wird uns nicht vergessen«, fügt sie hinzu, wobei sie den Blick zurück zu der Gestalt auf der Bühne schweifen lässt. »Der Führer denkt an uns. Er wartet nur den günstigsten Moment ab, um uns unser Land zurückzugeben!«

Tausende von Männern haben sich in perfekten Reihen auf dem Areal des Zeppelinfeldes formiert. Jede Gruppe steht für einen bestimmten Sektor der deutschen Industrie. Plötzlich verstummen alle, und die Stimme des Reichsarbeitsdienst-Leiters Konstantin Hierl schallt über der Menge: »Mein Führer! Fünfundvierzigtausend Männer des Reichsarbeitsdienstes haben sich heute vor dir versammelt!«

Hella beobachtet Hitler, der sich kaum merklich zu den Mikrofonen hin verneigt. Der Führer schweigt, er wartet, bis vollkommene Stille herrscht. Dann ruft er mit weitreichender Stimme: »Heil dem Volk der Arbeit!« Seine Worte hallen in der warmen Luft wider. Tausende junger Männer antworten inbrünstig im Chor: »Heil unserem Führer!«

Eine von Lautsprechern verstärkte Stimme erhebt sich über dem Stadion: »Ist einer unter uns gar zu bedeutend ...«

Die in der Sonne versammelte Arbeitermenge ergänzt die Frage: »... um für Deutschland zu arbeiten?«

»Ist einer unter uns gar zu unbedeutend ...«

»... um für Deutschland zu arbeiten?«

Hella fühlt sich mitgerissen von der hypnotischen Kraft dieser Worte, die sich wie magische Formeln aneinanderfügen und keinerlei Zweifel lassen. Nur Gewissheiten. Die Luft vibriert förmlich vor jener Leidenschaft, mit der Tausende Menschen fest an einen gemeinsam auszutragenden Kampf glauben. Und bereit sind, Blut für ihr Land zu vergießen. Auch Hella ruft aus vollem Halse gemeinsam mit den anderen: »Es lebe Deutschland! Es lebe mein Vaterland!«, »Es lebe Deutschland! Es lebe mein Vaterland!«

Die Stimme erhebt sich ein letztes Mal: »Der Führer will den Frieden in die Welt bringen!«

Und vollkommen einstimmig ertönt das Echo des gesamten Stadions: »Und wir folgen ihm, wohin auch immer er uns führen mag!«

Hella überläuft ein Schauer, das Zusammengehörigkeitsgefühl ist derart stark, dass ihr die Tränen in die Augen steigen. So sollte es sein, denkt sie, alle Deutschen vereint in einer einzigen, gemeinsamen Kraftanstrengung für Arbeit, für den Sieg über den Feind und um endlich wieder zu Größe zu gelangen. Vielleicht wird es ihr später, bei einem der offiziellen Abendessen, gar gelingen, einen Blick des Führers zu erhaschen.

Doch dann herrscht wieder Schweigen, und er ergreift das Wort. Er wendet sich an die Masse der Anwesenden, die längst zu einer großen Einheit verschmolzen ist.

»Arbeitsmänner!«, beginnt Hitler.

Hella lässt sich von den Worten dieses Mannes durchdringen.

»Ein neues Volk wird geboren«, skandiert er. »Wenn ich Euch so sehe, dann wird es mir schwer zu sprechen, und allen geht das Herz über vor Freude über Euch!«[7]

Hella hat den Blick auf ihn geheftet, es ist, als würde er nur für sie sprechen, als wäre sie nicht Teil einer riesigen Menge, sondern allein unter vier Augen mit dem Führer.

»Hier ist vor allem der Glaube an eine bessere Menschheit und damit an eine bessere Zukunft!«

Der Mann in Uniform, der die Aufmerksamkeit Zehntausender Menschen auf sich vereint, beendet seine Rede mit einem klangvollen: »Wir glauben an Euch!«

In dem Lärm des Beifalls und der »Heil«-Rufe, die von einem Ende des riesigen Aufmarschgeländes zum anderen schallen, murmelt Hella: »Und ich glaube an dich!«

Der Nürnberger Reichsparteitag von 1936 ist ein sehr beängstigendes Kapitel der Geschichte. Zu erfahren, dass Hella dabei war, hat mich, offen gestanden, beunruhigt. Ich kann mir vorstellen, wie sie empfunden hat und welche Gespräche sie führte, denn sie selbst hat diese Erfahrungen in einem Brief an ihre Schwester Gusti beschrieben. Um die Zensur zu umgehen, vertraute sie ihn ihrer Mutter Rosa an, die zu einem Besuch unterwegs nach Graz war. Dieser Brief ist ein interessantes historisches Dokument, zumal er aus der Hand einer jungen Frau stammt. Und er gibt einen wertvollen Einblick in die furchtbare Verblendung, der damals so viele Menschen anheimfielen. Mir erscheint es daher wichtig, ihn vollständig wiederzugeben.

Liebste Gustl,

Dir schulde ich immer noch den versprochenen Brief und jetzt da es uns endlich gelang Mutterl zum Fahren zu bewegen, so kann ich ihr diese Zeilen persönlich mitgeben, das ja günstiger ist als per Post. Ich glaub mich nicht zu täuschen, wenn ich annehme, daß Du von meiner damaligen »Fahrt ins Blaue« bereits einiges von mir erfahren hast. Hast Du alle Karten erhalten? Ich kann Dir nur sagen, daß ich ein Mords Glück hatte. Ich verstehe noch nicht recht wie das alles kam. Zuerst hieß es: nur 4 bis 5 Tage und das Ziel war 2 Tage Nürnberg, mehr erfuhr ich vorher nicht. In München erwarteten mich schon 3 Kameraden die mich gleich noch wegzerrten und so wurde schon am ersten Abend bis 2 h früh gefeiert. Tags darauf fuhren wir zu 4, ich Mädel allein mit jene 3 Hegel ein Stück nach Nordost–Deggenh. Ihr habt ja auch von dort Karten erhalten. 3 Tage hielten wir uns dort auf wo es wirklich sehr nett und kameradschaftlich herging. Und nun von dort dann im Autobusse von Regensburg nach Erlangen (Nürnb.). Schönen Flaggenschmuck trug die Stadt der Parteitage und die Menschen hatten es eilig und außer der Stadt in den verschiedenen Z.Lagern rüsteten sich die Jungens für die kommenden herrlichen Tage und Züge rollten in den Bahnhof ein und brachten wieder Menschen aus allen Nationen mit, die staunend das Bild vor ihnen betrachteten. Wie es in meinen Innern aussah, wirst Du genug verstehen, ich glaubte zu zerspringen vor Jubel!

Das 1. Mittagessen war beim Reichsjugendführer im Hajotlager. Mir gegenüber am schmalen Tisch saß er, überreichte mir seine Suppe – neben mir saß Dr. Pedoth und auf der anderen Gschwent Heini. Wir waren die einzigen von hier, ansonsten war unsere Gruppe 65 Mann stark. Am anderen Morgen begann der Parteitag. Draußen auf der Zeppelinwiese marschierte Kolonne um Kolonne begleitet von Musik vor dem Führer vorbei, die 1. waren der Arbeitsdienst mit ihren blanken Spaten. Ich saß auf der Haupttribüne ganz nahe beim Führer, so daß ich nicht wusste, soll ich übers Feld hinschauen oder meinen lb. Führer anstarren, dem das Herze lachte vor Freude über das große von seiner Hand geschaffene Werk. Mein Nachbar äußerte sich hernach, daß es ihm als Reichsdeutscher ein Vergnügen war, mich zu beobachten.

Das war der Anfang und so ging es fort, die ganzen Tage hindurch, denn ich durfte ihn ganz erleben den heurigen Parteitag. Hajot- Reichswehr, Feuerwerk, BDM-Kundgebungen und so fort. Am letzten Sonntag erhielt ich eine Karte auch für den Vorbeimarsch am A. Hitlerplatz.

12 h bis ½ 5 h nachmittags zogen die SA, einige SS, und einige Flieger am Führer vorüber, der ständig im Wagen stand und alle seine vorbeiziehenden Kameraden mit erhobener Hand grüßte. Man kann den Mann nicht genug bewundern, wo nimmt er bloß das alles her, Tag und Nacht zu arbeiten ohne Ruh und Rast, nicht einmal beim Essen lässt man ihn ausschnaufen, immerfort soll er am Fenster sich zeigen, denn von den untersten Straßenteilen vor seinem Hotel bis hinauf und die Kinder sogar von den nahen Dächern herunter rufen und wünschen alle den Führer, dann die fremden Diplomaten alle, bis die wieder

auf ihre Rechnung kommen! Ihn hat wirklich was Höhe-
res gerufen! –

Auf der Rückreise blieb ich noch 2 Tage in München und
jetzt zehre ich halt noch vom Erlebten und gib davon
auch meinen armen Zurückgebliebenen, soviel ich kann
und könnte gerad weinen, daß es nicht auch Ihnen, die so
kämpfen, vergönnt war dies alles zu genießen und zu er-
leben. Die Zeit ist zu knapp, als daß ich Dir ein bisschen
mehr erzählen könnte.

Mutterl ist schon reisefertig! Euch alle, Mariedl, Toni, die
Kinder, grüße ich viel tausendmal Dich besonders,
  Deine Hella

13

Abschied von Wien

Rosa hat Hellas Brief an Gusti mit nach Graz genommen. Die beiden Schwestern schreiben sich oft, sie teilen dieselben politischen Überzeugungen. Gusti hat einige Passagen laut vorgelesen, und Rosa hat sich jeden Kommentar verkniffen: In letzter Zeit ist sie die politischen Diskussionen mit den Töchtern leid. Sie möchte lieber das Beisammensein mit Mariedl und Toni genießen. Die beiden arbeiten unermüdlich in ihrem neuen Betrieb, und die Dinge laufen besser als erhofft. Tochter und Schwiegersohn haben die stadtweit bekannte Traminer Weinstube übernommen, ein Lokal, in dem gegessen, getrunken und wie daheim in Pinzon über Politik gesprochen wird. Mariedl ist mit den Geschäften zufrieden, auch wenn die Krise sie zur Sparsamkeit nötigt und der Abschied von der Heimat eine noch nicht verheilte Wunde ist, die auf den Herzen aller lastet.

Am 16. November 1936 reist Rosa weiter nach Wien. Ihre Tochter Berta, die seit dem 29. Februar mit einem Rechtsanwalt namens Oskar Hammerle verheiratet ist, hat sich mit ihm in der österreichischen Hauptstadt niedergelassen. Rosa konnte es damals noch nicht wissen, aber es wird die letzte Hochzeit sein, die sie miterlebt: Am Himmel über Europa ziehen dunkle Wolken auf, und die Zeiten des Feierns sind bald vorbei. Aber es war eine schöne Hochzeitsfeier, in der kleinen Kirche in Pinzon, mit anschließendem Empfang in Bozen, im Hotel Greif. Rosa denkt an das Gedicht, das sie zu Ehren der Brautleute eigenhändig verfasst hat: *»Ja die Ehe ist ein großes Wagnis, dunkel liegt die Zukunft. Kein*

Garten ohne Nesseln, keine Rose ohne Dornen, kein Häuslein ohne Kreuzlein!« Es ist zwar nicht gerade eine Freudenhymne, und es hat ihr leidgetan, mit anzusehen, wie Bertas Miene sich beim Lesen der Zeilen verfinsterte. Aber Rosa ist in Sorge um die Tochter, die mit ihren eleganten Kleidern und dem stets gezückten Portemonnaie so viel leichtlebiger ist als ihre Schwestern. Sie möchte, dass dieser feierliche Tag mehr als nur ein schönes Fest ist: Berta soll auch zur Besinnung kommen. Sie wird weit fortgehen, in jene einst so glanzvolle Hauptstadt des Kaiserreiches, in der nun immer dunklere Kräfte um sich greifen.

Rosa ist nicht mehr jung, und ihre Welt hat sich überlebt. Jene Welt, in der Wien noch das pulsierende Zentrum einer großen politischen Macht war, in der die alten Monarchien mit ihren Höfen und ihren Riten Europa beherrschten und der Name der Habsburger Respekt einflößte. All das ist seit Jahrzehnten, seit jenem Novembertag 1918, vorbei, aber es ist ihr nie gelungen, das wirklich zu akzeptieren. Vielleicht wird sie sich auf dieser Reise endlich mit der Gegenwart aussöhnen.

Was wohl von der damals so fröhlichen Stadt geblieben sein mag? Rosa durchquert Österreich mit der Bahn, sie sieht die Berge, die spiegelblanken Seen, die Täler mit ihren hier und dort verstreuten Kirchtürmen vorüberziehen. Es ist alles so vertraut. Wird Wien es ebenfalls sein? In Rosas Herz steht dieser Name für Faszination und Kultur. Die Zeitungen, die sie sich nach Pinzon schicken lässt, sprechen von lyrischen Werken, Bällen und literarischen Salons. Sie studiert die Konzertprogramme mit den Namen der großen Meister, die man eingeladen hat, um die berühmten Philharmoniker zu dirigieren, sie liest die Artikel über bedeutende Persönlichkeiten des gesellschaftlichen Lebens, über Fürsten, Künstler und Schriftsteller, die dem kulturellen Leben Glanz verleihen.

Oskar und Berta erwarten sie auf dem Bahnsteig des Süd-bahnhofs, und Rosa wirft sich der Tochter in die Arme.

»Wie schön, dich wiederzusehen, Mutter!«, sagt Berta mit einem strahlenden Lächeln. Sie ist gepflegt und elegant, ihre Augen glänzen, und sie trägt ein modisches Hütchen, das eine Menge Geld gekostet haben muss. Sie hat Neuigkeiten zu erzählen.

»Es sieht so aus, als würde ich erneut Großmutter«, sagt Rosa, eine Augenbraue nach oben ziehend, und Berta bricht in ansteckendes Gelächter aus.

»So ist es, liebes Mutterl! Ich wollte dich überraschen!« Stolz streicht sie mit einer Hand über den gewölbten, von zukünftiger Mutterschaft zeugenden Leib.

»Es gibt nichts Schöneres als Kinder«, versichert ihr Rosa und hakt sich bei ihr unter. Inzwischen hat Oskar einen Ge-päckträger herbeigewunken, der ihnen nun, mit Koffern be-laden, zu dem wartenden Taxi folgt.

»Und wann …?«

»Anfang Januar, wenn alles gutgeht.«

»Warum sollte irgendetwas nicht gutgehen?«, wendet Rosa ein. »Hoffentlich wird es ein hübscher Bub.«

Endlich hat die Tochter ihren Lebensweg gefunden, denkt sie erleichtert. Sie war noch ein junges Mädchen, als sie nach Triest ging, um dort in einer Familie des städtischen Bürger-tums als deutsche Hauslehrerin zu unterrichten. Dann ist sie nach Mailand umgezogen, eine dynamischere Stadt, die eher ihrem extrovertierten Wesen entspricht. Diese kurzen Zei-ten, in denen sie gearbeitet und Erfahrungen gesammelt hat, sind für eine junge Frau aus gutem Hause sehr wertvoll, denkt Rosa. Sie haben ihre Neugierde und Abenteuerlust gestillt und waren überdies lehrreich. Doch nun kümmert sich der gutaussehende Wiener Anwalt um ihr Wohlergehen und sorgt dafür, dass es ihr an nichts mangelt. Wenn sich doch nur alle ihre Töchter so glücklich schätzen dürften.

»Wir müssen über Hella sprechen, meine Liebe. Ich mache mir Sorgen um deine Schwester«, flüstert sie Berta ins Ohr, während sie im Taxi Platz nehmen.

Wien hat sich furchtbar verändert, auch wenn unter dem stillen Glanz der kaiserlichen Paläste, der breiten, baumbestandenen Straßen, der blühenden Gärten und der langsam dahinfließenden Donau nicht alle Veränderungen sichtbar sind. Nach der Niederlage des Ersten Weltkrieges hat ein wenige Seiten starker Friedensvertrag ein ganzes Kaiserreich in eine kleine, gerade einmal sechs Millionen Einwohner zählende Republik verwandelt. Im Jahr 1927 haben sich die Spannungen zwischen Linksparteien und rechts-nationalen Gruppierungen in blutigen Auseinandersetzungen entladen, die so lange anhielten, bis es der 1932 an die Macht gelangte Bundeskanzler Dollfuß geschafft hat, ein immer autoritärer werdendes Regime zu errichten. Er distanzierte sich vom Nationalsozialismus, der für ihn und seine ehrgeizigen nationalistischen Pläne eine Bedrohung darstellte, und näherte sich dem italienischen Faschismus an. Nachdem er von Nationalsozialisten ermordet worden war, übernahm Kurt Schuschnigg sein Amt, und er steht noch immer an der Spitze der Regierung, als Rosa 1936 aus dem Zug steigt. Doch mittlerweile sitzt Schuschnigg zwischen Hitler und Mussolini in der Falle.

Wien ist vorläufig noch relativ wenig anfällig für das grauenhafte Übel, das andere Städte befallen hat: den Antisemitismus, der in Deutschland bedrohlich um sich greift. Die von Rosa bewunderte, so schillernde Kulturszene wird durch zahlreiche jüdische Künstler bereichert, die aus Berlin geflohen sind, um sich in Wien niederzulassen. Maler, Filmemacher, Theaterdirektoren, die den Verfolgungen entfliehen, unter denen sie seit der Machtergreifung Hitlers zu leiden haben. Das nationalsozialistische Regime hindert sie nicht nur an der Arbeit, sondern konfisziert all ihren Besitz, bevor es ihnen ein Ausreisevisum gewährt.

Bereits Ende des 19. Jahrhunderts haben einige politische Bewegungen in Deutschland darauf gedrungen, das Prinzip der Staatsbürgerschaft abzuschaffen, das allen die gleichen Rechte einräumt. Der Begriff einer arischen Rasse, deren durch »semitische« Elemente bedrohte Reinheit es zu verteidigen gilt, hat Gestalt angenommen. Mit der Machtergreifung der Nationalsozialisten haben antisemitisch geprägte Ideologien zu immer schärferen diskriminierenden Maßnahmen geführt. Nach der Wahl Hitlers im Januar 1933 haben die Übergriffe auf deutsche Juden zugenommen. Und 1935 hat der Parteitag dem Reichstag ein ganzes Bündel an Rassengesetzen zur Verabschiedung aufgezwungen. Ehen zwischen Ariern und Juden sind in Deutschland nunmehr ebenso verboten wie sexuelle Beziehungen zwischen Juden und Nichtjuden. Man hat verschiedene Einstufungen der Staatsbürgerschaft eingeführt, mit denen die Arier bevorzugt werden. Juden haben das Wahlrecht und den Zugang zu bestimmten Berufen, wie etwa zu öffentlichen Ämtern, verloren. Und das ist erst der Anfang.

Rosa ist 1936 nunmehr eine auf die sechzig zugehende Dame des gehobenen ländlichen Bürgertums. Sie kann unmöglich nichts von jenem Phänomen gehört haben, das Europa nur wenige Jahre später in die Katastrophe stürzen wird. Die Zeitungen haben monatelang über die Auseinandersetzungen im Zusammenhang mit den olympischen Sommerspielen berichtet, die in der ersten Augusthälfte 1936 in Berlin stattfinden sollten. Die Nationalsozialisten hatten beschlossen, den jüdischen und farbigen Athleten die Teilnahme zu verweigern. Sportverbände und Staaten der ganzen Welt drohten in ihrer Empörung damit, die Spiele zu boykottieren, und brachten sie schließlich dazu, ihre Haltung zu revidieren. So wurde gar der Befehl erteilt, die offenkundigsten Zeichen der Diskriminierung zu vertuschen: Zu diesem Zweck verschwanden die großen antisemitischen Propagandaplakate, die auf die Hauswände der jüdischen Geschäfte gemalten Davidsterne und die Verbotsschilder, die Juden den Zugang zu bestimmten öffentlichen Plätzen verwehrten. Die olympischen Spiele fanden regulär statt, und das NS-Regime gestattete sogar einer deutschen Athletin jüdischer Herkunft, an den Wettkämpfen teilzunehmen. Es war die Florettfechterin Helene Mayer, die die Silbermedaille gewann. Die Olympischen Spiele von 1936 gingen auch wegen der vier Goldmedaillen, die der farbige Weltmeister Jesse Owens gewann, in die Geschichte ein: Das war nicht nur ein Schlag für den Rassismus der Nationalsozialisten, sondern auch für die Vereinigten Staaten, wo Rassentrennung noch immer auf der Tagesordnung stand.

Der Wagen steuert mitten durch das Zentrum von Wien und hält auf dem Kärntner Ring. Die Bäume zu beiden Seiten der zweispurigen Straße sind, bis auf ein paar vereinzelte gelbe Herbstblätter, fast gänzlich kahl. Männer und Frauen in eleganten Wintermänteln und -hüten eilen an der eindrucksvollen Fassade des ehemaligen herzoglichen Palastes und heutigen Hotels Imperial vorbei. Oskar hält seiner Schwiegermutter die Wagentür auf und reicht ihr für die letzten paar Meter bis zu dem Eckhaus an der Dumbastraße den Arm. Es ist ein prächtiges, vierstöckiges Gebäude, und Rosa kann sich vorstellen, welch Freude es der Tochter, bei ihrer Vorliebe für alles Schöne, bereitet, hier zu wohnen. Der mit rotem Samt verkleidete Fahrstuhl hält im zweiten Stockwerk. Oskar öffnet die große Eingangstür auf der linken Seite und erklärt stolz: »Hier wohnen wir, und gegenüber befindet sich meine Kanzlei.«
Rosa betritt eine prunkvolle Wohnung mit hohen Decken. Der Boden ist mit Perserteppichen bedeckt, von dem riesi-

gen Salon blickt man auf den Ring. Rosa tritt an eines der Fenster und schiebt den schweren, purpurfarbenen Vorhang beiseite. Die Geräusche der Straße drängen gedämpft, wie aus weiter Ferne herauf. Sie beobachtet die Straßenbahnen, die sich an der Haltestelle treffen, und die Automobile, die an der Ecke Schwarzenbergplatz vor einer roten Ampel halten. Auf der anderen Straßenseite warten einige Limousinen vor dem Eingang des Imperial, wo Portiers in brauner Livree jungen, elegant nach der neuesten Mode gekleideten Frauen die Tür aufhalten. Von hier oben erscheint das Leben so einfach, denkt sie. Warum will nur die Unruhe, die sich in ihr Herz geschlichen hat, nicht von ihr weichen? Weshalb sollte der ruhige Fluss des Alltagslebens, den sie aus diesem Wiener Fenster beobachten kann, plötzlich zum Erliegen kommen?

Rosa hat bereits einen Krieg erlebt und am eigenen Leib erfahren, wie rasch die Dinge sich verändern können. Sie hat viel über die in ganz Europa immer lauter werdenden Stimmen gelesen, die vor einem neuen Konflikt warnen. Sie würde gern glauben, in Zeiten des Friedens altern zu dürfen, aber sie hört die Welt um sich hasserfüllt schreien. Seit der Geburt Hellas, ihrem vielleicht letzten Moment wahren Glücks, sind zwanzig Jahre vergangen. Rosa reißt sich von diesen Grübeleien los und eilt zu ihrer Tochter, die vom Flur aus nach ihr ruft.

Berta führt sie mit unverhohlener Freude von einem Raum zum nächsten. Sie führt das Leben, das sie sich immer erträumt hat, als Dame von Welt im Herzen einer Metropole. Sie liebt Südtirol und Pinzon sehr, aber auf der Suche nach einem kosmopolitischeren und schillernderen Leben ist sie ohne allzu großes Bedauern fortgegangen. »Komm, Mutter«, fügt sie hinzu. »Ich zeig dir dein Zimmer.«

Sie öffnet die Tür zum Gästezimmer, zeigt Rosa das Bad und lässt ihr Zeit, sich zu erfrischen. »Wenn du dich ausgeruht hast, unternehmen wir einen Spaziergang, vielleicht erstehen wir auch etwas Hübsches. Wir werden uns schon amüsieren! Der Arzt hat mir empfohlen, mich jeden Tag zu bewegen«, sagt sie, als wolle sie ihre zahllosen Einkaufsbummel rechtfertigen. Gleich wird sie Oskar schöne Augen machen. Wie gewohnt hat er ihr heute Morgen das Haushaltsgeld ausgehändigt, aber der Besuch ihrer Mutter ist eine kleine Dreingabe wert.

Rosa zieht sich rasch um, und die beiden Frauen verlassen Arm in Arm das Haus. In gemächlichem Schritt schlagen sie den Weg in Richtung Oper ein, deren Umrisse sich in der Ferne am Opernring abzeichnen. Sie laufen die Kärntner Straße hinauf und betrachten die Turmspitzen des in einiger Entfernung gelegenen Stephansdoms.

»Ich kann deine Schwester Hella nicht mehr verstehen«, seufzt Rosa.

»Was hat sie angestellt?« Berta zieht die Augenbrauen zusammen. Sie wünschte, die Schwester würde endlich aufhören, so viel Anlass zur Sorge zu geben. Die Mutter ist schließlich nicht mehr die Jüngste.

»Seit sie nach Deutschland gegangen ist, scheint sie wie ausgewechselt.«

»Das kannst du laut sagen. Sie läuft förmlich über vor Begeisterung für den Führer. Sie und Gusti sind davon überzeugt, dass er uns alle retten wird. Oskar ist da ganz anderer Meinung.«

Rosa schweigt. Sie betrachtet die belebte Straße vor sich, die vorübereilenden Passanten und die Leute, die wie sie vor den Schaufenstern innehalten. Die Wiener Atmosphäre ist ganz die alte: leicht und lebendig.

»Auch ich war einst davon überzeugt, der Kaiser würde uns alle retten. Ich habe bis zum Schluss daran geglaubt. Doch er ist gestorben und das Reich zusammengebrochen. Man musste den Kaiser einfach lieben, dennoch hat er gegen uns gerichtete Kräfte entfesselt, vor denen er uns nicht zu schützen vermochte.«

Berta ist sprachlos. Unvermittelt bleibt sie stehen, so dass ihre Mutter, die sich bei ihr eingehakt hat, beinahe das Gleichgewicht verliert. Noch nie hat sie Rosa in dieser Weise über ihr Idol, den Kaiser, sprechen hören. Nie hat sie in ihrer Stimme einen derart bitteren Ton vernommen. Unsicher betrachtet sie Rosa, die ihrerseits zu dem in der Ferne gelegenen Dom schaut. Berta kommt zu dem Schluss, dass es besser ist, sie von ihren Gedanken abzulenken. Sie laufen weiter.

»Scheinbar will Hitler keinen Krieg. Jedenfalls betont er das immer wieder. Auch in Nürnberg hat er gesagt, dass sein Ziel der Frieden sei, dass die Bolschewisten die Revolution herbeiführen würden, wenn man sie gewähren lasse, und dass er das letzte Bollwerk sein werde.«

»Ich weiß. Genau das ist es, was Hella immer wieder vorbringt, seit sie von dem Parteitag zurückgekehrt ist. Hitler hat sie verhext. Seit sie ihn auf dieser Tribüne hat sprechen sehen, hat sie den Kopf verloren. Sogar als einen Auserwählten hat sie ihn bezeichnet.« In Rosas Stimme schwingt ein gewisser Argwohn mit, der der Tochter nicht entgeht.

»In Wien wird viel diskutiert, keiner weiß mehr, was er davon halten soll«, erklärt Berta. »Manche befürchten, dass die Nationalsozialisten noch brutaler sind als die Faschisten. Sie machen vor nichts halt. Andere haben größere Angst vor den Kommunisten, die uns alles wegnehmen wollen.« Sie legt schützend eine Hand auf ihren Leib. »Ich wünsche mir nur, dass mein Kind nicht in Kriegszeiten zur Welt kommt und Oskar nicht in Schwierigkeiten gerät.«

»Was für Schwierigkeiten?«, erkundigt sich Rosa besorgt.

Aber Berta antwortet nicht. Sie haben den Platz vor dem Stephansdom erreicht, und sie bemerkt ausweichend: »Schau nur, Mutterl, wie schön er ist. Ich kann wirklich von Glück sagen, tagtäglich hier vorbeikommen zu dürfen.«

Sie treten durch das große Portal. Gruppen von Gläubigen strömen in beide Richtungen durch das riesige Kirchenschiff, und Rosa wird weit ums Herz in diesem gewaltigen sakralen Raum. Sie denkt an ihre kleine Kapelle in Pinzon, an die schlichte Schönheit des dortigen Glockenturms. Sie erinnert sich, welche Freude sie empfunden hat, als die neuen Glocken angebracht wurden. Etliche Jahre ist das her. 1923 hatte sie gemeinsam mit den Dorfbewohnern Spenden gesammelt, um der Kirche ihre Stimme zurückzugeben. Seitdem hat jedes Jahr weiteres Unglück gebracht. Sollte es möglich sein, dass dieser Hitler ihnen nun die schönen alten Zeiten zurückbringt, ihnen gar ein neues goldenes Zeitalter beschert? Rosa hegt daran seit jeher Zweifel. Nun, im Angesicht des großen Altars, der dem Gott geweiht ist, den die Nationalsozialisten leugnen und schmähen, ist sie vom Gegenteil überzeugt.

»Berta, man kann nicht Gott und gleichzeitig dem Teufel dienen.« Sie schüttelt den Kopf. »Unser Anliegen ist berechtigt, aber wenn wir um des Zieles willen unsere Seele verkaufen, wird nichts Gutes dabei herauskommen.«

Ihre Tochter zeigt einen Anflug von Ungeduld. Sie möchte nicht, dass der Besuch durch politische Ängste und nostalgische Gefühle getrübt wird. Sie möchte die Mutter in die Oper, ins Kino, ins Café Sacher ausführen, sie hat bereits alles geplant. Rosa soll sich amüsieren, die Probleme daheim vergessen, die Rechnungen, die Faschisten.

»Auf Mutterl, mach dir nicht so viele Gedanken! Hella sagt, Hitler werde Mussolini in die Schranken weisen, sobald er mit den Bolschewisten abgerechnet hat.«

Aber Rosa lässt sich nicht ablenken, ihr Blick ist abwesend, als würde sie eine Entscheidung treffen. Dann umarmt sie die Tochter und sagt: »Entschuldige, Liebling, aber ich muss ein paar Schritte allein machen. Wir sehen uns in einer Stunde bei dir daheim.«

Berta bleibt verblüfft inmitten des Kirchenschiffs stehen und sieht ihre Mutter den Dom verlassen. Als es ihr in den Sinn kommt, Rosa hinterherzueilen, ist es zu spät. Trotz ihrer fast sechzig Jahre ist ihr an die Berge gewöhnter Schritt noch immer rüstig und flott.

Rosa verschwindet in den Gassen rings um den Platz und erreicht schon bald ihr Ziel. Sie betritt eine lange, steile Treppe, die hinab unter die Erde führt und nur von schwachem, diffusen Licht erhellt wird. Die Lampen werfen einen hellen Schimmer auf die grauen Wände. Rosas Schritte hallen auf dem Granitboden der Kapuzinergruft wider. In diesen Mauern sind seit Jahrhunderten die Mitglieder der Habsburger Dynastie beigesetzt worden.

Rosa schreitet an den im Halbschatten aufgereihten Sarkophagen vorbei. Vor der eindrucksvollen Grabstätte Maria Theresias hält sie inne. Es folgt ein bescheidenerer Sarg aus Edelholz auf einem nur mit einem Namen und zwei Jahreszahlen versehenen Marmorsockel: Franz Josef, 1830–1916. Hier ruht der Kaiser, jener Herrscher, für den ihr Ehemann Jakob bereit gewesen wäre, sein Leben zu geben. Der Sarg ist mit Blumen bedeckt und der Boden von Grußbotschaften übersät. Sie bückt sich, um eines der Zettelchen aufzuheben, und liest: »In stets treuem Gedenken an unseren Kaiser.«

Bevor sie geht, schlägt Rosa ein letztes Mal das Kreuz. Die Vergangenheit ist vorbei und begraben, nun heißt es Mut zeigen und nach vorn schauen. Doch was hält die Zukunft bereit?

In ihr Tagebuch wird sie Folgendes schreiben:

> *[...] es tat mir so wohl die alte Kaiserstadt zu sehen, doch die Kapuzinergruft sagte mir »es war einmal!« Vorbei, vorbei, leer steht die Hofburg, leer und einsam*

liegt Schönbrunn da, der Tod schont auch das Kaiser-
haus nicht. Mensch gedenke, daß Du Staub bist! [...]
Wien, Wien, nur Du allein, ich möchte doch nicht hier
sein.

Sechsundsiebzig Jahre nach Rosas Besuch sitze ich in einem Lokal, in dem sicher auch sie eingekehrt ist. Das Café Landtmann hat gute und schlechte Zeiten gesehen, aber im Grunde hat es sich seit damals nicht sehr verändert. Als die Rote Armee im April 1945 Wien eroberte, haben die Soldaten dieses vornehme Lokal geplündert. Mit ihren Gewehrkolben haben sie die Spiegel zerschlagen und die Sesselbezüge mit ihren Bajonetten aufgeschlitzt. Tagelang haben sie in der ganzen Stadt gewütet, Männer getötet, Frauen vergewaltigt und ihr Hauptquartier im Hotel Imperial errichtet. Berta ist vor ihrem Zorn geflohen, aber ihre schöne Wohnung wurde von den Eindringlingen konfisziert, und für eine Weile mussten sie und Oskar sich eine andere Bleibe suchen. Dann wurden die Spiegel im Landtmann erneuert, und die Wiener haben sich bemüht zu vergessen.

Heute ist Wien eine reiche Stadt. Ich bin oft dort gewesen, allerdings seit einigen Jahren nicht mehr, und in diesem für ganz Europa so schwierigen Juli 2012 wirkt sie auf mich nicht ganz zeitgemäß. Mit einer Arbeitslosenrate von unter fünf Prozent scheint sie gegen die allgemeine Wirtschaftskrise immun zu sein. Die historischen Plätze, die Gässchen und Fußgängerzonen, in denen sich ein Geschäft ans andere reiht, sind alle sauber und gut gepflegt. Autos, Straßenbahnen und Radfahrer kommen bestens miteinander aus. Natürlich ist das nicht die einzige Seite der multiethnischen Metropole, zu der sich die Stadt entwickelt hat. Die von Rosa verklärte Hauptstadt des Kaiserreichs ist nicht mehr dieselbe wie einst, auch wenn sie noch immer an dem Vermächtnis ihrer einstigen Größe hängt.

Zwischen damals und heute liegen die Schrecken des Zweiten Weltkrieges und des Nationalsozialismus, auf den die sowjetische Besatzung folgte. Ebenso wie Berlin war Wien jahrelang eine geteilte Stadt, aufgeteilt zwischen den Siegermächten. Während des Kalten Krieges hat es sich, angesichts der unmittelbar vor der eigenen Grenze lauernden kommunistischen Bedrohung, für eine komplizierte Form der Neutralität entschieden. Der Zusammenbruch der UdSSR und der Aufbau der Eurozone haben Österreich zu einer neuen Rolle und zu neuen Möglichkeiten verholfen. Das Land ist wieder zu einem wichtigen Wirtschaftspartner für die Staaten des ehemaligen Ostblocks geworden, denselben, die einst, wie etwa die Balkanstaaten, vom Kaiserreich Österreich-Ungarn abhängig waren. Wien hat es darüber hinaus verstanden, auch im Nahen und Mittleren Osten, insbesondere unter den großen Erdölexporteuren, Dialogpartner zu finden, die in den siebziger Jahren hier ihre Niederlassungen gegründet haben.

Ich kenne diese Stadt gut. Nicht nur, weil ich mit meiner Familie oft herkam, um Tante Berta zu besuchen, sondern auch, weil mein Bruder Winfried als junger Mann den Entschluss fasste, hierher an die Universität zu gehen und seine Karriere als Architekt sowie Jazzmusiker voranzutreiben.

Bei meinem ersten Besuch bei Tante Berta war ich vier Jahre alt. Ich kann mich noch an viele ihrer vollkommen unzeitgemäßen Ratschläge erinnern, die fast immer mit dem Thema Ehe zu tun hatten. Sie hoffte, mich auf diese Weise von meiner schlechten Angewohnheit, an den Fingernägeln zu kauen, abbringen zu können. »Wenn du so weitermachst, wirst du nie einen Mann finden«, ermahnte sie mich. Die schreckliche Drohung zeitigte nicht die gewünschte Wirkung. »Das bedeutet nur, dass ich Handschuhe tragen werde«, erwiderte ich. Doch sie ließ nie davon ab, mir ihre Ratschläge zu erteilen. »Man muss heiraten«, beharrte sie. »Immer noch

besser, man ist geschieden, als dass man nie verheiratet war.«
Zu guter Letzt habe ich tatsächlich geheiratet, liebe Tante,
und ich kaue schon seit langem nicht mehr auf den Nägeln.
Du hast gewonnen.

Familienerinnerungen, Fragmente einer Zeit, in der ich mir
nie hätte träumen lassen, mich eines Tages auf die Suche
nach der Vergangenheit zu begeben.

Einmal kam ich auch aus beruflichen Gründen nach Wien.
Es war 1988, ein sehr bedeutsames Jahr: der fünfzigste Jahrestag des Anschlusses von Österreich an das nationalsozialistische Deutschland. Ich verbrachte damals eine Woche in
der Hauptstadt, es war mein erster Auftrag als Auslandskorrespondentin für die Nachrichtensendung Tg2. Damals
wurde die Waldheim-Affäre, die zwei Jahre zuvor für Aufsehen gesorgt hatte, erneut heftig in den Medien diskutiert.
Im März 1986 war Kurt Waldheim, der damals bereits das
zweite Mandat als Generalsekretär der UNO innehatte und
außerdem für das Präsidentenamt der Republik Österreich
kandidierte, in einer Ausgabe der Wochenzeitschrift »Profil« bezichtigt worden, überzeugter Nationalsozialist zu
sein. Es gab nicht nur Beweise für seine Zugehörigkeit zu
Organisationen des NS-Regimes, sondern er hatte darüber
hinaus auch unter dem Befehl des Kriegsverbrechers Alexander Löhr in Griechenland gedient. Waldheim beteuerte
seine Unschuld. Am Ende wurde durch eine Historikerkommission bestätigt, dass er nicht an den Massakern teilgenommen hatte. Aber er muss gewusst haben, was wenige
Meter von seinem Regiment entfernt geschehen war. Er
wurde dennoch zum Präsidenten gewählt, was für enorme
außenpolitische Spannungen in der halben Welt sorgte. Als
ich im März 1988 nach Wien kam, hatte der Jahrestag die
Debatten erneut angefacht, aus allen Teilen der Erde war die
Presse zusammengeströmt, um Österreich und seinen unmöglichen Präsidenten ins Visier zu nehmen. Waldheim

hielt der Prüfung stand, er sollte erst 1992 abdanken. Doch der Skandal hatte dem Land ins Gedächtnis gerufen, dass sich die Vergangenheit nicht so rasch verdrängen lässt.

In jener Woche hatte ich einmal mehr Gelegenheit, gründlich über diese Themen nachzudenken. Man hört oft, dass die Österreicher dafür bekannt seien, Beethoven zum Österreicher und Hitler zum Deutschen gemacht zu haben. Der Anschluss wurde lange Zeit als ausländische Besatzung dargestellt, dabei ist er von weiten Teilen des Volkes, von Intellektuellen und Politikern begrüßt worden. Genau wie in Italien, wo Mussolini Millionen begeisterter Befürworter hatte, die nach der Kriegsniederlage mit einem Mal verschwunden waren und ein scheinbar ausschließlich von erbitterten Regimegegnern bevölkertes Land zurückließen. Oder wie in meiner Heimat Südtirol, wo die Zustimmung zum Nationalsozialismus schleunigst als Verteidigung des Deutschtums und zwingende Folge der jahrelangen faschistischen Unterdrückung abgetan wurde. Mein damaliger Wien-Aufenthalt rief mir einmal mehr eine schlichte Wahrheit ins Gedächtnis: Die Vergangenheit bleibt bestehen, aber die Erinnerung reicht meist nicht weit genug zurück.

In besagtem Jahr 1988 führte ich ein Interview mit einem Mann, der die Vergangenheit glasklar im Blick hatte. Für ihn gab es Fakten, und sie kamen einer Verdammung gleich. Die Kategorien »richtig« und »falsch« waren ein sicherer Wegweiser für die unerbittliche Arbeit in der Gegenwart. Er war der Nazi-Jäger Simon Wiesenthal. Das von ihm gegründete Forschungszentrum in Wien hat die Arbeit nach seinem Tod 2005 fortgesetzt. Wie alle großen Persönlichkeiten geriet auch er in die Kritik, aber ich erinnere mich an unser langes Treffen als an ein großes berufliches wie menschliches Abenteuer. Diesem Mann, dessen persönliche Geschichte allein schon Zeugnis von der Tragödie des Holocausts gibt, war mit seinen bereits achtzig Jahren unglaublich klarsichtig. Sein Unterfangen, die NS-Verbrecher, die den Nürnberger Prozessen entkommen waren, zur Rechenschaft zu ziehen, hatte geradezu biblische Ausmaße. Im Jahr 1988 prangerten einige jüdisch-amerikanische Organisationen an, Wiesenthal habe hinsichtlich der Vergangenheit Waldheims, sei es aus Einverständnis oder aus Unfähigkeit, nicht hinreichend gründliche Recherchen angestellt. In einem Brief an die »New York Times« vom 8. Mai desselben Jahres verteidigte er sich mit dem Hinweis, nicht genügend Informationen aus dem Berliner Archiv erhalten zu haben. Die Debatte tobte ziemlich lange. Doch Simon Wiesenthal wird stets ein unauslöschliches Symbol für die Beharrlichkeit im Umgang mit der Vergangenheit und die Pflicht zur Erinnerung bleiben.

Im Gegensatz dazu ließ mich das Geburtshaus von Hitler in Braunau am Inn ziemlich unbeeindruckt. Es ist ein dreigeschossiger, gelb getünchter nichtssagender Bau in einer ruhigen Seitenstraße. Der Ort ist lediglich durch einen Gedenkstein aus grauem Granit gekennzeichnet. Dieser Stein, den man zu Hitlers hundertstem Geburtstag hier aufstellte, stammt aus dem Vernichtungslager Mauthausen. Die Inschrift lautet: »Für Frieden, Freiheit und Demokratie. Nie wieder Faschismus. Millionen Tote mahnen.« Während ich vor der Fernsehkamera stand, dachte ich daran, dass hinter meinem Rücken einer der grausamsten Mörder der Geschichte das Licht der Welt erblickt hatte, und die »Banalität des Bösen«, wie Hannah Arendt sie definiert hat, traf mich wie ein Schlag ins Gesicht.

14

Hella, die Rebellin

Die Nacht ist hereingebrochen, und Hella dringt die Kälte allmählich in die Knochen. Die Kirchturmuhr des kleinen, verschlafenen Dörfchens Margreid hat vor kurzem sechs Uhr geschlagen. In der Ferne hört man das Gebell der Hunde von Straße zu Straße, von Haus zu Haus. Der Winter 1937 ist zeitig gekommen, es ist erst Ende November, doch kaum jemand wagt sich nach draußen, um der Kälte zu trotzen.

Hella steht reglos im Schutz einer dunklen Sackgasse zwischen zwei Gebäuden. Sie hat ein gutes Stück Fußmarsch hinter sich, wobei sie die Hauptstraße gemieden hat, und nun sind ihre Wangen gerötet. Der ungeduldige, fast fiebernde Blick ihrer braunen Augen ist bereits seit einigen Minuten auf das niedrige Haus gegenüber geheftet. Die beiden Fenster im Erdgeschoss sind von einem schwachen Schimmer erleuchtet. Ein fast unmerkliches Geräusch lässt ihren Kopf herumschnellen. Sie späht in die Finsternis. Ihr Herz beginnt heftiger zu schlagen: Ein kleiner roter Punkt glimmt, kaum wahrnehmbar, in der Dunkelheit. Es ist die Glut einer Zigarette. Dort hinten, versteckt in einem Torbogen, steht jemand – ebenso wie sie.

Sie hört das Schnappen eines Riegels. Jemand hat eines der Fenster des Hauses geöffnet und lehnt sich hinaus, um die hölzernen Läden zu schließen. Kurz darauf das zweite Fenster. Es ist das Zeichen, auf das Hella gewartet hat, sie muss sich rasch entscheiden. Erneut wirft sie einen Blick die Straße hinab in die undurchdringliche Nacht. Das rote Pünktchen ist verschwunden und, wie es scheint, auch der einsame

Raucher. War es vielleicht nur ein Passant? Oder am Ende doch einer der Männer, die sie beschatten?

Seit Hella Ende 1936 aus Nürnberg zurückgekehrt ist, widmet sie sich mit Leib und Seele dem antifaschistischen Widerstand. Sie unterrichtet in den Katakombenschulen und ist auch an deren Organisation beteiligt: an der Suche nach für den Unterricht geeigneten, sicheren Häusern, an der Ausbildung der Lehrer und dem Schmuggel von Lehrmaterial aus Österreich und Deutschland. Sie ist Mitglied des VKS, und bei Versammlungen ergreift sie oft und gern das Wort. Sie verbreitet Propaganda, und wo sie nur kann, ruft sie ihre Mitbürger dazu auf, sich gegen die Kolonialisierung aufzulehnen, an ihrer Sprache festzuhalten, italienische Waren und Betriebe zu boykottieren. Sie erzählt ihnen von Hitler, spricht von dem Tag, an dem der Führer sie aus dem Joch italienischer Fremdherrschaft befreien wird. Sie zeigt die Erfolge des Regimes in Deutschland auf und ermahnt alle, nicht die Hoffnung zu verlieren.

Hellas hohe Gestalt, die mit raschem Schritt voranschreitet, auf dem Fahrrad oder dem Rücksitz des Motorrollers eines Freundes vorbeisaust, ist mittlerweile jedem im Tal vertraut. Leider auch den Faschisten. Aber unter dem Vorwand, eines der zahllosen Familienmitglieder, einen Bekannten oder Halbpächter zu besuchen, wird sie nicht müde, ein Dorf nach dem anderen aufzusuchen.

Hella ist durchgefroren, sie spürt die eiskalten Füße in den festen Schuhen. Die Zeit drängt, sie muss eine Entscheidung fällen. Entweder sie kehrt zurück zu ihrem Fahrrad, das sie am Bahnhof von Neumarkt stehengelassen hat, oder sie klopft an diese Tür und nimmt am Herdfeuer in der Küche von Emils Frau Mathilde Platz. Erneut lässt sie den Blick durch die Dunkelheit schweifen. Es ist zwecklos, man kann nichts erkennen. Die Straße wirkt verlassen. Sie muss an die Regeln denken, die man ihr bei der Unterweisung in die heimlichen Aktivitäten eingeschärft hat: immer mit dem Schlimmsten rechnen und blitzschnell reagieren. Was sie betrifft, ist das Schlimmste bereits eingetroffen. Die Faschisten wissen über ihre Tätigkeit genauestens Bescheid. Sie sehen in ihr ein subversives Element, eine Aktivistin, die es im Auge zu behalten und möglicherweise gar zum Schweigen zu bringen gilt. Bisher beschränken sie sich darauf, sie zu beschatten. Hella hat ihr Möglichstes getan, um unbemerkt nach Margreid zu gelangen.

Sie fasst einen Entschluss. Mit drei langen Schritten erreicht sie Emils Haus und klopft leise an. Die Tür wird einen Spaltbreit geöffnet, ein schmaler Lichtstrahl zerteilt die Nacht. Bevor sie in die Wärme der Eingangshalle tritt, sieht sie sich ein letztes Mal um. Ist der kleine rote Punkt wirklich verschwunden, oder spielen ihr die müden Augen nur einen üblen Streich? Die Tür schließt sich hinter ihr. Die Pendeluhr an der Wand zeigt fünf vor halb sieben.

»Servus Emil, alles in Ordnung?«, sagt sie zur Begrüßung, während sie ihren Mantel auszieht und an einen Haken an der Wand hängt. Sie bemüht sich, einen ruhigen, herzlichen Ton anzuschlagen.

»Denke schon«, erwidert er. »Meine Frau ist oben und bringt die Kinder zu Bett.«

»Darf ich in die Küche?« Hella stampft mit den Füßen, um sie aufzuwärmen: »Ich bin halb erfroren.«

»Magst du einen heißen Tee?« Emil ist ihr in die Küche gefolgt. »Du wirkst besorgt.«

»Ich fürchte, das Haus wird bewacht«, erwidert sie. »Hast du in den letzten Tagen etwas Ungewöhnliches bemerkt? Irgendwelche verdächtigen Gesichter?«

Emil denkt nach. Er ist Weinhändler in Margreid und VKS-Kreisleiter für das Südtiroler Unterland. Er und Hella arbeiten seit langem zusammen, um das Propagandanetz und die Geheimschulen weiter auszubauen und zu stärken.

Bevor er antworten kann, wird das Gespräch durch ein dumpfes Klopfen an der Haustür unterbrochen. Emil geht, um zu öffnen, während Hella an dem Holztisch Platz nimmt. Im Obergeschoss hört sie die Schritte der Kinder, die von der Mutter zu Bett gebracht werden. Diese heile Familie läuft Gefahr, um der Sache willen ernsthaft Schwierigkeiten zu bekommen. Es wäre ein Jammer, aber es gibt keinen anderen Weg.

Der Mann kehrt, gefolgt von drei jungen Frauen, in die Küche zurück.

»Ich habe ihnen gesagt, sie sollen einzeln kommen«, bemerkt er erbost, »aber sie sind sich auf der Straße begegnet und das letzte Stück zusammen gegangen.«

Hella seufzt. Jetzt haben sie die Bescherung. Wenn die Polizei das Haus tatsächlich überwacht, wird sie nun mit Sicherheit verdächtige Machenschaften verzeichnen. Kein Wunder, bei drei Personen, die sich gemeinsam um diese abendliche Stunde heimlich einem Haus von »Deutschen« nähern. Sie zuckt die Schultern, es ist schließlich nicht das erste Mal, dass sie Gefahr läuft, denunziert zu werden, und bisher hat sie immer Glück gehabt. Sie hofft, auch diesmal davonzukommen, obwohl sie den Eindruck hat, dass unter ihren Leuten jemand nicht mehr vertrauenswürdig ist.

»Guten Abend«, beginnt sie und streckt den jungen Frauen die Hand entgegen. »Ich bin Hella, eine Freundin von Emil und seiner Frau.«

Die Neuankömmlinge stellen sich vor und setzen sich zu ihr. Aus ihren Gesichtern spricht Neugierde, gepaart mit Misstrauen. Hella weiß, dass Emil ihnen nur das Allernotwendigste erzählt hat, um sie zu diesem Treffen zu bewegen, und dabei auf seinen Ruf als rechtschaffener Mann, guter Nachbar und Deutscher gesetzt hat. Den Großteil der Arbeit hat er ihr überlassen. Denn darin ist sie ihm überlegen. Der Hausherr ist stehengeblieben. Er deutet ein Zeichen mit dem Kopf an und sagt: »Entschuldigt mich, ich verschwinde einen Augenblick.« Ein Kontrollgang: Hella nickt, und während sich die Tür schließt, beginnt sie zu sprechen. Sie hat diese Rede bereits mehrfach gehalten, seit Monaten organisiert sie Treffen mit Frauen aus den umliegenden Dörfern, um sie zu informieren und zu mobilisieren. Eine Frau ist so viel wert wie vier Männer: Sie ist das Herz der Familie, sie steht im Mittelpunkt eines sozialen Beziehungsgeflechts und fällt meist weniger auf, da ihre Aktivitäten harmloser wirken. Jede für die Sache gewonnene Frau ist kostbar. Hella hat ihre Tätigkeit nun bis nach Margreid ausgedehnt, die südlichste Gemeinde des in ihrem Verantwortungsbereich liegenden Gebiets. Trient, mit seinem faschistischen Verwaltungsapparat, ist gerade einmal fünfundzwanzig Kilometer entfernt. Dort lauert die Gefahr.

»Danke, dass ihr gekommen seid«, setzt Hella erneut an.

»Ich kann nicht lange bleiben«, unterbricht sie die Jüngste der drei. Sie heißt Paula und ist sichtlich nervös. »Meine Mutter erwartet mich daheim.«

»Verstehe. Sei unbesorgt, wir brauchen nicht lange. Emil sagt, dass ihr daheim Deutsch sprecht, gell?«

»Ja«, erwidern sie. Die junge Frau, die sich als Maria vorgestellt hat, fügt hinzu: »Es ist die Sprache unserer Väter, es ist unsere Sprache.«

Hella lächelt. Maria hat bereits begriffen, sie wird ihr helfen, die beiden anderen zu überzeugen.

»Die Italiener lassen nichts unversucht, sie uns zu nehmen, aber wir setzen uns zur Wehr«, sagt sie entschlossen. »Ihr wisst, was in Deutschland geschieht, oder?«

Das ist immer ein heikler Augenblick, oft verstehen ihre Gesprächspartnerinnen kaum etwas von Politik. Manchen lässt sich der Zusammenhang zwischen Alltagsleben und dem großen Weltgeschehen nur schwer begreiflich machen. Doch gerade darin ist Hella inzwischen Meisterin. Im Obergeschoss ist Ruhe eingekehrt. Emils Kinder sind eingeschlafen, und seine Frau Mathilde wartet darauf, dass die geheimnisvollen Gäste verschwinden, um herunterkommen zu können. Ihr Mann hat ihr ans Herz gelegt, sich nicht einzumischen. »Je weniger du siehst, desto besser für alle.« Die Wanduhr in der Küche schlägt langsam und gleichmäßig sieben Mal hintereinander.

»Seit Hitler in Deutschland die Macht ergriffen hat, wächst die Wirtschaft wieder«, erklärt Hella. »Jetzt haben alle Arbeit, und das Land blüht auf.«

An den Gesichtern der Anwesenden erkennt sie, dass ihr Argument Wirkung zeigt. Alle träumen davon, sich aus der wirtschaftlichen Not zu befreien.

»Mit Unterstützung des Führers können wir uns retten«, insistiert sie. »Wir können darauf hinwirken, dass auch Südtirol Teil des Großdeutschen Reiches wird. Dann werden wir endlich wieder unsere eigenen Herren sein! Der erste Schritt dahin ist, den Italienern das Leben zu erschweren.«

»Aber wie?«

»Indem wir ihre Waren boykottieren. Indem wir verhindern, dass sie in unseren Betrieben arbeiten. Indem wir uns zusammenschließen, um unsere Kultur lebendig zu erhalten, und indem wir unseren kleinen Kindern Deutsch beibringen.«

»Und wenn uns die Faschisten entdecken?«, fragt die Zurückhaltendste von allen, die ebenfalls Maria heißt. »Ich habe zwei Kinder und will sie nicht in Gefahr bringen.«

»Deine Kinder laufen bereits Gefahr«, entgegnet Hella, die diese Art von Einwand allzu gut kennt. »Nämlich die, aufzuwachsen, ohne zu wissen, wer sie sind. Als Sklaven einer fremden Macht, die ihnen alles nehmen wird: ihre Sprache, ihren Glauben, ihr Land. Es ist unser aller Aufgabe, zu verteidigen, was uns gehört. Die Mütter, die Frauen Südtirols sind gefragt. Unsere Männer sind es, die uns die Kinder bescheren, doch unsere Aufgabe ist es, sie in Freiheit großzuziehen!«

Die drei sind sichtlich beeindruckt. Sie haben ihren Stolz, und diese Rede hat sie tief berührt. Sie nicken zustimmend. Doch plötzlich wird die Stille durch eine Frauenstimme auf der Straße zerrissen.

»Paula, Paula«, hört man es rufen. »Komm heraus!«

Hella springt als Erste auf. Sie hat die Situation erfasst, noch ehe Paula den Mund aufmachen kann.

»Das ist meine Mutter!«, stottert die junge Frau. Alle haben sich erhoben. Der Zauber ist gebrochen. Auf den Gesichtern zeichnet sich Panik ab.

Auch Hella hat Angst, aber sie weiß, dass sie ruhig bleiben muss. Es ist nicht der richtige Augenblick, den Kopf zu verlieren. »Hast du ihr gesagt, dass du *hierher* kommen würdest?« Hella kann ihre Wut nicht verbergen.

»Paula! Komm sofort heraus!«, ruft es erneut.

»Als ich aufgebrochen bin, hat sie mich gefragt, wo ich hingehe. Ich konnte sie nicht anlügen!« Paula wirft sich den Schal um die Schultern und schaut verlegen zu Boden. Emil hatte klare Anweisungen gegeben: Niemand durfte von diesem Besuch erfahren. Sie ist froh, wenn sie endlich verschwinden kann, am liebsten wäre sie nie gekommen. Bevor sie hinausgeht, wendet sie sich noch einmal mit feuchten Augen um: »Danke«, flüstert sie.

»Danke für was?«, fragt Hella trocken. Der Widerstand ist weder ein Zeitvertreib noch eine Wohltätigkeitsveranstaltung. Mit Dankbarkeit wissen die Kämpfer nichts anzufangen: Was zählt, sind Ergebnisse. Wenn die Leute nicht selbst den Mut aufbringen, sich für den Kampf zu engagieren, kann ihnen das niemand abnehmen.

Auch die beiden anderen Frauen sind in ihre Mäntel geschlüpft. Sie verabschieden sich mit einem Kopfnicken. Hella bleibt allein in der Küche zurück. Ihr erster Versuch in Margreid ist ein totales Fiasko. Falsche Kontakte, schlechte Vorgehensweise. Vielleicht war sie zu leichtsinnig, sie hätte das Treffen sorgfältiger vorbereiten sollen.

Die Eingangstür öffnet sich erneut, und Emil tritt keuchend ein. »Ich habe Paulas Mutter kommen sehen, aber es ist mir nicht gelungen, sie aufzuhalten. Tut mir leid! Was sollen wir nun tun?«

Hella würde ihre Wut gern auch an ihm auslassen, Kriege gewinnt man nicht, indem man mit Entschuldigungen um sich wirft. Aber Emil ist ein guter Kamerad, und so versucht sie, versöhnlich zu bleiben. »Mach dir keine Sorgen, die werden uns auch diesmal nicht erwischen. Ist die Straße frei?«

»Ein Nachbar hat mich gewarnt, er habe zwei als Straßenwärter gekleidete Unbekannte Wache stehen sehen.«

»Jemand muss geredet haben. Bestimmt eines der drei Mädel, allerdings wohl nicht bloß mit der Mutter«, schließt Hella. Sie muss so schnell wie möglich verschwinden, doch zu Fuß zurückzukehren ist zu riskant. Die Polizei wird zwar wegen einer Versammlung von Frauen kaum allzu große Anstrengungen unternehmen, aber zwei Beamte genügen, um ihr den Weg abzuschneiden. Wenn sie sie schon verhaften, dann wenigstens vor den Augen aller und auf ihrem Boden.

»Du musst mir helfen«, sagt sie zu Emil.

»Was kann ich für dich tun?«

»Hol das Fahrrad in den Hof. Ich fahre bei dir mit.«

Hella deutet auf die kleine Glastür, die hinter das Haus führt.

Sie treten hinaus in die kalte Nacht. Ein eisiger Wind hat sich erhoben, und Hella zieht die Mütze tief ins Gesicht. Emil schwingt sich auf das große schwarze Fahrrad, und Hella setzt sich auf die Stange.

»Auf geht's!«, befiehlt sie mit leiser Stimme. »Bring mich zum Bahnhof von Neumarkt. Beeile dich, aber gib acht, dass du nicht stürzt. Ich fürchte, die Straßen sind bereits vereist.«

Emil setzt sich, ohne zu zögern, in Bewegung. Während er in die Pedale tritt, spürt er die Blicke der Nachbarn auf sich, die hinter den Fensterläden hervorspähen.

»Sie werden mich ausfragen«, sagt er, mehr zu sich selbst als zu Hella. Wie alle Widerstandskämpfer ist er auf solche Eventualitäten gefasst. Aber die Angst schlägt ihm auf den Magen.

»Lass uns unterwegs überlegen, was wir den Polizisten sagen wollen«, schlägt Hella pragmatisch vor. Ihre Stimme ist schneidender als der Wind, der ihnen um die Ohren saust, während sie im Nebel dieser Novembernacht verschwinden.

In einem Bericht der Präfektur Trient vom August 1938 lese ich:

Die Durchsicht der an die Mutter der Besagten gerichteten Korrespondenz aus dem Ausland [...] hat ergeben, dass die junge Rizzolli von einigen in die Mark Österreich geflüchteten Elementen der Gegend als Heldin betrachtet wurde, und dass diese Elemente es bedauerten, sie insbesondere im Hinblick auf die Propagandaarbeit bei jungen Müttern und Heranwachsenden nicht ersetzen zu können! Bevor Rizzolli sich der gegen Italien gerichteten Propaganda zu widmen begann, hielt sie sich längere Zeit im Ausland auf, besuchte Innsbruck, München, Wien und Graz, wo sie Verbindungen zu anti-italienisch gesinnten Elementen aufnahm, die insbesondere an einem Anheizen des Problems der deutschen Minderheiten in der Provinz Bozen und den mehrsprachigen Gebieten derselben Provinz interessiert waren. Auf einer Versammlung in Innsbruck schwor sie schließlich dem Kampf um Unabhängigkeit die Treue.

Mag sein, dass die Faschisten übertrieben haben, aber die Bezeichnung »Heldin« besagt doch einiges. Offenbar spielte Hella Ende der dreißiger Jahre eine entscheidende Rolle an der heißen Front von Südtirol. Aus den Briefen, amtlichen Dokumenten und allem, was ihr in den folgenden Monaten widerfahren sollte, geht deutlich hervor, dass diese intelligente und entschlossene junge Frau bereits 1937 ziemlich stark in den Nationalsozialismus verstrickt war.

Während ich mich frage, ob ihr nicht jemand die Augen hätte öffnen können, kommt mir jener viele Jahre zurückliegende Tag in Erinnerung, an dem ich ein Interview mit Friedl Volgger geführt habe. Als einer der bedeutendsten Intellektuellen und Politiker Südtirols war er bereit, für seine Überzeugungen zu kämpfen und zu leiden. Er gehörte zu dem Kreis um den Kanonikus Michael Gamper und war ein großer Gegner des Faschismus, unter dem er entsprechend verfolgt wurde. Doch ebenso wie Gamper distanzierte Volgger sich 1936 vom Nationalsozialismus und stemmte sich gegen die Option von 1939. So wurde er schließlich im Konzentrationslager Dachau interniert, wo er gut zwei Jahre aushalten musste, von 1943 bis zur Befreiung durch die Amerikaner 1945. Nach den Faschisten und Nationalsozialisten wurde er schließlich in den sechziger Jahren, während der Zeit des Südtiroler Terrorismus, auch von den Italienern für einige Monate ins Gefängnis gesteckt.

Als ich ihn Anfang der achtziger Jahre im Presseclub Bozen für das Fernsehen interviewte, war er sowohl im politischen als auch im kulturellen Leben noch sehr aktiv. Er hatte als Chefredakteur der Tageszeitung »Dolomiten« gearbeitet und war verantwortlich für den politischen Teil des »Volksboten«, des Organs der unmittelbar nach dem Krieg gegründeten Südtiroler Volkspartei, SVP, die ein Sammelbecken aller sozialen Schichten war. Darüber hinaus war er Abgeordneter im italienischen Parlament und Vorsitzender

der SVP gewesen, die er während der 1960 und 1961 in der Generalversammlung der UNO geführten Debatten um Südtirol vertreten hatte. Schon damals interessierte mich der grundlegende Wandel seiner politischen Überzeugungen: Im Laufe des Jahres 1936 war Volgger von einem aktiven Befürworter des Reiches zu einem überzeugten Gegner des Nationalsozialismus geworden. Was war geschehen? Eine Radtour, lautete die Antwort, die sich auch in seinem Buch *Mit Südtirol am Scheideweg* findet. Im Jahr 1936 hatte er gemeinsam mit zwei befreundeten Studenten aus dem Seminar in Brixen eine Fahrradtour durch Süddeutschland unternommen. Sie waren über München bis Lindau und wieder zurück gefahren und hatten dabei meist in katholischen Herbergen und Klöstern übernachtet. Volgger schreibt dazu: »Trotz unserer Unerfahrenheit fiel uns sofort die gedrückte Stimmung in diesen Häusern auf. Auf unsere Fragen über die Zustände im Dritten Reich verhielt man sich aber sehr wortkarg. Erst als wir ein Empfehlungsschreiben vom Regens des Priesterseminars in Freising-München ergatterten, […] tauten unsere Gesprächspartner auf. Und unser Bild vom Nationalsozialismus wandelte sich gründlich. Um es kurz zu machen: Meine Mutter sagte später immer: ›Der Friedl ist früher ein großer Hitler gewesen. Aber als er von Deutschland zurückkam, wollte er von Hitler nichts mehr wissen.‹[8]«

Ebenso wie Gamper ist er in der Lage gewesen zu erkennen, was im Dritten Reich vor sich ging. Aber warum nur sind so viele Südtiroler taub und blind gegenüber der Realität geblieben?, fragte ich ihn. Wie haben sie nichts von der Judenverfolgung wissen können, davon, dass der Nationalsozialismus eine grausame Diktatur war und dass sich niemand für Südtirol interessierte, außer als eine Tauschware? Er schüttelte den Kopf. Die Augen hinter den großen, eckigen Brillengläsern schauten wach und verständnisvoll, es war der Blick eines Menschen, der viel gesehen, gelitten, begriffen und verziehen hat. »Ich sage Ihnen, man konnte es wissen«, erwiderte er. Es gab keinen solchen Informationsfluss wie heutzutage, erklärte er weiter, und wenn er nicht das Glück gehabt hätte, jene Reise nach Deutschland zu unternehmen, hätte er vermutlich nie wirklich begriffen, was dort vor sich ging. In seinem Buch heißt es dazu: »Wie oft wünschte ich im Jahre 1939, daß noch mehr Südtiroler Gelegenheit gehabt hätten, das Reich der Nazis an Ort und Stelle kennenzulernen. Wieder zu Hause, strengten wir Theologen uns sehr an, den zunehmenden Einfluß des Nationalsozialismus im VKS einzudämmen.«[9] Schließlich wurde Volgger wegen seiner politischen Aktivitäten aus dem Priesterseminar in Brixen hinausgeworfen, wo Bischof Johannes Geisler und Generalvikar Alois Pompanin Deutschland nahestanden und zum Kompromiss mit dem Nationalsozialismus bereit waren. So war Brixen 1937 die einzige Diözese, in der die bekannte, vorsichtig vor dem Hitler-Regime warnende päpstliche Enzyklika *Mit brennender Sorge* den Gläubigen nicht öffentlich vorgetragen wurde.

Heute, da ich entdeckt habe, dass meine Großtante unter anderem eine Anhängerin des Nationalsozialismus war, ist die Erinnerung an Volggers Worte wenig tröstlich. Hella unternahm nicht nur eine Reise nach Deutschland: Sie hat in München gelebt, hat Nürnberg besucht und Hitler aus nächster Nähe gesehen. Wenn jemand die Realität des Nationalsozialismus hautnah erleben konnte, dann sie. Aber sie wollte nicht begreifen. Im Gegenteil: Wie so viele andere ließ sie sich von der Ideologie, vom Führerkult und von der Illusion hinreißen, dass uneingeschränkte Macht für eine gerechte Sache verwendet werden könnte.

Sie sollte für ihre Irrtümer teuer bezahlen.

Der Dreikönigstag 1938 ist vorüber, aber noch schwingt die festliche Weihnachtsstimmung in dem großen Haus in Pinzon nach. Rosa mag das Fest der Liebe und der Hoffnung sehr, und sie hat darauf bestanden, es mit demselben Aufwand wie immer zu feiern, auch wenn die Familie in diesem Jahr über halb Europa verstreut ist. An Heiligabend hat sie ihre ältesten Angestellten, die Brüder Waresk, zum Essen eingeladen. Alle drei haben die sechzig bereits überschritten, aber im hellen Schein des Christbaums waren sie fröhlich wie die Kinder. Man sprach über die guten alten Zeiten, nicht ohne ein paar Tränen zu vergießen. Rosa hat die große Entfernung zu ihren Töchtern und Enkeln bedauert. Berta ist in Wien, Mariedl und Gusti sind in Graz, Elsa ist am 24. mit der Familie ihres Ehemanns Franz in Neumarkt geblieben und am Weihnachtstag mit den Kindern auf einen Nachmittag mit Kuchen und Glühwein gekommen. Gemeinsam mit Hella und Josef haben sie gesungen und gespielt, haben für alle, die nicht dabei waren, und auch für die Verstorbenen gebetet. An jenem Weihnachtsmorgen haben sich Rosas und Jakobs Blicke getroffen, und er hat ihr einen raschen Kuss zugeworfen, wie in den ersten Jahren ihrer Ehe, als das Leben noch so viel einfacher schien.

Nach Jahresende haben sich alle ein paar Tage in Fennberg gegönnt. Nun ist der 8. Januar, und Rosa schickt sich an, die kleinen Ruhepausen der Feiertage hinter sich zu lassen und erneut die unzähligen Arbeiten in Haus und Hof in Angriff zu nehmen. Es ist acht Uhr früh, und sie ist soeben von der Messe heimgekehrt.

Es klopft laut an der Tür.

Aus der Stube hört Rosa die Tür aufgehen und die Schritte schwerer Stiefel. Rasch eilt sie herbei. Der vom Alter getrübte Blick ihrer blauen Augen kreuzt den eines Carabinieri-Offiziers, der in Begleitung seiner Leute erschienen ist.

»Signora, ich habe den amtlichen Befehl, dieses Haus zu

durchsuchen«, verkündet der Mann ohne Umschweife und ohne ein Wort der Begrüßung.

Rosa erstarrt. Es ist das erste Mal, dass sich jemand in diesem Ton an sie wendet, noch dazu in ihrem Haus. Niemand hat sich bisher herausgenommen, ihr unter ihrem eigenen Dach Befehle zu erteilen. Aufgeschreckt durch den gebieterischen Ton, kommt Jakob eilig hinzu.

»Was geht hier vor?«, wendet er sich auf Italienisch an den Mann in Uniform, wobei er sich schützend neben seine Frau stellt.

»Sind Sie Giacomo Rizzolli?«, blafft ihn der Ordnungshüter statt einer Antwort an.

Als Jakob hört, wie er seinen Namen verunstaltet, spürt er Wut in sich aufsteigen. Am liebsten würde er diese anmaßenden Kerle am Kragen packen und hinausschmeißen. Giacomo Rizzolli, unerhört! Doch dann wirft er seiner Frau einen Blick zu, und zum ersten Mal in seinem Leben sieht er Angst in ihren Augen. Rosa, die nicht geweint hat, als er in den Krieg gezogen ist, die monatelang bewaffnete Offiziere beherbergt hat, die tagtäglich der Krise und ihren Schwierigkeiten trotzt – seine mutige Rosa steht nun reglos inmitten der Scherben ihrer zerbrochenen Weihnachtsfreuden, als habe Gott sie mit einem Mal verlassen.

»Ja, der bin ich«, erwidert Jakob ruhig und schluckt seinen Zorn hinunter.

Der Carabiniere schwenkt ein Dokument und sagt kurz angebunden: »Wir haben den Befehl zu prüfen, ob in diesem Haus Waffen oder subversive Materialien versteckt sind.«

Von der Treppe ertönt eine klare, kräftige und herausfordernde Stimme.

»Seid ihr auf der Suche nach mir?«

Hella tritt neben die Mutter. Und Rosa, die nun zwischen ihrem Mann und ihrer Tochter steht, scheint endlich die Fassung zurückzugewinnen.

Der Carabiniere fragt mit einer Stimme, die so ausdruckslos ist, als würde er ein Formular ausfüllen: »Sie sind Elena Rizzolli?«

»Warum vergeudet ihr eure Zeit damit, mich auszufragen? Ihr wisst genau, wer ich bin. Seit Monaten beschattet ihr mich!«

Rosa blickt stolz auf ihre Tochter. Ihre Kleine bietet diesen Schergen des faschistischen Regimes die Stirn. Sie provoziert sie regelrecht. Sie würde ihr gern raten, versöhnlicher zu sein, diese Leute können sie vernichten. Sie beschränkt sich darauf, ihr eine Hand auf den Arm zu legen, gleichsam um sie zur Besonnenheit zu ermahnen.

»Los!«, befiehlt der Chef vier von seinen Leuten, die sogleich beginnen, die Schränke und großen Holztruhen in der Eingangshalle aufzureißen. Brutal schmeißen sie den Inhalt zu Boden, kümmern sich nicht um den angerichteten Schaden. Hella legt ihrer Mutter einen Arm um die Taille.

»Das sind also die Siege des großen Mussolini«, bemerkt sie verächtlich. »Siege über Frauen, Alte und Wehrlose.«

»So geht der faschistische Staat mit Verrätern um!«, schreit ihr der Mann ins Gesicht. »Mit subversiven Elementen, die sich gegen Italien und die Interessen des eigenen Vaterlandes richten!«

»Ich habe nichts mit jenem Vaterland, von dem ihr sprecht, gemein!« Diesmal ist es Hella, die schreit. Ihr Gesicht ist wutentbrannt. »Ihr seid gekommen und habt mein Land besetzt, ihr habt versucht, mich meiner Kultur zu berauben, und nun dringt ihr in mein Haus ein. Ihr seid die Verräter, die Lumpen!«

Der Carabiniere mustert sie von Kopf bis Fuß. Er hat die Berichte über diese junge Frau gelesen, und ihre kämpferische Haltung überrascht ihn nicht. Allerdings kommt sie ihm nicht so hübsch vor, wie man sie ihm beschrieben hat, wobei diese Augen in der Tat … Aber eine Frau, die so wenig gefügig ist, kann einfach nicht attraktiv sein. Diese Rizzolli spricht mit der Überheblichkeit der Reichen und Mächtigen. Aber wenn sie meint, der Name und das Ansehen ihrer Familie würden genügen, um sie zu retten, irrt sie gewaltig. Diesmal hat sie den Bogen überspannt! Der Carabiniere hört das Gepolter seiner Leute, die im Obergeschoss alles durchwühlen. Dann tauchen sie mit einem alten Revolver und ein paar auf Deutsch verfassten Postkarten in der Hand wieder auf. Ein Blick genügt ihm, um zu erkennen, dass nichts Interessantes dabei ist.

Hella beobachtet sie mit gleichgültiger Miene. Die Propagandaschriften, die sie gemeinsam mit ihrem Bruder Josef verfasst hat, sind in der kleinen Kirche auf der anderen Straßenseite versteckt, dort, wo niemals jemand danach suchen würde. Unter den Brettern des Dielenbodens befinden sich auch deutsche Sprachbücher und politische Flugblätter.

»Elena Rizzolli, ich habe einen von der Staatsanwaltschaft Trento unterzeichneten Haftbefehl dabei.« Schadenfroh zieht er seinen Trumpf, das Schreiben aus Trient, schwenkt ein weiteres, mit Stempeln versehenes Dokument. »Ich habe den Befehl, Sie für ein Verhör auf das Kommissariat von Egna zu bringen.«

Bei diesen Worten senkt sich Totenstille herab. Hella spürt, wie ihre Mutter erstarrt und ihrem Vater der Atem stockt. Sie selbst fühlt sich von einem merkwürdigen Gefühl der Erleichterung durchdrungen. Erst jetzt, wo sich plötzlich die Anspannung in ihr löst, wird ihr bewusst, wie stark diese gewesen ist. Ungewissheit und Angst sind mit einem Schlag der Realität gewichen, einer harten, aber greifbaren Realität: ein Verhör auf dem Kommissariat von Neumarkt. Das ist kein namenloser Schrecken, sondern eine Prüfung, die es zu bestehen gilt.

Doch Jakob kann nicht schweigen: »Und wessen ist meine Tochter angeklagt?«, brüllt er.

Der Mann deklamiert zufrieden den Text des Dokumentes. Nun wird offenbar, dass der Abend in Margreid ein Nachspiel hat: »Am 28. November des vergangenen Jahres hat Elena Rizzolli in der Gemeinde von Margrè[10] eine Geheimversammlung mit dem Ziel der Bildung einer subversiven Zelle einberufen, welche gegen die Interessen und die Sicherheit des Staates gerichtet ist.«

»Meine Tochter hat nichts dergleichen getan! Sie kümmert sich um die Kinder aus der Gegend, sie bringt ihnen das Singen bei, das ist alles.«

»Nein, mein Herr, Ihre Tochter ist Teil einer Verschwörung gegen die Integrität des italienischen Staates im Interesse einer ausländischen Macht!«

»Wollen Sie damit sagen, ich sei eine deutsche Spionin?«, mischt sich Hella in sarkastischem Tonfall ein.

Der Carabiniere zögert einen Moment. Ihm ist bewusst, dass er sich auf gefährliches Terrain vorgewagt hat. Das Reich ist ein befreundetes Regime. Ohne sich aus der Ruhe bringen zu lassen, murmelt er: »Darüber können Sie mit dem Staatsanwalt reden. Deutschland ist selbstverständlich ein verbündetes Land und hegt keinerlei Ansprüche auf italienisches Gebiet.«

Hella lächelt verächtlich. »Der Führer ist ein großer Stratege. Er weiß, was er tut. Und seine Anhänger kennen ihre Pflichten. Mein Land ist Deutschland, und ich werde ihm dienen!«

Rosa hat sich inzwischen gefangen. Einen Augenblick lang hatte sie das Gefühl, in Ohnmacht zu fallen, aber bei diesen Worten, die für Hella die sichere Verurteilung bedeuten, zuckt sie zusammen und versucht einzuschreiten.

»Ihr dürft meine Tochter nicht verhaften! Sie hat nichts Böses getan.«

»Darüber wird die Justiz entscheiden«, erwidert der Carabiniere.

»Verunglimpft nicht die Justiz«, fällt Hella ihm ins Wort. »Die wahre Justiz ist die Gewalt, die die Völker erstarken lässt. Aber ihr Italiener wisst nicht einmal, was das ist!«

Rosa begreift, dass alles zu spät ist. Hella wird sich nicht beugen, und die Faschisten werden nicht lockerlassen. Sie umarmt die Tochter, gesteht sich die Niederlage ein: Dieser Mann in Uniform wird sie ihr fortnehmen. So wie ein anderer Mann in Uniform, Hitler, sie auf gefährliche Bahnen gelenkt hat. Sie drückt Hella fest an ihr Herz, sie wird ihre Tochter nicht verloren geben. Und wenn es das Letzte wäre, was ihr zu tun bliebe: Niemals würde sie ihr Kind in den Händen der Faschisten lassen.

Wortlos erwidert Hella die Umarmung der Mutter, dann reicht sie, mit einer seltsam förmlichen Geste, dem Vater die Hand.

»Seid unbesorgt. Wir werden gewinnen«, sagt sie ernst. Mit martialischem Schritt verlässt sie das Haus, schreitet den Schergen voran auf das wartende Auto zu.

15

Die Falle schnappt zu

An einem Tag im August 2012 komme ich nach Castelluccio Inferiore in der Basilikata. Das an einen Berghang geklammerte, kleine Dorf ist in blendendes, gleißendes Sonnenlicht getaucht. Weiter oben unter dem wolkenlosen Himmel liegt ein zweiter Ort, der alles zu bewachen scheint: Castelluccio Superiore. Es ist Mittag, und die Straßen sind menschenleer, die Rollgitter der Geschäfte heruntergelassen und die Fensterläden geschlossen. Mein erster Eindruck ist, dass sich in den vierundsiebzig Jahren, seit Hella hier, tausend Kilometer südlich ihrer Heimat Pinzon, in der Verbannung war, nichts verändert hat.

Als ich aus dem Auto steige, schlägt mir glühend heiße Luft ins Gesicht.

Bei Hellas Ankunft am 19. Mai 1938 herrschten sicherlich mildere Temperaturen. Dennoch muss es für eine so junge Frau, die man zum Höchstmaß von fünf Jahren verurteilt hat, ein schwerer Schock gewesen sein. Vier Tage zuvor, am 15. Mai, hat sie im Gefängnis von Trient ihren zweiundzwanzigsten Geburtstag gefeiert. Und als sie auf dem ein Stück unterhalb der Hauptstraße gelegenen Bahnhof von Castelluccio Inferiore aus dem Zug steigt, muss sie das Gefühl gehabt haben, auf einem anderen Planeten zu landen. Die Beamten, die sie aus Trient begleitet haben, übergeben sie an die Kollegen vor Ort, schärfen ihnen ein, die politische Gefangene im Auge zu behalten, und reisen zurück nach Norden. Hella bleibt allein zurück in diesem ihr gänzlich fremden Landstrich.

Nach der Verhaftung am 8. Januar wird Hella auf der Polizeiwache von Margreid zunächst einem sehr gründlichen Verhör unterzogen. Laut der Protokolle des Brigadiere Filippo Caleca gesteht sie am 9. Januar, »drei oder vier Mal« in dem Haus der Koblers in Margreid gewesen zu sein, ohne jedoch zu erläutern, wann und weshalb. Sie hütet sich, Daten oder Namen zu nennen. Sie weiß, dass sie die Ermittler um jeden Preis daran hindern muss, handfeste Tatsachen nachzuweisen. Diese wollen sie dazu bringen, gegen Italien gerichtete Aktivitäten zu gestehen, und beweisen, dass sie am 28. November versucht hat, Frauen vor Ort für die Bildung einer subversiven Zelle anzuwerben. Hella reagiert darauf lediglich mit einer Verteidigung ihres politischen Engagements, deren Vehemenz in meinen Augen entweder ihre Naivität oder aber die Tiefe ihrer Überzeugungen verrät. In dem Protokoll heißt es: »Ich kann nicht sagen, in wessen Auftrag ich gehandelt habe, da ich alles aus eigenem Antrieb getan habe. Für alles übernehme ich die alleinige Verantwortung. Ich bin zu der von mir ausgeübten Propaganda fähig, ohne dass jemand mir Anweisungen gibt, denn ich kenne dieses Land, diesen deutschen Boden, gut, ich bin als Deutsche geboren, und mein Herz wird stets deutsch bleiben.« Die Polizisten von Margreid geben sich mit diesem Glaubensbekenntnis jedoch nicht zufrieden. Sie brauchen sehr viel Konkreteres, um eine begründete Anklage zu erheben. Auch wissen sie, dass sie es mit dem Spross einer der wichtigsten Familien der Gegend zu tun haben: Allgemeine Anklagepunkte werden diesmal nicht genügen.

Bereits eine halbe Stunde nach dem ersten Verhör tritt der Brigadiere Caleca erneut in Erscheinung und zwingt Hella zu einem ausführlicheren Geständnis. Die junge Frau präzisiert zunächst, dass sie zwischen August und November 1937 drei bis vier Mal bei den Koblers zu Besuch war. Doch sie bleibt vorsichtig: Nur Koblers Frau und die beiden Kinder seien da gewesen. An diesem Punkt stellt man ihr eine unerwartete Frage, die eindeutig belegt, dass der Ort überwacht wurde. Die Zigarettenglut in der Nacht, die beiden Straßenwärter, von denen Emil gehört hatte: Die Polizei war ihr damals auf den Fersen. Die Polizisten fragen sie nun tatsächlich nach dem Treffen vom 28. November. »An besagtem Abend hat Emilio Kobler mich mit dem Fahrrad bis zu dem Durchgang auf der Höhe des Bahnhofs Magrè-Cortaccia gebracht, nachdem ich zuvor etwa eine Stunde lang mit seiner Frau und den beiden Kindern in seinem Hause verbracht habe. Keine weiteren Personen waren zugegen, weder Männer noch Frauen.«

Bereits als sie auf der Stange von Koblers Fahrrad Platz genommen hatte, war ihr im Grunde klar gewesen, dass eine derartige Szene nicht einmal bei Nacht unbemerkt bleiben konnte, aber sie hatte keine Wahl. Im Verhör versucht sie ein weiteres Mal, die Personen zu decken, die sie für ihre Sache gewinnen wollte. »Ich bleibe dabei, dass an jenem Sonntagabend Ende November niemand außer der Familie im Hause Kobler war. Wir haben nicht über Politik geredet, wie Sie vielleicht denken, sondern nur über belanglose Dinge. Dem habe ich nichts hinzuzufügen.«

Hella kann nicht ahnen, dass man im Büro nebenan eine junge Frau in die Mangel genommen und bereits zum Sprechen gebracht hat. Die neunzehnjährige Paula, deren Mutter auf der Straße rufend nach ihr gesucht hatte, erinnert sich genau an das Treffen und zögert nicht, den Ordnungshütern zu erzählen, was diese hören wollen. Sie weiß noch, dass sie um 18.45 Uhr, und zwar auf Einladung des Hausherrn, zu den Koblers gekommen ist. Sie berichtet, dass die Ehefrau die Tür geöffnet habe. In der Küche hätten bereits drei weitere Frauen gewartet: zwei Dorfbewohnerinnen namens Maria sowie eine junge Unbekannte, »die Frau, die mir hier auf der Wache gezeigt worden ist«. Die »Fremde« – wie

Hella in den Protokollen der Carabinieri von Margreid stets genannt wird – habe ihnen erklärt, dass man Deutsch sprechen, italienische Produkte boykottieren und weitere Treffen im Haus der Koblers organisieren solle. An diesem Punkt, so erklärt Paula weiter, sei ihre Mutter gekommen, um nach ihr zu suchen, und sie sei sofort mitgegangen. Paula fügt hinzu: »Die Fremde ist noch bei den Koblers geblieben.« Aber woher wollte die junge Frau das wissen, da sie doch in aller Eile verschwunden war? Der Verdacht, dass man ihr die Worte in den Mund gelegt hat, liegt auf der Hand. Nicht stimmig ist außerdem, dass Paula laut Protokoll von Brigadiere Filippo Caleca vernommen worden sein soll, obwohl dieser zur exakt selben Zeit sein erstes Verhör mit Hella führte.

Paula ist nicht die einzige Zeugin, die man an diesem Tag vernommen hat: Alle Erwachsenen, die am 28. November bei den Koblers vorbeigeschaut haben, sind befragt worden. Die Schilderung der drei Frauen stimmt zumindest in einem Punkt überein: Die »Fremde« hat sie dazu angehalten, sich für die Verteidigung ihrer Muttersprache einzusetzen. Eine der drei Frauen versichert sogar: »Sie hat uns gesagt, wir sollten gut Deutsch lernen, um später in Magrè deutsche Geheimschulen errichten zu können.« Auch Emil Kobler hat man verhört, aber seine Aussagen scheinen fraglich. Einerseits bringen sie Hella in Schwierigkeiten, andererseits sind sie merkwürdig lückenhaft. So behauptet er zum Beispiel, dass nur eine der drei vernommenen Frauen, eine der beiden Marias, an jenem Abend zu ihm gekommen sei. »Sonst war niemand da.« Weder Paula noch die zweite Maria. »Ich wusste nicht, dass die Rizzolli an diesem Abend in mein Haus kommen würde«, fügt er hinzu, räumt dann allerdings ein: »Ja, ich habe die Rizzolli mit dem Fahrrad zum Bahnhof gebracht.« Schließlich beteuert er: »Meine Frau ist mit der Rizzolli nicht befreundet. Sie haben sich erst im November 1937 bei mir daheim in Magrè kennengelernt. Es ist nicht wahr, dass sie Freundinnen sind.« Natürlich will Emil kein allzu großes Risiko eingehen: Er hat eine Frau, zwei Kinder und eine Arbeit, er ist erpressbar. Hella hat ihm vertraut, aber nun muss sie für ihre Unvorsichtigkeit und wohl auch dafür büßen, dass einer unter ihnen Verrat geübt hat. So sicher, wie die Faschisten an jenem Abend waren, einen Treffer zu landen, muss jemand geredet haben.

Am 10. Januar wird Hella aus der Zelle der Polizeiwache von Margreid in das Gefängnis von Neumarkt gebracht und erneut einem Verhör unterzogen. Man vertraut sie der Obhut von Hauptmann Giovanni Battista Gandino an, der vermutlich genaue Anweisungen vom Staatsanwalt in Trient erhalten hat: Die muss zum Singen gebracht werden.

Von diesem Zeitpunkt an erscheint die junge Frau weniger selbstsicher. Sie hat begriffen, dass die faschistische Polizei und Justiz es ernst meinen, sie nicht bloß einschüchtern wollen. Ihren Leuten wird es wohl kaum gelingen, ihr die Haftstrafe oder Verbannung zu ersparen. Weder ihrer Mutter, die sich auf jede erdenkliche Weise darum bemüht, noch die anderen Familienmitglieder, die all ihre Beziehungen spielen lassen. Selbst hohe kirchliche Würdenträger sind für sie eingetreten, aber das wird alles nichts nützen.

Hella sitzt allein in einer Ecke ihrer Zelle, und das Vertrauen in die Größe des Reiches und seines Führers beginnt zu schwinden. Sie wird ein wenig von ihrem Stolz hinunterschlucken müssen, um eine mildere Strafe zu erwirken. In dem Vieraugenverhör vom 20. Januar, dem sie Hauptmann Gandino unterzieht, ist ihr Ton bereits ein ganz anderer: »Ich habe nie Propaganda gegen Italien betreiben wollen«, erklärt sie nun endlich zur Genugtuung der Ermittler. »Ich habe lediglich meine Gedanken über Italien zum Ausdruck gebracht.« Sie ist nun bereit zu gestehen, dass am 28. November 1937 drei Frauen im Haus der Koblers waren. »Es stimmt, dass ich den beiden jungen Mädchen und der verheirateten Frau [...] gesagt habe, sie sollten den Kindern Deutschunterricht erteilen (Lesen und Schreiben) und sie so oft wie möglich zum Spielen zusammenbringen.« Darauf hat Gandino nur gewartet. Die faschistische Polizei setzt alles daran, die Katakombenschulen auszumerzen. Das Regime in Rom betrachtet diese Praxis als eine unselige Einmischung der verbündeten Deutschen in die inneren Angelegenheiten Italiens. Hitlers Beteuerungen im Zusammenhang mit der Südtirol-Frage sind in Mussolinis Augen nicht wirklich überzeugend. Es gilt, das Netz der pangermanischen Propaganda zu zerschlagen, und Hellas Verhaftung und Geständnis sind ein beachtlicher Sieg bei diesem Unterfangen. Nachdem die junge Frau zugegeben hat, an illegalen Aktionen teilgenommen zu haben, erklärt sie: »Meine Haltung gegenüber Italien lässt sich so beschreiben, dass ich mich gefühlsmäßig als Deutsche empfinde und mich deshalb nicht als Italienerin fühlen oder italienisch empfinden kann.«

Der von den Ordnungskräften in Neumarkt verfasste Abschlussbericht wird am 21. Januar an den Staatsanwalt von Trient weitergeleitet. Die Zeugenaussagen der drei am Abend des 28. November 1937 anwesenden jungen Frauen sowie die Aussage Emil Koblers untermauern den Text, in dem Hella bezichtigt wird, sich der »gefährlichen und heimtückischen Propaganda« schuldig gemacht zu haben. In dem Bericht heißt es darüber hinaus, dass die Großfamilie Rizzolli-Tiefenthaler in der Gegend von Pinzon und Montan als einer der Clans zu gelten habe, die am beharrlichsten mit Deutschland sympathisierten und italienkritisch eingestellt seien.

Elena ist von gutem Betragen und nicht vorbestraft. Sie ist weder im Fascio Femminile[11] Mitglied noch in entsprechenden anderen Organisationen. Unter den genannten Voraussetzungen und da es angebracht scheint, nicht nur den Mitgliedern der Familie Rizzolli, sondern all jenen, die Propaganda-Absichten zu unserem Schaden hegen, eine ernste Lektion zu erteilen, schlage ich vor, über Elena Rizzolli die Maßnahme der polizeilichen Internierung von höchstmöglicher Dauer zu verhängen.

Eine eindrucksvolle Strafe muss her, um den jungen Leuten, die geneigt sind, dem Beispiel der Rebellin zu folgen, das Mütchen zu kühlen. So schickt man Hella nach Trient und sperrt sie mit gemeinen Strafgefangenen zusammen in eine Zelle. Hier lernt die junge Frau aus gutem Hause, die mit allen Annehmlichkeiten einer wohlhabenden Familie aufgewachsen ist, die krude Realität der Gefängniswelt kennen. In ihren Briefen nach Hause gesteht sie der Mutter ihre Angst und ihren Schmerz. Jede Kleinigkeit verletzt sie. Vor allem die Mitgefangenen, die fast alle wegen Prostitution im Gefängnis sitzen und aus einer Welt stammen, die ihr nicht fremder sein könnte. Hinzu kommt die abstoßend karge Zelle mit ihren nackten Wänden und dem düsteren Licht. Wenn sie allein ist, lastet die Stille auf Hella, aber in der Nacht, wenn die Zellengenossinnen ringsum schnarchen und husten, sehnt sie sich danach. Sie hat das Gefühl, in das Getriebe einer Mühle geraten zu sein, das selbst die stärksten Geister zermalmt. Die üblen Gerüche, das Miteinander auf engstem Raum, der vulgäre Umgang erfüllen sie mit Abscheu. Um nicht vollkommen zu verzweifeln, klammert sie sich in der Erinnerung an das große Haus in Pinzon. Sie denkt an die Ruhe und den Frieden, die in den heimatlichen vier Wänden herrschen. Immer wieder sagt sie sich, dass ihre Familie ganz bestimmt alles daransetzen wird, sie diesem Alptraum zu entreißen. Schließlich werden Besuche erlaubt, und Hella wartet jeden Montag darauf, ihre Angehörigen zu sehen. Man braucht nicht zu erwähnen, dass Rosa sich keine dieser Gelegenheiten entgehen lässt. Mit Päckchen beladen betritt sie das Besucherzimmer. Der unbeugsamen Tochter zerreißt es schier das Herz, sobald sich die Mutter, jedes Mal von größerer Sorge erfüllt, von ihr verabschiedet.

Unter den zahlreichen, von verschiedenen Familienmitgliedern sorgfältig aufbewahrten Briefen Hellas gibt es zwei aus Trient, die ihren Gemütszustand besonders eindringlich beschreiben.

1. II 1938

Mein liebstes Mutterl!

Als zum ersten Mal die Tür ins Schloß krachte und ich verriegelt und wohl verschlossen im finstern Loch saß, da rang sich aus meinem Innern nur das eine kurze Gebet: »Herr, laß mich nicht feige werden!« Dir, liebes Mutterl, werden diese kurzen Wörtlein nicht lang genug vorkommen, aber ich kann Dir versichern, mir war dies Kraft und Waffe im Kampfe, der in mir selber tobte, und dies Leuchten mag ich wohin ich geschickt werden mag, und Licht ist uns überall, auch in der dunkelsten Zelle. Deshalb Mutterl, sei nicht bange! Welch Freude hatte ich, als ich nach so langer Zeit jemanden vom Hoamatle sehen konnte, und mit den Socken, die Du mir gestrickt hast! Eines, was hier verschwendet wird, das ist: Zeit. Mir kommt es vor, wie wenn die Zeit Euch draußen davon rennen will und hier hinter Kerkermauern sich anhäuft und hier uns zur Last wird, was draußen so viele Glückliche festhalten möchten, und wir gerne laufen ließen!

Doch kennt die Zeit kein Erbarmen und Schonen! Mutterl, Du wirst glauben, ich würde oft den Tränen freien Lauf lassen, doch ganz im Gegenteil, ich kann gar nicht weinen, auch wenn ich oft möchte, es wäre Erleichterung, aber wie eine leere Hülle bin ich und die Tränen, die zuhause oft gern schnell über die Wangen liefen, sind vertrocknet und kommen nicht. Mein Herz, meine Gedanken, mein Fühlen, alles ließ ich bei Euch. – Ihr solltet mir doch öfters schreiben, wenn auch kurz, so doch eine Freude für mich. Gesund bin ich, der Hunger stellte sich jetzt endlich wieder ein und in meiner Zelle, die von 8 Insaßen geteilt wird, haben die losen Zungen ein wenig nachgegeben von dem zu tratschen, was bereits auf ihrer Stirne zu lesen steht, vom Straßenschmutz und Staub. An mir bewundern und bestaunen sie alles und ich kann nicht klagen, sie nehmen sich arg zusammen und erweisen mir wo sie nur können einen Liebesdienst. So gut es geht, lenke ich ihre Gedanken auf andere Dinge und immer bin ich ja nicht da, dann arbeite und pflanze ich wieder in meinem Blumengärtlein. Es ist doch bald der Frühling wieder im Land, dann komme auch ich hoffentlich heim und alles soll sein »wie es war, einstens im Mai«!

Die herzlichsten Grüße und so viele als der Postbote nur zu tragen vermag schicke ich allen!

Dich Mutterl, Vaterl, umarme ich tausendmal in Treue und Dankbarkeit.

Eure Hella.

5. II 1938

Mein liebstes Mutterl!

Heute vor vier Wochen, so um diese Zeit, holte man mich von zuhause fort. Es dünkt mich bereits viele Monate her. Mutterl, jene Bettler, die täglich vor Deiner Küchentür stehen, sind noch lange nicht die Ärmsten. Es ist gewiß hart das Türklopfen, doch öffnen sich jene Türen und sie erhalten, was sie ersehnen, doch der Kerker ist ein unheimliches Tier, das ständig nach Opfern lechzt und sein

Maul wohl weit aufsperrt um möglichst viele zu verschlin-
gen, Gute und Schlechte müssen in seinem Innern verdaut
werden, aber dann bleibt das große Maul, das sich zuerst
weit aufgetan, lange geschlossen und verriegelt. Oft
glaubte ich die Sehnsucht wäre so stark, Mauern und Tore
zu sprengen!

Wie vieles wird es geben zum Erzählen, ich werde nur im-
mer fragen müssen nach dem und jenem, aber wann wird
diese glückliche Stunde wohl kommen? Wenn Ihr nur alle
gesund seid, dann geht es doch an!! Der lieben Elsa laß ich
wohl tausend Dank sagen für all jene Aufmerksamkeiten,
werde es wohl nie vergessen, dergleichen der Mariedl für
den guten Gugelhupf herzlichsten Dank.

Hätte doch eine Freude, liebes Mutterl, wenn du mir ein-
mal schreiben wolltest, noch keine Zeile hätte ich von je-
mand erhalten! Warum zögert Ihr so lange?

Mutterl, Vaterl, Elsa, Josef klein und groß, alle schließe ich
fest in meine Arme und küsse Euch innigst.

Eure Hella.

Die Feder kratzt und Lärm ist rundum, daß man nicht
schreiben kann.

Sie hoffe, im Mai heimzukommen, schreibt Hella, aber die
Zeit vergeht, und die ersehnte Freiheit kommt nicht. Aus
Stunden werden Tage, Wochen, doch sie bleibt hinter
Schloss und Riegel. Bisweilen führt man sie in das Büro des
die Ermittlungen führenden Untersuchungsrichters. Nach
und nach findet sie sich damit ab: Die Maschinerie des faschistischen Regimes ist stärker als ihre Familie. Es ist ausgeschlossen, dass die Rizzolli/Tiefenthalers in dem Kampf
die Oberhand gewinnen, den sie um ihretwillen mit den Behörden aufgenommen haben. Die erste Runde haben sie jedenfalls verloren.

Am 28. März 1938 schickt der Trienter Staatsanwalt Feliciangeli seinen durch ein anderthalbseitiges Empfehlungsschreiben ergänzten Abschlussbericht an den Präfekten. Darin versichert er gleich zu Anfang, dass die Untersuchung eindeutig die Existenz eines »anti-italienischen und anti-faschistischen Propagandazentrums« in Margreid, mit Sitz in der Wohnung Emil Koblers, ergeben habe, wobei Hella eines der eifrigsten Mitglieder dieser Zelle sei. An dieser Stelle fasst er die als Straftat zu erachtenden Indizien vom Abend des 28. Novembers zusammen. Feliciangeli fügt eine die Lage zusätzlich erschwerende, persönliche Einschätzung hinzu: »Zum Zeitpunkt der Festnahme«, so der Bericht, »gab sich die Rizzolli arrogant und respektlos. Sie bekannte sich offen und ohne Umschweife zu ihrer anti-italienischen Gesinnung und bewies ein weiteres Mal, wie gefährlich ihre persönlichen Überzeugungen für das Nationalgefühl der Region sind.«

Der Fall ist abgeschlossen, und der Staatsanwalt fordert die dem Präfekten unterstehende Kommission auf, für eine strenge Strafe zu stimmen. Das Urteil wird innerhalb weniger Tage gefällt: Hella wird zu fünf Jahren Verbannung verurteilt.

Am 13. April legt die Gefangene offiziell Beschwerde beim Innenministerium ein. Es handelt sich um ein förmliches Dokument, das in einem derart perfekten Italienisch verfasst ist, dass es die Familie mit Sicherheit von einem Anwalt hat schreiben lassen. In der Demut, die aus diesem Appell spricht, schwingt nichts von Hellas Stimme mit. Es heißt dort, sie habe mit den Frauen vor Ort nur über die Schönheit der deutschen Sprache sowie die Notwendigkeit gesprochen, den lokalen Händlern zu helfen, und man habe ihr Gerede missverstanden. Wörtlich ist zu lesen: »Sie erklärt ihr Bedauern angesichts des Schadens, den sie ihrem Land, ohne es zu wollen, mit ihren unbedachten Worten zugefügt hat, und es schmerzt sie besonders, gegenüber den Dorfbewohnern unfreiwillig die italienische Sprache und den guten Namen Italiens verunglimpft zu haben.« Das ist nicht die unbeugsame Hella. Es ist der verzweifelte, vermutlich von Rosa unternommene Versuch, ihre Verbannung zu verhindern. Aber dennoch schafft man Hella fort.

Ihr neues Zuhause wird ein kleines Dorf sein, von dem zuvor keiner je etwas gehört hat: Castelluccio Inferiore in der Basilikata, in der Provinz Potenza.

Im Gegensatz zu Hella wusste ich von der Existenz Castelluccio Inferiores. Allerdings nur, weil dieses Dorf seit jeher in den Familiengeschichten als der entlegene Ort auftaucht, an den man meine Vorfahrin verbannt hat. Ich hatte nie vor, diesen Ort aufzusuchen. Doch meine Recherchen sollten mich schließlich auch dorthin führen. Im Frühjahr 1938 brauchte Hella drei Tage, um an ihren Bestimmungsort zu gelangen, wobei sie in Rom und Salerno Station machte. Meine Reise dauerte zwar nicht so lange, war aber in mancher Hinsicht vermutlich unbequemer. Das bereits damals existierende Gefälle zwischen Nord- und Süditalien ist nicht geringer geworden, im Gegenteil.

Mein Mann Jacques und ich steigen morgens um kurz nach neun am Bahnhof Termini in Rom in den Zug, in der Hoffnung, am zeitigen Nachmittag Maratea zu erreichen, wo wir für eine Nacht Quartier nehmen wollen. Unser Wagen wirkt wie eine von der Hand eines vorurteilsbehafteten Touristen erstellte Karikatur italienischer Eisenbahnen: unbequeme Sitze, verdreckte Gänge, ekelerregende Toiletten. Ein Mann mit zwei großen Plastiktüten in der Hand schlurft herum und hält auch bei uns. Zwei Flaschen Wasser und ein Tramezzino mit Schinken kosten uns zwölf Euro. Der Mann trägt weder eine Uniform noch sonst ein sichtbares Kennzeichen und ist offenkundig bei keinerlei Restaurationsbetrieb angestellt. Aber in diesem Zug gibt es ohnehin kein Bordbistro, noch nicht einmal ein Erfrischungswägelchen. Die Alternative zur Nutzung dieses unerlaubten Services wäre also, Diät zu halten, oder vielmehr: Durst zu leiden. Es ist der heißeste Sommer seit zehn Jahren, und hier im Zug herrschen gefühlte hundert Grad.

Wir starten pünktlich Richtung »Süden«. Bis Neapel gibt es keine Probleme. Doch in der Nähe von Salerno halten wir plötzlich. Nach zwanzig Minuten unerklärlichen Wartens verkündet eine metallische Stimme, dass der Zug eine zehnminütige Pause einlegen werde, um einen anderen Zug vorbeizulassen. Kurz darauf wird die ländliche Stille in unserem Abteil durch heftigen Lärm unterbrochen: Es ist das röchelnde Knattern, mit dem die Klimaanlage ihre lange Agonie beendet.

Mit dem Anstieg der Temperaturen werden auch die trägsten unter den Mitreisenden allmählich nervös. Die Mittagssonne bringt den Waggon regelrecht zum Glühen. Hin und wieder schaut Jacques von seinem Buch auf und heftet den von Heimweh erfüllten Blick auf das ferne Meer, während er sich den Schweiß abwischt. Plötzlich ertönt erneut das Orakel: Der Zug hält wegen Materialdiebstahls an den Oberleitungen. Jemand hat die Kupferkabel entwendet.

Das Thermometer steigt weiter, und im Abteil bricht langsam Panik aus. Jacques rät mir, ruhig zu bleiben, da mir durch die Aufregung nur noch heißer würde. Aber sein Hemd ist schweißgetränkt wie meines. Was tun, wenn einem der Passagiere plötzlich schlecht wird? Doch zum Glück sind wir in einem Abteil mit echten Pionieren gelandet, vorläufig denkt niemand daran, in Ohnmacht zu fallen. Das Pärchen aus Kanada freut sich geradezu, vielleicht auch deshalb, weil die beiden einen kleinen, batteriebetriebenen Ventilator dabeihaben. Für sie ist das Ganze ein Abenteuer:

Genau so haben sie sich Italien vorgestellt! Ineffizient, unorganisiert, unbequem und obendrein noch anmaßend. Ein denkwürdiges Erlebnis, das sie später in Toronto ihren Nachbarn erzählen können. Wie langweilig es doch wäre, wenn der Zug pünktlich fahren würde, nicht wahr?

Die metallische Stimme, der wir gelernt haben zu misstrauen, hält uns über die Situation auf dem Laufenden. Jetzt hat die Lokomotive eine Panne, und wir warten darauf, dass sie ausgewechselt wird. Fehlt noch ein Angriff der Rothäute, um das Ganze komplett zu machen. Jacques, der das Meer in der Ferne betrachtet, wirkt mittlerweile wie Moses im Angesicht des Gelobten Lands: Er sagt sich, dass er es niemals erreichen wird.

Aber schließlich setzen wir uns ächzend in Bewegung: »Der Zug hat eine Verspätung von einhundertundvierzig Minuten, wird die Fahrt aber aus eigener Kraft fortsetzen.« Seltsam, dass sie uns nicht gebeten haben, auszusteigen und zu schieben. »Am Bahnhof von Salerno werden Erfrischungen verteilt«, fügt die Stimme hinzu. Jacques und ich beschließen, dass uns dieses verheißungsvolle Versprechen nicht in Versuchung führen kann, und überlassen den beklagenswerten Zug mitsamt den Passagieren ab Salerno seinem Schicksal. Jacques greift nach meiner Hand und hilft mir hinaus.

»Wir mieten uns einen Wagen«, erklärt er entschlossen. »Ich werde fahren.«

Als wir, begleitet von den Lautsprecherstimmen, den Bahnhof verlassen, muss ich unwillkürlich daran denken, dass auch Hella über diese Gleise gekommen ist und dass nur wenige Wochen vor ihr ein anderer Zug Italien Richtung Süden durchquert hat. Florenz, Rom, Neapel, Etappen eines offiziellen Besuches. Die drei Sonderzüge transportierten Hitler und seinen Generalstab.

»Was soll ich Ihrer Meinung nach tun, Baron Longo?« Elsa ist verärgert, aber sie ist nicht naiv, sie weiß, wie ernst die Lage ist. In einer Woche, am 3. Mai 1938, wird Hitler auf dem Weg zu einem Staatsbesuch in Rom mit der Bahn über den Brennerpass kommen. Die Lehrerinnen ihrer Kinder haben beschlossen, mit allen Schülern gemeinsam zum Bahnhof zu gehen, um den wichtigen ausländischen Gast in dem vorbeifahrenden Zug gebührend zu begrüßen. Selbstverständlich in Uniform: Die Buben als Balilla, die Mädel als Piccole Italiane. Nur, dass Elsa und Franz Deutsch, ebenso wie ihr Vetter Hans Tiefenbrunner, die faschistischen Uniformen der Kinder voller Abscheu zurückgegeben und dabei erklärt haben, sie würden niemals zulassen, dass sie diese tragen.

Wie lässt sich nun verhindern, dass Herlinde, Hubert und Norbert, wenn sie nicht in Uniform erscheinen, Schwierigkeiten in der Schule oder, noch schlimmer, die Familie Ärger mit den Behörden bekommt? Drei Jahre zuvor, 1935, hat Franz seine Arbeit im Forstamt von Bruneck verloren. Wie alle Angestellten des öffentlichen Dienstes wurde auch er aufgefordert, seinen Nachnamen zu italianisieren. Dem vom Ministerium gesandten Verwaltungsbeamten, der ihn darum ersuchte, hatte er rundheraus geantwortet: »Die Forderung ist unerfüllbar. Man kann seinen Namen ändern, aber nicht sein eigen Blut.« Nach wenigen Wochen kam die Entlassung wegen »verringerten Arbeitsbedarfs«.

Und nun kommt noch die Uniform für die Kinder hinzu. Es ist ein schwieriges Problem, und Elsa hat nicht viel Zeit, es zu lösen. Sie ist bereits beim faschistischen Kommissar vorstellig geworden, aber sie hat nicht verstanden, was er ihr in seiner Bürokratensprache mitteilen wollte. Sie hat sich stets geweigert, Italienisch zu lernen, und natürlich spricht er kein Deutsch. Nach einem kurzen, unsinnigen Dialog hat Elsa die Wut in seiner Stimme gespürt, hat auf dem Absatz kehrtgemacht und ist gegangen. Sie hat beschlossen, sich bei Felix von Longo Rat zu holen, dem Sohn jenes Barons von Longo, den das Regime bereits vor Jahren zur Flucht nach Kärnten gezwungen hatte, wo er schließlich gestorben war. Felix ist 1932 zusammen mit seiner Frau Helene und der Familie in die Heimat zurückgekehrt. Er ist ein scharfsinniger Politiker und ein kluger Mann. Viele wenden sich mit den zahllosen, aus dem Leben unter dem Regime erwachsenden Schwierigkeiten an ihn. Im Jahr 1943 wird er zum Bürgermeister von Neumarkt gewählt und bleibt es bis zum Kriegsende.

Baron von Longo antwortet nicht gleich. Er begreift und schätzt den Stolz dieser Frau und ihrer Leute, die sich weigern, vor den Faschisten zu kuschen, und die bereit sind, den Preis dafür zu bezahlen. Doch diesmal ist eine andere Taktik gefragt.

»Es ist der Besuch des Führers, Frau Deutsch«, sagt er schließlich. »Das ist ein zu wichtiges Ereignis, die können sich nicht erlauben, das Gesicht zu verlieren.«

Elsa fährt wütend auf. »Die haben überhaupt kein Gesicht zu verlieren. Es sind Narren. Gefährliche Narren.«

»Es geht um die Kinder, Frau Deutsch.«

Elsa nickt.

»Ihr Mann hat bereits seine Arbeit verloren. Er könnte auch des Landes verwiesen werden.«

In jüngster Zeit erhalten unliebsame Südtiroler recht häufig die Auflage, Italien innerhalb von vierundzwanzig Stunden zu verlassen. Für das Regime ist es eine einfachere, raschere und weitaus kostengünstigere Lösung als eine Gefängnisstrafe oder Verbannung. Viele haben Verwandte oder Freunde in Österreich und Deutschland, zu denen sie sich wie Gusti flüchten können, um auf das Ende des Sturms zu warten. Doch der Sturm braut sich immer weiter zusammen.

»Verlangen Sie die Uniformen zurück, Frau Deutsch.« Baron von Longos Stimme klingt verständnisvoll, aber bestimmt, und Elsa weiß, dass es die Stimme der Vernunft ist.

»Es wird mir nicht leichtfallen, aber ich werde es tun.«

»Kopf hoch. Es kommen wieder bessere Zeiten.«

Am Morgen darauf steht Elsa, gemeinsam mit Herlinde, in aufrechter Haltung und mit festem Blick vor der Lehrerin.

»Auf Ersuchen der Schulmeisterin Lodi bin ich gekommen, die Uniform der *Piccole Italiane* für meine Tochter zurückzufordern«, erklärt sie laut und deutlich mit ihrem starken Akzent. Frau Lodi ist die Schulleiterin, die eifrigste Faschistin von allen. Das Gesicht von Herlindes Lehrerin hellt sich auf.

»Aber natürlich, Frau Deutsch.« Sie spricht den Namen absichtlich falsch aus, betont den Diphthong wie im Italienischen, »De-utsch«. »Komm, Herlinde. Du darfst dir die schönste Uniform aussuchen.«

So tragen also die drei Geschwister Deutsch am Morgen des 3. Mai die Balilla-Uniform beziehungsweise die Uniform der Piccole Italiane. Noch ist es kühl genug, um einen Mantel darüberzuziehen, der sie von Kopf bis Fuß verdeckt.

»Ich werde ihn schön zugeknöpft lassen«, sagt Hubert in der Haustür. Er ist erst zwölf Jahre alt, aber er begreift sehr wohl, dass man die Familie gedemütigt hat.

»Ich auch. Aber am Bahnhof müssen wir unsere Mäntel sicher ablegen«, gibt die ein Jahr jüngere Herlinde zu bedenken.

»Dann lege ich ihn eben ab. Aber hier im Dorf werden sie mich nicht damit sehen.«

»Wenigstens können wir dabei sein, wenn der Führer vorbeifährt. Er wird uns bestimmt aus dem Fenster zuwinken.«

Als der erste von Hitlers Zügen mit dem großen Hakenkreuz auf der Lokomotive in Sichtweite des Bahnhofes von Neumarkt erscheint, stehen also die drei ältesten Kinder der Familie Deutsch gemeinsam mit den anderen Kindern an den Gleisen. Jedes hat zwei Fahnen bekommen, eine italienische und eine Reichsfahne. Wie viele andere nutzen die Deutsch-Kinder das Gedränge und die vielen zum Gruß emporgestreckten Hände, um die italienische Flagge tiefer, auf Taillenhöhe zu halten. Mit dem rechten Arm schwenken sie weit über ihren Köpfen die Fahne Deutschlands, von dem sie sich ihre Rettung erhoffen.

Der Zug fährt vorbei, aber die Vorhänge an den Wagenfenstern sind zugezogen. Sie bewegen sich keinen Millimeter zur Seite, als der Wagen, gefolgt von den übrigen Wägen mit der Eskorte und hochrangigen Vertretern des NS-Regimes sowie deren Familien, an der hoffnungsvoll jubelnden Menge zu beiden Seiten der Gleise vorbeirattert. Schließlich sehen die Kinder den letzten Waggon am Ende des Konvois verschwinden. Der Dampf verliert sich im Wind, und Stille kehrt ein.

»Er hat uns nicht gegrüßt.«

»Er hat uns noch nicht einmal angeschaut.«

Die Enttäuschung ist groß. All die Mühe und die Demütigungen waren umsonst. Der Bahnhofsvorsteher in seiner Festuniform mit dem dunklen Mantel und dem roten Käppi treibt die Leute an, rasch zu verschwinden, er muss die nächsten Züge abfertigen. Alles ist wie zuvor, jeder kehrt an seinen Platz, an die Arbeit zurück. Wer ein Spruchband mitgebracht hatte, faltet es zusammen, hier und dort wirft einer wütend eine Fahne zu Boden. Der Führer ist durch Südtirol gekommen, ohne die Südtiroler eines Blickes zu würdigen. Verhält sich so ein Befreier?

Wenige Wochen vor dieser Italienreise ist Hitler in Wien einmarschiert. Am 13. März 1938 erfolgte der Anschluss Österreichs an das Dritte Reich. In Südtirol hat das noch größere Euphorie ausgelöst als das Referendum im Saargebiet. Als Nächstes werden sie an der Reihe sein, ganz gewiss. Viele schließen wissentlich oder unwissentlich die Augen davor, dass Hitler keinerlei Absicht hegt, sich mit der Südtirolfrage auseinanderzusetzen. Dabei hatte er das bereits 1925 in *Mein Kampf* geschrieben:

> Da allerdings stehe ich nicht an zu erklären, daß ich nun [...] eine Wiedergewinnung Südtirols durch Krieg nicht nur für unmöglich halte, sondern auch persönlich in der Überzeugung ablehnen würde, daß für diese Frage nicht die flammende Nationalbegeisterung des gesamten deutschen Volkes in einem Maße zu erreichen wäre, die die Voraussetzung zu einem Sieg böte. Ich glaube im Gegenteil, daß, wenn dieses Blut dereinst eingesetzt würde, es ein Verbrechen wäre, den Einsatz für zweihunderttausend Deutsche zu vollziehen, während nebenan über sieben Millionen unter der Fremdherrschaft schmachten [...].[12]

Das ist mehr als eindeutig. Doch die Südtiroler beharren darauf, dass es nur eine Strategie sei, um sich mit Mussolini gut zu stellen. Am 14. März, gerade einmal einen Tag nach dem Anschluss, gibt der VKS bereits erste Berichte und Anweisungen heraus. Man spricht von der Verwirklichung eines Traums, von einem Schritt um Schritt vereinten deutschen Volk. Aus außenpolitischen Gründen mahnt man zur Geduld, doch aus jeder Zeile spricht Optimismus. Die Ankündigung der Italienreise des Führers hat diese Stimmung nur noch weiter verstärkt.
Aber der 7. Mai 1938 ist für die Hoffnungen vieler ein schwerer Schlag.

Mit meinem Freund, Gerhard Mumelter, einem in Rom lebenden und als Korrespondent für die österreichische Tageszeitung »Der Standard« arbeitenden Journalisten und

Intellektuellen, habe ich oft über diese historisch so bedeutende Reise gesprochen. Meines Erachtens hätten die Südtiroler in diesem Augenblick begreifen müssen, dass ihr verehrter Führer sie niemals retten würde. Aber sie taten es nicht. Weshalb?

Wenn ich vor allem mit Gerhard darüber spreche, so deshalb, weil sein Vater an jenem schicksalsschweren 7. Mai in Rom war. Viele Jahre später sollte er sein Tagebuch dem jungen Historiker Günther Pallaver übergeben. Norbert Mumelter war einer der Gründer des VKS und durfte damals in der Hauptstadt nicht fehlen.

Mumelter senior war 1938 als Reserveoffizier der italienischen Armee in einer Kaserne in L'Aquila stationiert und bat um Erlaubnis, an der Militärparade teilnehmen zu dürfen. Am 4. Mai beschreibt er in seinem Tagebuch, wie er im Radio einen Bericht in italienischer Sprache über die Reise des Führers gehört und mit welcher Begeisterung ihn das erfüllt habe.

Am 7. Mai ist er in Rom auf den Spuren Hitlers unterwegs. Er hofft, ihn zu sehen, aber er erhascht nur einen flüchtigen Blick von ihm in »brauner Uniform« und langem schwarzem Radmantel um die Schultern. Auf der Piazza Venezia hat er jedoch endlich Gelegenheit, Hitlers Stimme zu hören. Was wird er sagen? Wird er über Südtirol sprechen? Leider schon. Doch seine Worte werden die Befreiungsträume von Mumelters Landsleuten endgültig zerschlagen: »Belehrt durch die Erfahrungen zweier Jahrtausende wollen wir beide, die wir nun unmittelbare Nachbarn geworden sind, jene natürliche Grenze anerkennen, die die Vorsehung und die Geschichte unseren beiden Völkern ersichtlich gezogen haben. Sie wird dann Italien und Deutschland, durch die klare Trennung der Lebensräume der beiden Nationen, nicht nur das Glück einer friedlichen, sicheren, dauerhaften Zusammenarbeit ermöglichen, sondern auch als Brücke gegenseitiger Hilfe und Unterstützung dienen. Es ist mein unerschütterlicher Wille und mein Vermächtnis an das deutsche Volk, dass es deshalb die von der Natur zwischen uns aufgerichtete Alpengrenze für immer als unantastbar ansieht.«[13]

Mit anderen Worten: An der Brenner-Grenze ist nicht zu rütteln. Mumelters erste Reaktion, die mit ziemlicher Sicherheit der Zehntausender anderer Südtiroler entspricht, ist Verzweiflung: »So habe ich am 7. Mai 1938 abends mitten auf der Piazza Venezia meine Heimat und mit ihr meine einzige Zukunftshoffnung verloren.«[14]

Für Mumelter ist mit diesem Augenblick alles vorbei, er fühlt sich wie gefangen in einem bösen Traum.

Aber die Entscheidung ist gefallen, Diskussionen sind unmöglich. Während desselben Treffens ersucht Hitler Mussolini offiziell darum, alle Bürger deutscher Zunge aus Südtirol nach Deutschland abwandern zu lassen. Eine Forderung, die dramatische Konsequenzen haben wird.

Einen Tag nachdem Mumelter seinen Führer Südtirol hat verleugnen hören, ist er bereits mit der neuen Situation versöhnt. Am 8. Mai schreibt er: »Für Großdeutschland muss man selbst seine Heimat opfern können.« Das sind heftige Worte für jemanden, der die Heimat stets über alles gestellt hat.

16

Von den Faschisten verbannt

Mit all ihren Serpentinen und Schlaglöchern ist die Straße zwischen Maratea und Castelluccio Inferiore kein Vergnügen. Aber die fantastische Aussicht lässt mich den ganzen Ärger der Reise vergessen. Die Straße schlängelt sich zwischen waldigen Hängen bergauf und gibt immer wieder den Blick auf die grauen Felsgipfel frei, die sich am Horizont gegen den blauen Himmel abzeichnen. Ich bin mir sicher, dass Hella bei der Entdeckung dieses unbekannten Südens ähnlich empfunden hat wie ich. Das Leben der Menschen hier ist ebenso durch die Berge geprägt wie in den engen Tälern ihres Heimatlandes. Auch kommt mir Castelluccio bei unserer Ankunft merkwürdig vertraut vor. Das Dorf ist um eine einzige Hauptstraße herum gewachsen, zu allen Seiten eingefasst von Obsthainen und Weingärten. Dieser Anblick hatte für Hella sicherlich etwas Tröstliches. Das Rathaus befindet sich in den Räumen eines ehemaligen Klosters. Ich suche den Bürgermeister, Roberto Giordano, auf, der mich gemeinsam mit zwei Referenten empfängt und mir viele hilfreiche Hinweise für meine Recherchen gibt. Er nennt mir die Namen der »Dorfältesten«, die sich bestimmt noch an damals erinnern können. Keine verstaubten Dokumente, sondern lebendige Erinnerung, die namenlose Orte und ferne Zeiten bewahrt. Außerdem lerne ich in der Gemeindeverwaltung durch einen glücklichen Zufall, ja fast wie durch Vorsehung, Giuseppe Pitillo kennen, der mich auf eine unerwartete Reise in die Vergangenheit begleitet. Im Polizeiarchiv von Castelluccio Inferiore wird eine hellgrüne Karteikarte mit Hellas Namen und ihrem Ankunftsdatum, dem 19. Mai 1938, verwahrt. Ein Carabiniere hatte mit Tinte ihren Namen, Nachnamen und als Geburtsort »Pinzolo«, das in Wahrheit ein Dorf in der Provinz Trient ist, eingetragen. Beim Lesen wird mir klar, dass Hella nicht widersprochen hat, um den Fehler zu korrigieren. Ob Pinzano oder Pinzolo spielte für sie keine Rolle: Weder der eine noch der andere Name entsprach in ihren Augen dem ihres Heimatdorfes, und für den Carabiniere hatte die geographische Bezeichnung Südtirol keinerlei Bedeutung. Unter dem Stichwort Tätigkeit/Beruf steht »Hausfrau«. Auch hier gab es nichts zu entgegnen. Hätte sie »Geheimschullehrerin«, »Aufständische«, »Umstürzlerin« oder »Widerstandskämpferin« angeben sollen? Wohl kaum. Die Zeiten politischer Aktivitäten waren für Hella, die sich erst einmal an die neue Umgebung und den neuen Lebensrhythmus gewöhnen musste, vorläufig vorbei.

Die Behörden hatten ihr ein ausgesprochen schlichtes Zimmer in einem zweistöckigen Haus in der Via Roma 294 zugewiesen. In den ersten Wochen erhielt sie sogar, wenn auch irrtümlicherweise, eine Unterstützung von täglich 9 Lire. Diese wurde ihr jedoch schon bald wieder entzogen, und zwar mit nachfolgender Begründung, die in einer Mitteilung des Präfekten von Rom an das Innenministerium, vom 17. Juli, enthalten war:

Da Rizzolli, Elena aus wohlhabender Familie mit Realitäten im Wert von über 200 000 Lire, einem ausgedehnten, einträglichen Wein- sowie Obsthandel und einem großen Barvermögen stammt, halte ich es für angezeigt, dem Herrn Minister die Aufhebung der fraglichen Unterstützung nahezulegen.

Die Frage der finanziellen Unterstützung sollte sich für Hella im Laufe der folgenden Monate zu einer Art Ehrensache entwickeln. Ihre Akte im Innenministerium enthält verschiedene Gesuche zur Wiedergewährung derselben, mit entsprechenden Briefwechseln, Gutachten und Begründungen, zu denen sie die faschistische Verwaltung zwang.

Mir kommt es vor, als sei es für sie ab einem bestimmten Punkt zu einem Mittel geworden, um den Feind herauszufordern und ihm zu trotzen. Das scheint mir vor allem folgender ziemlich ironischer Brief vom 6. Oktober nahezulegen, den sie eigenhändig in ihrem eher holprigen Italienisch verfasste, was sie in ihren Mitteilungen an die gesetzlichen Behörden nie zuvor getan hatte.

Ich wende mich an Ihre Exzellenz, um zu fragen: Was soll ich tun ohne Geld? Drei lange Monate, Juli, August und September, sind vergangen, und ich bin ohne Unterstützung. Ich muss einkaufen, und nun bleiben die Läden für mich geschlossen, man gibt mir nichts mehr, die Hausherrin ist eine arme Witwe mit vielen Kindern. Sie will ihr Geld, oder sie wirft mich auf die Straße, und von daheim schickt man mir nichts! Meine alten Eltern sind nicht verpflichtet, mich zu unterstützen, ich bin über einundzwanzig Jahre alt! Ein Mädchen fern von der Heimat, von allen verlassen, ohne die Möglichkeit, etwas zu verdienen, was soll ich tun? So kann es nicht weitergehen. Ich bin nicht verantwortlich, wenn ein Unglück geschieht!

Hella wohnt in einem zur Straße gelegenen Zimmer im ersten Stock. Zur Ausgangssperre muss sie zurück sein und die Nacht in jedem Fall dort verbringen. Die Carabinieri kontrollieren ihre Anwesenheit, abends und mitten in der Nacht muss sie hinaus auf den Balkon, um sich den Gesetzeshütern zu zeigen. In einem Brief berichtet sie:

Abends wird im Bett noch ein wenig gelesen, so bis 10½ Uhr, dann läutet das Glöcklein und meine Vorstellung am

Balkon beginnt und die zwei nächtlichen Besucher kön-
nen sich hart trennen, bis zur Wegbiegung ist ihr Kopf
stets nach hinten gedreht. Ich ziehe das Seil immer gleich
herauf, denn sonst läuten oft die Spitzbuben, die die ganze
Nacht herumspazieren und eine spezielle Freude daran
haben, uns aus dem Schlaf zu wecken. Aber nur einmal ist
es ihnen gelungen, um ½2 Uhr morgens, daß ich hinaus
ging, da ich glaubte, es wären die Uniformierten, und sah
sie nun davon eilen und einen sogar hinfallen, der sich die
Hose am Knie zerriß und auch verletzte, daß er einige
Tage humpeln mußte. Jetzt kenne ich sie am Klingeln
schon und höre dann eilig ihre Tritte davon traben, so ma-
che ich gar nicht einmal Licht, dreh mich um und schlafe
weiter.

Mag auch die Einrichtung ihres Zimmers spartanisch und
die Beschränkung ihrer persönlichen Freiheiten hart gewesen sein, so ist Castelluccio doch Ende der dreißiger Jahre
gewiss nicht das Barbarendorf, das Hella vermutlich erwartet hatte. Der Ingenieur Biagio Aiello, der mich in seinem
schönen Haus in der Via Roma, unweit ihrer damaligen Un-
terkunft, empfängt, erinnert sich sehr gut an jene Zeiten. Er
war damals ein Heranwachsender, ein Sohn aus guter Familie, der mit vierzehn Jahren zum Waisen geworden war.
»1902 kam die Elektrizität. Es gab eine Bahnverbindung,
aber auch die Postkutsche. Das erste Radio wurde 1928 ins-
talliert«, erklärt er mir. Damals zählte der Ort ein paar hundert Einwohner mehr als die heutigen 2200. Die Menschen
lebten von Landwirtschaft, Viehzucht, der Schlachterei und
der Arbeit in den drei Spinnereien.
Doch Hellas Begegnung mit der Realität vor Ort ist, wie aus
einem ihrer ersten Briefe nach Hause hervorgeht, ein wahrer
Kulturschock.

19. Juni 1938

Meine Lieben All!

Sonntag ist heut, wo bei uns alles Stille und Frieden einatmet, hier dagegen kennt man sehr wenig Unterschied zwischen Sonn- und Werktag. Im Dorf wie auf dem Felde herrscht der gleiche Betrieb wie unter der Woche. Die Geschäfte sind alle offen, teils bis Mittag, die andern bis zum Abend. Der Schuster sohlt seine Schuhe, Maurer und Zimmermann hämmern drauf los, daß es eine Freude ist. Schon in aller Frühe zieht eine Schar aufs Feld, dort wird gespritzt und geschwefelt oder was gerade zutrifft und abends kommt die ganze köstliche Karawane: beladene Esel, darauf sich noch die Frauen mit den Kindern setzen, Schafe, Ziegen mit so langen Zotteln, daß man Zöpfe flechten könnte, und Schweine laufen hinter drein oder werden am Seile nachgezogen. Manche Mutter, die den ganzen Tag fort bleiben muß und ein Baby hat, trägt es samt der Wiege (ein länglicher Korb) auf dem Kopfe und im Arm oft noch ein Bündel Holz. Der schwarze Schleier fehlt nie, darauf geben sie ein zusammengerolltes Tuch damit die schwere Bürde auf dem Kopfe gut sitzt, dann ist das Halten nicht mehr nötig. So tragen die Frauen die schwersten Sachen heim. Männer und Söhne gehen leer nebenher.

Mit dem Messe gehen, nehmen sie es nicht heikel. Es werden 3 gelesen, aber weder meine Hausfrau noch deren große und kleine Kinder haben keine Lust, der einen oder anderen beizuwohnen.

Ich gehe jeden Sonntag zur 8 Uhr Messe, weil es dort am ruhigsten in der Kirche ist, da nur alte Weiblein dort sind. Bei der Wandlung mußte ich fast einmal hellauf lachen, da ich neben mir, vorne und hinten ein so lautes Pochen hörte, daß ich anfangs nicht wußte, was das sei, hab ich aber bald bemerkt, sie haben nämlich so fest an die Brust geschlagen, daß es nur so widerschallte und welche Seufzer laut werden dabei! Als einmal die Messe am Seitenaltar gelesen wurde, nahmen einige die Kirchenbänke und trugen sie auf die Seite, um näher dem Altare zu sein. Fein, langsam bin ich es gewohnt, daß auch im Gotteshause so ein Lärm herrscht, aber oft dachte ich mir, wird nicht bald die Geißel Gottes sie aus dem Tempel treiben! Ach wie sehne ich mich nach dem friedlichen Heimatdörflein nach der fröhlichen Sängerschar unter dem Lindenbaum! An Sonntagen ist meine Sehnsucht stärker denn je und dann kriechen die Stunden so unendlich langsam und es will gar nimmer Abend werden!

Heute bin ich einen Monat hier und die Hausleute sagen, es kommt ihnen vor, ich wäre immer schon bei ihnen gewesen, also ein Zeichen, daß ich mich bereits angepaßt habe, so gut es mir gelungen ist, wenigstens äußerlich, das andere wissen die Geister, die ins Herze sehen! Zweimal am Tag muß ich mich in der Gemeindekanzlei sehen lassen und des Nachts erscheinen die treuen Wächter des Gesetzes unter meinem Balkon und wollen, daß ich ihnen guten Abend sage. Hab oft schon müssen da und dort besuche machen und auch empfangen, dann hat man mir Bücher geliehen, da ich vorläufig beschäftigungslos bin, beide Handarbeiten schon längst fertig und was ich mir an Wäsche besorgen werde, weiß ich noch nicht, da hier wohl nicht das gute Bozener Leinenzeug zu kriegen ist.

Jetzt hätte ich so reichlich Zeit für Handarbeiten. Möchte so gerne eine Tischdecke sticken, aber wie selbe samt dem Garn herzaubern? Wenn Du, Mutterl, einen Rat weißt, so bitte schaue, was zu machen wäre! Ich wäre Dir sehr dankbar dafür, denn nur so untätig in den Tag hinein leben, gefällt mir nicht und hier lachen sie schon, weil ich stets mir eine kleine Arbeit suche, denn da will man vom

Arbeiten nicht viel wissen, die Frauen sind deshalb auch alle dick und fett. Eine, sie soll 22-jährig sein und ich glaubte sie wäre wenigstens bald 40, so dick wie die Helmin fast; dann könnt Ihr Euch vorstellen wie viel sie leisten! Beim Kochen sitzen sie, weil das Feuer am Boden ist, und bei jeder kleinsten Bewegung die ohne Sitzen gemacht werden muß, jammern und wehklagen sie zum hl. Antonius, der sich ja gar nimmer zu helfen weiß, wenn er auf das alles achten soll! Die Frauen sind wie Sklaven der Männer, denn stets versperrt und ja nicht einen anderen Mann anreden, sonst laufen schon die herrlichsten Tratschereien durchs Dorf. Wie so ganz andere Sitten und Gebräuche, ich bin wohl in eine andere Welt geraten! Hoffentlich gibt es auch eine Befreiung daraus!

Wünsche, daß nun Ihr zu Hause und im Dörfl gesund und guten Mutes bleibt. Schicke allen recht herzliche Grüße den Alten und Jungen!

Dich Mutterl, Vaterl und Josef mit dem krummen Hax, küsse ich so fest und innig in steter Liebe und Dankbarkeit,

Eure Hella

Nach den letzten, von aufregenden Reisen und politischen Aktivitäten erfüllten Jahren muss die gleichförmige Ruhe in Castelluccio für sie eine echte Prüfung gewesen sein. Als sie am 17. Juli an die Mutter schreibt, äußert sie wegen eines einfachen Stapels Zeitungen eine maßlose Freude:

Über die Zeitungen bin gleich darüber her gefallen und hab deren Inhalt begierig verschlungen, war so ausgehungert! An der reizenden Tischtuch-Decke begann ich auch schon zu arbeiten, nur bitte mir die 2 Farben zu senden: rot und braun deren Nummer hier angegeben ist: rot: Nr. 666 (D. M. C. Garn), braun: Nr. 938 und 14 bis 15

Strähnen einer jeden, dann, wenn ich zu wenig habe, wer-
de ich es schon sagen.
Bin ja so glücklich mit dieser Arbeit, daß ich nachmittags
gar nimmer schläfrig bin!! Und heute ist das 3. Paket an-
gelangt, Mutterl hab herzlichen Dank, warst so pünktlich
mit dem Schicken!

Ein paar Probleme gibt es auch mit den Leuten vor Ort, vielleicht weckte die »Fremde« anfangs vor allem Neugier-de, aber wenig Sympathie. Vermutlich fehlte es im Dorf nicht an braven faschistischen Bürgern, bereit, eventuelle »Ordnungswidrigkeiten« seitens Hella zu melden. Noch Ende Juli macht sich die junge Frau bei ihrer Mutter Luft:

Du mußt doch jetzt endlich wissen, Mutterl, daß ich
durchhalte, ob in der Sonne oder im Schatten, ich verzage
nicht so schnell. [...] Weißt ja Mutterl, wie mir Katzenart
zu wider ist, nun hier lernt man mit dieser Art umzuge-
hen! Ich weiß nicht, daß es mir immer noch so schwer
fällt, die Heuchler für das, was sie sind, zu halten. Glaub
immer gerade Menschen auch hier zu finden, aber es ist
wohl fast unmöglich. Wenigstens die vom Haus haben es
bewiesen, daß man ihnen nicht glauben kann und das
versetzt mich in einen Zustand, ich weiß nicht, wie ich sa-
gen soll, doch Du verstehst mich schon! Hab das Vertrau-
en hier verloren, aber kehr ich wieder in die Heimat, weiß
ich so bestimmt, daß ich dort das wiederfinden werde, was
ich hier verlor, und alles was ich hier vergeblich suchte,
wird mir dort entgegen lachen und ich kann wieder treu
unter den Treuen sein!

Was tat Hella noch, außer sticken? Ingenieur Aiello, mit neunzig Jahren recht rüstig, erzählt mir: »Das Zentrum war belebter als heute. Die Hauptstraße wurde von Handwerkern und kleinen Händlern beherrscht.« Für eine junge Frau gab es jedoch nicht viele Möglichkeiten der Zerstreuung. Es existierte ein Zirkel, der »Ça ira«, der ausschließlich von Männern frequentiert wurde. Sie kamen dort zum Kartenspiel zusammen, und das einzige Café, das Brandi, war sicherlich nicht der geeignete Ort für eine junge Frau ohne Begleitung. Zum Glück gewährte der Podestà von Castelluccio Inferiore, Ernesto Catalano, Hella vom 6. September 1938 an einen gewissen Freiraum. In dem Schreiben heißt es:

Der Podestà gestattet Fräulein Elena Rizzolli den Besuch der wenigen auf Gemeindegebiet abgehaltenen Messen und Märkte. Ferner sei ihr aus gesundheitlichen Gründen erlaubt, auf Gemeindegebiet Spaziergänge zu unternehmen, wobei die durch das Gesetz zur öffentlichen Sicherheit und Ordnung geregelten Zeiten und Auflagen sowie die Sonderbestimmungen für politisch Verbannte zu beachten sind.

Offenbar wartete Hella jedoch nicht ab, bis sie diese Erlaubnis erhielt. Das geht aus einem Brief vom 31. Juli hervor:

»Heute ist auch so eine Art Kirchtag hier, aber zieht ja keine Vergleiche zwischen da und anderswo! In dieser Woche war auch 2 Tage Markt außerhalb des Dorfes, aber ich durfte nicht gehen, da meine Grenzen eng sind. Aber wie es zuging, könnt Ihr Euch wohl vorstellen!«

Rosas unbändiges Töchterchen entzieht sich also wieder einmal der Überwachung durch die Faschisten. Diesmal allerdings aus eher oberflächlichen Gründen.

Tatsächlich beginnt sich ihre Lage ab dem Hochsommer zu verändern. Die Briefe werden heiterer, und ein junger Mann taucht auf:

In diesen letzten Tagen hatte ich einen lieben Besucher
hier, der mir einige frohe, interessante Stunden schenkte.
Ein Slowene aus Görz, sein Vater ist ebenfalls auf 5 Jahre
in einem Nachbardorf untergebracht und der große, blon-
de, blauäugige Junge und seine Mutter leisten ihm Gesell-
schaft. Er sagte, er hätte erfahren, ein Bozner Bursch wäre
hier und so wollte er diesen kennenlernen. Ich mußte la-
chen und erwiderte, daß ich leider nichts dafür kann,
wenn ich anstatt ein Bub ein Mädel bin!
Er hatte auch scheints keinen großen Verdruß! Er spricht
sehr gut deutsch, auch italienisch, war in Wien und in
München. Sein Vater hat in der Grazer Stadt studiert. Wir
haben uns gleich gut verstanden, plauderten über dies und
jenes, teilten uns gegenseitig das Neueste mit, das was wir
halt wissen. Ich lieh ihm die illustrierte Bibel für seinen
Vater und er bringt mir ein Buch, deutsch natürlich. So
fällt manchmal halt doch ein Lichtstreifen ins Dunkel!
Dann wäre wohl noch etwas, aber das verrate ich noch
nicht, später dann.

Wenn sie es irgendwann verraten hat, so ist dieser Brief leider verlorengegangen. Dafür trafen nur vier Tage später erneut einige kurze, aber lebhafte Zeilen daheim ein, die ver-
deutlichen, dass Hella allmählich wieder aufblühte. Auch
ihr Appetit scheint zurückgekehrt zu sein, nachdem sie begonnen hat, sich Speisen selbst zuzubereiten, die ihren Ess-
gewohnheiten eher entsprachen:

4. August 1938
Meine innig geliebten Eltern!
Bin nun ein Hausfrauerl mit den täglichen Wirtschaftssor-
gen, kaufe ein, koch, nähe und flicke und fühle mich sehr
wohl dabei. Es ist mehr Abwechslung, die Tage eilen …
vom Fleck. Welche Freude und Überraschung mit den

gestrigen Paketen! [...] Es ist wohl schön, wenn man nicht vergessen ist, wenn die Treue über alle Berge reicht und den, der unter Fremden weilt, nicht verzagen läßt.

Gesundheitlich geht es mir wieder recht gut, mein Magen fühlt sich wohl mit der Heimatkost und ich schlafe nun in der Nacht wie ein Sack. Beim Spaziergang hab ich stets meine Hetz und kann oft das Lachen nicht verbeißen, sämtliche Studentenschaften – alles ist hinter mir her und flüstern mir allerlei zu, andere begnügen sich mit dem Angaffen und verfolgen mich mit ihren feurigen Blicken, die wie Pfeile auf mich losschießen, doch mich nicht im geringsten verwunden! Alles was ich tue, wird bestaunt und bewundert, bin ich für sie doch aus einer anderen Welt.

Die jungen Männer aus dem Ort schenken ihr auch über den Sommer hinaus ihre Aufmerksamkeit. Monate später, am 14. November, berichtet Hella ihrer Schwester Elsa von einer weiteren lustigen Begebenheit, die sie der Mutter wohlweislich verschweigt und die einiges über ihre Koketterie aussagt:

Auch hier hat sich das Wetter wieder geändert und die Sonne brennt wieder heiß auf uns arme Erdenkinder nieder und veranlaßt, daß man nicht Zimmerhocken mag und lieber das Weite sucht. Neulich, als ich mit der verheirateten Haustochter vom Feld heim kehrte, kam uns auf der Landstraße, weit außer dem Dorf, ein Motorrad entgegen und der Vordermann, ein 50ger, schrie schon, wie wir noch ein Stück von ihnen entfernt waren: »O, che bellezza a guardare!« fuhren langsam an uns vorbei und alle beide drehten die Köpfe um, nicht genug mit dem, bald kehrten sie um und fuhren langsam neben mir her und redeten auf mich ein. Ich sollte doch nicht so ernst sein, der

Junge hinter ihm am Rad sei in mich verliebt und es wäre mein »destino« (meine Bestimmung) diese Begegnung.

Wir beiden konnten wohl nicht anders, als vor uns hin lachen, Theresina trug einen Korb auf dem Kopf und konnte sich nicht einmal umgucken. Sie versuchten sogar, uns den Weg zu versperren, da kam zum Glück ein Auto daher, die machten Zeichen heraus und so endete es, wir hatten freie Bahn. Des Alten Kopf glühte wie im Fieber! Ja, ja Alter schützt vor Torheit nicht! Theresina sagt, sie nehme mich gerne immer mit, weil es jedes Mal so etwas ähnliches gibt und für sie Aufheiterung bringt.

Allein außer das Dorf zu gehen, wäre für mich wirklich nicht ratsam. Die Mannesleut sind wahrhafte Teufel hierzulande! Gestern verbrachte ich einen gemütlichen Sonntagnachmittag mit einem Advokaten und anderen und wir lachten, besonders ich, da sie immer versuchten, mich hier festzuketten. Ich kann nichts Näheres sagen, es würde zu weit führen, aber ich glaube, sie gingen eine Wette ein, wie sie es fertig brächten, daß ich mein Herz verlöre. [...] Die Burschenwelt beklagt sich, ich wäre stolz, da ich die Hosenträger nicht beachte, aber mich grüßen Leute, die ich nie gesehen und nicht weiß, wer sie sind.

Hella findet wieder Spaß daran, sich zu amüsieren. Sie hat sich ein wenig von der Zeit im Gefängnis erholt und verwandelt sich allmählich in die junge, gesunde und neugierige Frau von einst zurück:

Tausend Dank für das Geld! Bitte Mutterl, schicke mir das dunkelgrüne Kleid, weil selbes lange Ärmel hat zum Kirchengehen und 3-4 Paar weiße Socken, hier krieg ich keine, mein Basttaschl und meinen Photoapparat, aber gut verpacken!

Die Südtiroler Prinzessin hat auch gelernt, für sich selbst zu sorgen, und das hat ihr gutgetan:

> *Schickt kein Geld mehr, jetzt da ich selbst haushalte brauch ich nicht so viel. Das Brot ist auch angelangt und gleich tags darauf hab ich Knödel gekocht und eine falsche Fleischsuppe gemacht und die Hausleute mithalten lassen, da sie so was noch nie gesehen hatten. Sie sind sehr gut gelungen und hat ihnen auch geschmeckt.*

Offenbar knüpft die aufgeschlossene Verbannte rasch Freundschaften im Dorf. An diesem Punkt ereignet sich für mich etwas Merkwürdiges. Giuseppe, mein Bekannter von der Gemeindeverwaltung, kommt wieder ins Spiel. Er erzählt, dass er als Kind viel von der Frau aus dem Norden gehört hat, die als Gefangene nach Castelluccio gekommen war. Um sich die Zeit zu vertreiben, hatte sie sich wohl mit der zehn Jahre älteren Rita Lauria, der Ehefrau von Signor Conte, angefreundet. Rita wohnte in der Nähe des Palazzo Marchesale, des Wohnsitzes der Markgrafen von Pescara, der im Dorfzentrum direkt neben der Kirche lag, in die Hella zur Messe ging. Sie selbst berichtet der Mutter:

> *Einen großen Teil meiner Zeit verbringe ich bei Fam. C. Ich sah zu wie sie einkellerten, und die Trauben mit den Füßen traten, gehe mit der Frau Feigen pflücken und hab wohl noch nie in meinem Leben so viel davon gegessen, oder sitze mit ihnen am Kaminfeuer und wir braten Kastanien und erzählen von jenen Tagen, die so eilig dahin gegangen sind.*

Am selben Tag schreibt sie an ihre Schwester Elsa:

*Sehr oft verbringe ich den ganzen Nachmittag bis 8 Uhr
bei Fam. Conte, die mich immer mit allerhand guten Dingen vollstopfen. Manchmal gibt es Eifersucht ab, weil ich
jene bevorzuge, aber ich kann einfach meine Hausfrau
nicht ausstehen, vertrage ihre gar zu aufdringliche Art
nicht und ihre Falschheit und alle heiligen Zeiten einmal
nur setze ich mich abends zu ihnen und glaube dann immer mit einer Hexe zu tun zu haben. Sie möchte, ich sollte
auch tagsüber in ihrer Gesellschaft sein und ruft mich oft,
doch ich finde schon immer Auswege, um ihr nicht den
Gefallen tun zu müssen, denn mir graust wahrhaftig vor
diesem Zigeunerweib. Mit der Tochter komme ich gut aus
und bin wohl auch täglich dort auf einen Sprung, wenn
ich vorbei gehen muß.*

Ich bin der inzwischen verstorbenen Rita dankbar, die Hella
die Zeit der Verbannung ganz offenbar erleichtert hat. Die
Grüße, die Rosa ihr schickte, lassen darauf schließen, dass
sie wie eine Art entfernte Freundin der Familie war. Am
14. November schreibt Hella an Elsa: »Die Postkarte mit
dem Foto von Euch ist angekommen und alle hier haben
Euch gleich liebgewonnen, auch ohne Euch zu kennen.«
Und an die Mutter:

*Die Grüße hab ich ausgerichtet und soll ebenfalls wieder
welche melden. Die Frau versprach dem hl. Antonius, den
sie hier alle so verehren, für die armen Leute Brot zu ba-
cken und eine Messe für die Verstorbenen lesen zu lassen,
wenn ich bald heim kann, und er und die Tränen standen
beiden in den Augen, will ein Festessen geben! Wenn ich
einen Tag nicht hingehe, so fragen sie einander immer,
warum wird sie nicht gekommen sein und sie sagen, der
Tag scheint ihnen unendlich lang, wenn ich mich nicht sehen ließ. Ich sollte da und dort sein, jeder möchte den Vor-*

zug haben. Dafür geht es dem armen Kameraden im Nachbarort schlecht, er darf mit Niemandem verkehren, keine Post u. s. w. Hab ihm Lesematerial zukommen lassen, ansonsten weiß er wohl nicht, wie die Zeit totschlagen. Der Podestà möchte den gleichen Photoapparat von Bozen bestellen lassen durch mich, ihm gefällt er gut, nun weiß ich nicht, soll ich einen bestellen bei Knopp? Frag Du, ob er hierher einen verkaufen möchte, natürlich zahlung im vorhinein.

So hat sich selbst der faschistische Podestà von dem lebhaften Südtiroler Fräulein um den Finger wickeln lassen. Auf der Jagd nach weiteren Elementen, die das bereits lebendige Bild dieser Briefe ergänzen könnten, besuche ich Giuseppe, der einige Fotografien aus jenen Jahren hat. Ich bin richtig aufgeregt, als er sie mir zeigt. Fragmente, die die Zeit überdauert haben, versteckte Botschaften, die wie Rosas Tagebuch, wie die Briefe, Karten und das Gästebuch in meine Hände gelangt sind. Doch diese hat es so weit weg verschlagen, dass es mir als großes Glück erscheint, sie wiedergefunden zu haben. Auf zwei alten Schwarzweißbildern erkenne ich Hella, wie sie in jenen Monaten der Verbannung im Jahr 1938 ausgesehen hat. Sie trägt ein schlichtes weißes Kleid mit kurzen Ärmeln. Das Haar ist hochgesteckt, und ihr hübsches, ovales Gesicht blickt ernst. Doch trotz der Verbannung wirkt sie kräftig und gesund. Rechts von ihr steht ein Mann in grauem Zweireiher. »Ritas Mann«, erklärt mir Giuseppe. Er hat schwarzes Haar, eine vorspringende Nase und raucht eine Zigarette. Die Frau links neben Hella erregt meine besondere Aufmerksamkeit. Vermutlich hat sie sich gerade im Moment des Auslösens bewegt, denn ihr Gesicht ist leicht unscharf. Sie trägt ein elegantes Hütchen und ein perfekt sitzendes Kostüm – Kleidung, die in dieser ländlichen Umgebung eher fehl am Platz gewesen sein dürfte. Es ist Tante Berta, wer sonst?

So fügt sich ein weiteres Element in eine der beliebten, seit Jahrzehnten in unserer Familie zum Besten gegebenen Geschichten ein: die von Bertas und Elsas Reise nach Castelluccio im Oktober 1938. Natürlich musste damals alles ganz im Geheimen erfolgen. Für den Fall der Fälle hatten sich die beiden eine Geschichte zurechtgelegt, die sie der Polizei auftischen konnten: Bei einer Festnahme wollten sie sich als zwei deutsche Journalistinnen ausgeben, die an einer Reportage über Italien arbeiten. Allerdings hätte das schwerlich all die Lebensmittel erklärt, mit denen die Koffer vollgestopft waren. Selbst in Bertas unvermeidlicher Hutschachtel fand sich Platz für ein wenig Himbeermarmelade und andere heimatliche Genüsse. Aber im Zweifelsfall wäre ihnen bestimmt etwas eingefallen.

An einem Morgen gegen kurz nach sechs brechen sie mit dem ersten Zug und einem nur von Auer nach Bologna reichenden Billett zu ihrer ersten Etappe auf. So müssen sie, falls sie kontrolliert werden, ihr Ziel nicht preisgeben. Am Nachmittag erreichen sie Rom, von wo sie am Morgen darauf nach Salerno weiterreisen. Erst am dritten Tag treffen sie in Castelluccio ein. Es ist eine anstrengende Reise: mindestens vier verschiedene Züge, von denen, laut der Fahrpläne von damals, zumindest zwei lediglich dritte Klasse anboten. Berta und Elsa bleiben nur drei Tage. Ein längerer Aufenthalt wäre zu gefährlich. Hella hat gewiss keine Erlaubnis, Besuch zu empfangen. Aber welche Freude ihr der Besuch der Schwestern bereitet hat, erfahren wir aus einem Brief, den sie kurz darauf nach Hause schreibt:

15. X 1938
Welche Überraschung als Elselein und Berta mich hier überrumpelten! Ich wußte vor Freud und Aufregung nicht aus noch ein! Alle 3 Nächte hab ich kein Auge zugetan und ich war so überreizt dann untertags, daß mich

niemand anreden durfte und ich heulte schon. Ein Brieflein für Daheim mitzugeben, war ich nicht imstande zu schreiben, der Abschied ist mir wohl schwer gefallen. Nun ist es wieder einsam und leer in meiner Zelle, es ging alles viel zu rasch, nur 2½ Tage blieben sie. Sie fanden es gar nicht so übel und machten sich gleich vertraut mit den hiesigen Sitten: Elsa mußte durch ein langes Fernrohr das Feuer am Kamin anblasen, davon ich dann eine Zeichnung machen mußte und beide hatten auch die Ehre, auf dem reizenden Topferl zu sitzen, denn Abort gibt es hier nur in ganz noblen Häusern!! Unter der Küche ist der Stall, der dient den Hausleuten dazu!

Ich bin nur glücklich, daß ich mir jetzt schon seit August selber koche, denn wenn Ihr gesehen hättet was zuvor durch meine Gurgel mußte! Ich hab nun schon wieder zugenommen, die Kleider gehen mir alle zu eng, es ist ein wahres Kreuz! Meine Schwesterleins meinten, ich hätte übertrieben, als ich die hiesigen Verhältnisse schilderte. Ich sagte dazu, daß sie wohl Augen hätten, aber doch für vieles blind sind und dann wußten sie bereits von mir alles, wie es hier aussah, ich dagegen stellte es mir besser vor und fand nicht einmal das Notwendigste und wenn ich auch etwas Schönes fände, was wäre es mir zum Vergleich dessen, was mich früher umgab? Ich kenne nur ein Landl, wo mir jedes einsamste und verlassenste Fleckchen lieber ist, als hier das verlockendste Paradies. Natürlich, nur auf einige Tage zu bleiben, ist ganz interessant und wenn man auch Leute findet, die schon auf sie gewartet haben und wenn man schon weiß, wie die gesotten sind, aber fremd, allein und erst herumsuchen müssen und nie wissen, was hinter der süßen Larve steckt. Leider gelingt es mir nicht wie Don Quichotte alles verzaubert zu sehen! Der natürlich würde glauben auf Perserteppichen zu gehen, wenn er knietief im Schmutz der engen Gassen einsinken würde, *und hätte sicher gerne für seine Dulcinea sich einen Thron wie mein Kachele gewünscht! Auf einer Almhütte auf unseren Bergen da wär ich zehnmal glücklicher, doch alles wird ein Ende nehmen, die armen Burschen tun mir leid, denen geht auch das Herz über vor Sehnsucht.*

Es ist nun spät nachts und ich mach Schluß. Habt Ihr diese 2 Briefe bekommen, so macht Ihr ein ! auf die Karte oder in eine Briefecke, damit ich es weiß.

Ich frage mich, was die beiden Frauen dazu bewogen hat, sich auf ein derartiges Abenteuer einzulassen. Berta, eine junge Mutter mit einer gerade einmal zweijährigen Tochter, lebte damals viele hundert Kilometer weit entfernt in Wien. Elsa hatte gleich vier Kinder, meine Mutter Herlinde sowie drei Buben, und es waren schwere Zeiten damals in Südtirol. Eine derart anstrengende Reise für einen solch kurzen Aufenthalt auf sich zu nehmen erscheint geradezu unsinnig, ganz zu schweigen von den gewaltigen Gefahren. Dennoch haben sie es gewagt. In meinen Augen spricht aus diesem Akt nicht nur die Liebe zweier Schwestern, sondern auch das Wirken Rosas. Die Vorstellung, machtlos zu sein, muss ihr unerträglich gewesen sein. Natürlich konnte sie nicht selbst reisen, aber sie hatte das Bedürfnis, Hella in irgendeiner Form eine tröstliche Geste zu erweisen. Sie wollte ihr zeigen, dass sie alles versuchten, um sie wieder heim zu holen. Zu sich zu holen. Vermutlich wollte Rosa ihrer Tochter auch die diesbezüglich von ihnen unternommenen Schritte unterbreiten, was auf dem Postweg nicht möglich gewesen wäre. Hellas Postskriptum verdeutlicht, dass die faschistische Zensur überall lauerte. Die Sache selbst in die Hand zu nehmen war da beinahe noch am ungefährlichsten.

Die Begnadigungsgesuche der Familie waren bisher tatsächlich alle gescheitert. Aus der Vielzahl der Dokumente und Gutachten, die sich gegen Hellas Begnadigung aussprechen, geht hervor, dass es eine Menge solcher Gesuche gegeben haben muss. Sogar Vertreter der Kirche haben sich für sie verwendet – vergebens. Aus welchen Gründen die faschistischen Behörden an ihrer Verurteilung festhielten, erfährt man in einem langen Bericht der Bozner Carabinieri, vom Juli 1938, über die politischen Aktivitäten der Familie Rizzolli-Tiefenthaler.

> Einem Begnadigungsgesuch für Rizzolli nachzukommen, würde der politischen Stabilität der Region nachhaltigen Schaden zufügen und den Beweis liefern, dass diese Person tatsächlich unter dem Schutz der Reichsregierung stünde und sich der Führer persönlich für ihre Befreiung eingesetzt habe. Eben darauf beharren seit geraumer Zeit ihre Angehörigen, die um Elena den Nimbus einer Märtyrerin schaffen wollen.

Im August 1938 nimmt Hella die Angelegenheit selbst in die Hand und schreibt an den Duce. Die Adresse auf dem Umschlag lautet: »*An seine Exzellenz, Benito Mussolini, Duce des Faschismus, Roma.*« In dem Brief erklärt sie, von den »*übereifrigen Provinz-Gerichten*« missverstanden worden zu sein und auf die Großzügigkeit des Diktators zu vertrauen, um freizukommen. Doch aus diesem mit Schreibmaschine auf drei Protokollblätter getippten Appell scheint mir eindeutig Spott zu sprechen:

> *Aus den Verhören hat sich lediglich ergeben, dass die Anfang zwanzigjährige Angeklagte einen unschuldigen und gänzlich unverfälschten Charakter aufweist, und dieser Charakter in Verbindung mit ihrer blühenden Gesundheit beweist, dass sie kein antifaschistisches Gedankengut*

hegen kann, zumal ihre Organe, insbesondere die Leber,
bestens funktionieren!

Die Leber? Und dann noch mit Ausrufezeichen? Das Argument ist derart absurd, dass man sich seiner komischen Wirkung gewiss sein kann. Es ist wohl kein Zufall, dass gerade dieser Abschnitt durch einen markanten roten Bleistiftstrich gekennzeichnet ist. Mussolinis Werk? Vermutlich doch eher das eines Beamten. Der Schluss trieft von einer derart plumpen pseudo-faschistischen Rhetorik, dass man geradezu meinen könnte, Hella hinter den Zeilen grinsen zu sehen:

Exzellenz, gebt sie zurück in die liebenden Hände der vor
Schmerz vergehenden Familie, sorgt dafür, dass sie ihrer
alten, kranken und an den Rand ihrer Kräfte gelangten
Mutter, dem zweiten Opfer des Prozesses, neue Lebens-
freude geben kann, sorgt dafür, dass Euer Name gelobt
und gepriesen werde, denn er steht für Gerechtigkeit und
Erbarmen und soll von der Unterzeichnerin niemals mit
Angst und Schrecken in Verbindung gebracht werden.

Es dürfte kaum überraschen, dass dieser Brief nichts an der Situation ändert. Doch dafür sollte ein anderes, auf äußerst ungewöhnliche Weise überbrachtes Schreiben sorgen.

Wenige Tage nach ihrem abenteuerlichen Aufenthalt in Castelluccio kehrt Berta nach Wien zurück. Dort erfährt sie, dass eine wichtige Persönlichkeit zu einem offiziellen Besuch erwartet wird: der italienische Außenminister, Graf Galeazzo Ciano, Schwiegersohn des Duce. Ciano kommt Anfang November 1938 zu einem Gipfeltreffen mit der österreichischen beziehungsweise nunmehr deutschen Regierung. Wie alle Würdenträger wohnt er im Hotel Imperial, genau gegenüber dem Haus von Berta.

Diese Gelegenheit kann man sich nicht entgehen lassen.

»Oskar, nun ist es an uns«, erklärt Berta ihrem Ehemann, dem Rechtsanwalt, eines Morgens am Frühstückstisch. Er schaut sie unschlüssig an.

»Was gedenkst du zu tun? Cianos Terminkalender ist sehr voll, ich glaube nicht, dass man ihn dazu bewegen kann, dich zu empfangen.«

»Einen Brief schreiben!«, strahlt Berta. »Ein Bittgesuch zur Freilassung Hellas!«

Oskar nickt, wirkt aber nicht überzeugt.

»Du musst mir helfen, du bist doch bewandert in diesen Dingen«, drängt seine Frau und legt zärtlich eine Hand auf seinen Arm. »Es ist genauso, als wenn du einen Fall verteidigen müsstest, oder?«

»Und an wen willst du dieses Gesuch richten?«, fragt er, aber er hat schon verstanden.

»An den Duce natürlich!« Bertas Augen sprühen vor Hass auf den Mann, in dessen Händen das Schicksal ihrer Schwester ruht. Aber auch vor Begeisterung über den möglichen Ausweg.

Am Tag darauf ist alles bereit. Stundenlang beobachtet Berta vom Fenster aus den prunkvoll geschmückten Eingang des Hotel Imperial, um zu sehen, wann die Gefolgschaft des italienischen Ministers eintrifft. Gemeinsam mit Oskar hat sie überlegt, was zu tun ist. Er hat ihr geraten, sich mit einem üppigen Trinkgeld die Mithilfe eines Portiers zu erkaufen. Man bräuchte ihm nur den Brief an den italienischen Minister anzuvertrauen, und dieser würde ihn dann seinerseits an den Duce weiterreichen. Doch in Bertas Augen ist das riskant: Wie will man sichergehen, dass der Umschlag tatsächlich in Cianos Hände gelangt? Der Einsatz ist hoch, zu hoch, um ihn einem käuflichen Bediensteten anzuvertrauen. Es wäre feige, und das ist nicht Bertas Art.

Sie hat bereits ein schlichtes, aber elegantes Kleid angelegt, das ihre kurvenreiche Figur zur Geltung bringt. Nun greift sie nach dem schicken Mantel mit dem schmalen Taillengürtel und dem weichen Zobelfell-Kragen, der ihr Gesicht umschmeichelt. Er reicht bis zur halben Wade und lässt die wohlgeformten Fesseln in den von kleinen Knöpfen geschlossenen Stiefeletten frei. Sie setzt sich einen modischen Hut auf den Kopf, den sie kokett über ein Ohr zieht, und legt ein wenig Puder auf. Ein kurzer Blick in den Garderobenspiegel, dann tritt sie hinaus. Innerhalb einer Minute hat sie mit leichten, eiligen Schritten die Straße überquert und tritt, den Portiers zunickend, durch die Eingangstür des Imperial. Sie hat Glück: Ciano und seine Leute sind noch in der Eingangshalle. Sie erkennt den Minister gleich an seiner Uniform und dank der Fotos, die sie schon von ihm gesehen hat. Bei all den Schwarzhemden um ihn herum verlässt sie jedoch für einen Augenblick der Mut. Aber dann hebt sie das Kinn und tritt auf ihn zu.

»Herr Graf! Ich bitte Sie inständig! Schenken Sie mir einen Augenblick Gehör.« Ihre hohe, klare Stimme übertönt das Gemurmel, und plötzlich herrscht Stille. Alle drehen sich um. Berta fühlt sich wie auf der Bühne, und die Rolle, die sie zu spielen hat, ist vielleicht die wichtigste ihres Lebens.

Sie geht zwei weitere Schritte auf Ciano zu und heftet den Blick auf ihn. Sie sorgt dafür, dass sich ihre großen blauen Augen mit Tränen füllen, nur so viel, um sie zum Glänzen zu bringen und sie unwiderstehlich wirken zu lassen. Schon immer, bereits als Kind, war Berta in der Lage gewesen, auf Kommando zu weinen. Sie ist dem Minister einige Meter näher gekommen, nun kann sie mit ihm sprechen, ohne die Stimme zu erheben, doch die Gefolgschaft beginnt, sich schützend um ihren Chef zu schließen und die unerwünschte Fremde abzudrängen. Sie kann nichts dagegen tun, und für einen Augenblick steht die Situation auf der Kippe. Doch dann gebietet Ciano seinen Wachleuten mit einer

Handbewegung Einhalt. Er hat eine große Schwäche für schöne Frauen, und Berta mit ihrem leicht ausländischen Akzent fasziniert ihn offenbar. Der Graf verneigt sich: »Zu Ihren Diensten, meine Dame.«

Berta setzt alles auf eine Karte. »Unter vier Augen, bitte«, sagt sie. Es ist eine gewagte Forderung, und sie weiß sehr gut, dass alle hinter ihrem Gebaren irgendeine Gefühlsduselei vermuten werden. Wahrscheinlich denkt auch Ciano das zunächst. Sie hofft nur, dass die Enttäuschung ihn nicht gegen ihr Ersuchen einnehmen wird.

Auf den Lippen des Grafen zeichnet sich tatsächlich ein schwaches Lächeln ab. Mit galanter Geste deutet er auf einen kleinen Salon am Fuße der Haupttreppe und tritt näher, um ihr den Arm zu reichen. Ein livrierter Diener eilt ihnen rasch voran, und zwei Männer seiner Eskorte folgen ihnen in diskretem Abstand. Berta verschwindet lächelnd in Begleitung des italienischen Außenministers hinter der Tür.

Die Rekonstruktion des Ereignisses stammt zwar von mir, aber die Geschichte um Tante Bertas Gesuch gehört ebenfalls zum beliebten Familienrepertoire. Wobei die Versionen teils voneinander abweichen: Manche sagen, sie habe den Brief zusammen mit einem Trinkgeld dem Portier übergeben, andere behaupten gar, Berta habe sich dem hohen Politiker weinend vor die Füße geworfen. Jedenfalls sind sich alle über den wirklich bewegenden Ton des Schreibens einig.

Leider ist dieses Papier verlorengegangen. Aber ich bin auf andere Dokumente gestoßen, die mir einen Eindruck davon vermitteln, was sich durch Ausstrahlungskraft und Zähigkeit erreichen lässt. Dazu gehört zunächst die Kopie eines auf den 13. November 1938 datierten Telegramms aus Rom an den Staatsanwalt von Trient.

Der Duce ordnet die Freilassung der politisch Verbannten Elena Rizzolli Tochter von Giacomo an Punkt

Der Briefkopf des zweiten Dokuments lautet: »Passierschein«. Er ist auf den 19. November 1938 datiert und an Elena Rizzolli adressiert. Sechs Monate nach ihrer Ankunft in Castelluccio darf Hella wieder in ihre Heimat zurückkehren. Rosa wird später in ihr Tagebuch schreiben:

Pinzon 1939

Am 20. November 1938 kam unsere jüngste Tochter von ihrer Verbannung zurück und niemand war glücklicher als das Elternpaar. Doch das ganze Dörfl und Umgebung strahlte vor Freude. Kein Opfer war zu groß um den Empfang recht festlich zu machen. Mit Auto wurde Hella am Bahnhof abgeholt und mit den lieben Verwandten, Schwester und Schwager Deutsch in die Heimat begleitet Unser Stüberl glich einem Blumengarten und reichlich war der Tisch mit Geschenken und allen möglichen Leckerbissen geziert. Am führendsten war wohl, als sich Mutter und Kind in den Armen lagen und Freudentränen vergossen. Alle Anwesenden ließen ihren Tränenbächlein freien Lauf und »geteilte Freude, doppelte Freude, geteilter Schmerz, bloß halber Schmerz«.
Die Jugend sagte schöne Verse auf und spielte ein nettes Theater, die Großen sangen reizende Lieder. Ja, im Himmel, in der Heimat, da gibt's ein Wiedersehen!
Vom harten Strohlager durfte sie wieder in ihrem weichen, weißen Bette schlafen und Mutters Hände sind wieder nahe, zum segnen. Die liebe Berta in Wien ließ keinen Versuch unprobiert und richtig, ist es ihr gelungen nach 10 Monaten, anstatt 5 Jahren, ihr die Freiheit zu verschaffen.
Gott möge uns von diesem Übel erlösen!

17

Nacht und Nebel

Rosa hat sich von den Ärzten des Kurhauses in Meran untersuchen lassen, und man hat ihr eine Behandlung mit radonhaltigem Wasser empfohlen. Hellas Rückkehr erfüllt sie mit großer Freude, aber der Kampf um die Freilassung hat an ihren Kräften gezehrt. Die Gesundheit hat darunter gelitten, und die Ärzte geben sich nicht allzu optimistisch: Die Quellen vor Ort sind zwar für ihre Heilwirkung berühmt, doch in ihrem Fall können sie nicht viel bewirken. Vielleicht wird es ihr in dem geistig regen und kosmopolitischen Meran wenigstens gelingen, ihre Sorgen ein wenig zu vergessen – eine bessere Kur als so manche Medizin.

Rosa lässt die Thermen hinter sich und schlägt den Weg zur Promenade ein, die am Ufer der Passer entlangführt. Sie ist nachdenklich und beunruhigt. Nicht, dass ihr der Gedanke an körperlichen Schmerz und Krankheit Angst machen würde. Aber wenn es ihr schlechtgeht, wer soll dann die Familie zusammenhalten? In der Ferne auf einem Berghang ragt das Schloss Tirol empor. Jahrhundertelang hat es an den Toren der Provinz Wache gehalten, doch seine dicken Mauern vermögen das Meer der drohenden Gefahren nicht mehr einzudämmen.

Rosa hört eine freundliche Stimme nach ihr rufen und wendet sich um. »Liebe Frau Rizzolli, welch angenehme Überraschung!«

Sie braucht einen Augenblick, ehe sie den feinen Herrn erkennt, der zur Begrüßung den Hut lupft und ihr mit einer Verneigung die Hand küsst.

»Herr Katz!« Ihr Gesicht hellt sich auf, als sie ihn erkennt.

Er ist einer der angesehensten Schneider der Stadt. »Verzeihen Sie, dass ich Sie nicht gegrüßt habe, ich war ganz in Gedanken versunken.«

»Hoffentlich nichts Ernstes«, erwidert Katz mit müdem Lächeln, während er sich seinen Hut wieder aufsetzt. Unter dem grünen Lodenmantel trägt er einen tadellos sitzenden Anzug aus feiner grauer Wolle. Um den Hals hat er eine blaue Seidenfliege gebunden.

»Nun, es gab schon bessere Zeiten«, bemerkt Rosa. »Das wissen Sie bestimmt besser als ich.«

Sie kennt Rudolf Katz, seit er im Jahr zuvor, 1937, sein Geschäft im Zentrum von Meran eröffnet und sie sein Atelier besucht hat. Sie war schon kurz davor gewesen, ein Kleid bei ihm in Auftrag zu geben, aber dann hat sie doch Abstand davon genommen: Sein Stil ist ein wenig zu modern für sie. Doch sie bewundert sein Talent und seine Tüchtigkeit. Sie hat von der Geschichte gehört: Herr Katz, ein deutscher Jude, musste aus Deutschland fliehen, um den Übergriffen durch die Nationalsozialisten zu entkommen. Wie Dutzende andere Verfolgte hat er Meran gewählt, eine Stadt, die Intellektuellen, Industriellen und dem gesamten europäischen Großbürgertum Raum zur Begegnung und zum Verweilen bietet.

»Täusche ich mich, oder kommen Sie aus dem Kurhaus?« Herr Katz reicht ihr den Arm, und gemeinsam laufen sie weiter.

»Ich habe mich wegen ein paar geringfügiger Beschwerden untersuchen lassen«, wiegelt Rosa ab. »Und wie steht es bei Ihnen?«

»Ich bin auf dem Heimweg. Gerade habe ich mit einem Verwandten, der aus Amerika gekommen ist, einen Kaffee getrunken.«

»Aus Amerika? In die Kurstadt Meran?« Rosas Neugierde ist geweckt, Amerika erscheint ihr unvorstellbar weit weg.

Sie erntet ein derart langes Schweigen, dass sie sich allmählich unwohl fühlt. Aus dem Augenwinkel wirft sie einen Blick auf den schick gekleideten Herrn an ihrer Seite. Er hat keine Miene verzogen.

»Für eine Thermal-Kur wäre es eine etwas zu lange Reise, meinen Sie nicht?«, sagt er schließlich mit merkwürdiger Stimme. »Nein, meine Dame, er ist nicht wegen der Thermen hier. Er ist gekommen, um mir zu sagen, dass ich so schnell wie möglich fliehen muss.«

Rosa ist fassungslos und bleibt unvermittelt stehen. Es ist sinnlos, so zu tun, als wisse sie nicht, wovon Katz spricht. »Ist es schon so weit gekommen?«, fragt sie leise.

Aus den Zeitungen ist ihr bekannt, dass die Faschisten, ebenso wie die Nationalsozialisten drei Jahre zuvor den Antisemitismus gesetzlich verankert haben. Die immer stärker eingeschränkte Presse rühmt die neue Form der Diskriminierung von Juden als Fortschritt der Zivilisation. Alle ringsum, selbst in ihrem Haus in Pinzon, diskutieren darüber und geraten sich deshalb in die Haare. Die Meinungen gehen auseinander: Manche heißen die Sache gut, andere hegen Zweifel.

Bis vor Kurzem hat der Kampf um Hellas Freilassung ihre gesamte Aufmerksamkeit in Anspruch genommen, und Rosa ist so erschöpft, dass es sie Mühe kostet, alle Ereignisse zu verfolgen. Doch die Artikel über die Ausschreitungen in der Nacht vom 9. auf den 10. November haben auch sie entsetzt.

Judenfeindliche Unruhen in Deutschland als Gegenentwicklung auf den Mord an Legationssekretär vom Rath, titelt die Zeitung »Dolomiten«[15] am 12. November. Scheinbar hatte die Ermordung des NS-Diplomaten in Paris durch einen jungen polnischen Juden namens Herschel Grynzspan in der Nacht vom 9. auf den 10. November Anlass zu Massenkundgebungen und gewaltsamen Übergriffen auf Juden gegeben. Zum Glück, so heißt es, hatte der deutsche Propagandaminister Joseph Goebbels gleich darauf eine Mitteilung veröffentlicht, um den Ausschreitungen Einhalt zu gebieten, zu denen es nicht nur in ganz Deutschland, sondern auch in Österreich gekommen war. Das hat Rosa als besonders schmerzlich empfunden: Sie kann sich Innsbruck oder ihr geliebtes Wien kaum als Schauplatz solcher Auseinandersetzungen vorstellen. Gottlob geht es allen aus der Familie gut, aber eine Freundin hat ihr geschrieben, dass viele in der österreichischen Hauptstadt es für besser hielten, die Juden würden verschwinden. Nun sagt Herr Katz ihr hier genau dasselbe. Aber in Meran wird es doch sicher noch keine Probleme geben und ebenso wenig in Bozen. Die baumbestandene Straße erscheint mit einem Mal von Schatten erfüllt.

»Urteilen Sie selbst.« Rudolf zieht einige gefaltete Blätter aus seiner Ledertasche und hält Rosa die erste Seite einer ihr unbekannten Tageszeitung hin. Der Zeitungskopf ist auf Englisch: »The New York Times«.

»Das, Frau Rizzolli, ist die wichtigste amerikanische Tageszeitung, die Ausgabe vom 11. November – vor genau zwei Wochen. Hier steht, was in jenen Tagen tatsächlich geschehen ist, als unsere Zeitungen ›Plötzliche Unruhen‹ titelten und Goebbels von *berechtigten und verständlichen* Aktionen sprach. Sie haben Juden in allen Städten angegriffen, haben Dutzende von ihnen umgebracht. Sie haben ihre Häuser und Geschäfte geplündert, ihre Synagogen in Brand gesteckt. Sie haben sie zu Tausenden aufgespürt und in Konzentrationslager gesperrt. Das sind keine plötzlichen Unruhen, das ist Menschenjagd!« Der normalerweise so zurückhaltende Schneider ist wie ausgewechselt, Zorn und Angst stehen ihm ins Gesicht geschrieben.

»Aber warum nur?« Rosa starrt auf die großen, schwarzen Buchstaben der Überschrift, deren Sprache sie nicht versteht. Ihr wird bewusst, dass sie angesichts des Grauens, von dem Katz berichtet, eigentlich mehr sagen müsste. Doch ihre Frage kommt aus tiefstem Herzen.

Katz zwingt sich mit einem tiefen Seufzer zur Ruhe. Frau Rizzolli ist, wie er selbst, nicht mehr die Jüngste, und er möchte sie nicht beunruhigen. Er tätschelt ihr ermunternd die Hand, die auf seinem Arm ruht.

»Es gibt keine wirkliche Erklärung, meine Liebe. Aber glauben Sie mir, für die Juden ist es seit Jahrhunderten so. Das Problem ist, dass niemand hier bei uns Bescheid weiß. Die Presse wird durch das Regime manipuliert: Wer etwas weiß, schweigt, sei es aus Einverständnis, sei es aus Feigheit. Nur die Ausländer begreifen, was im Reich wirklich vor sich geht. Mein Verwandter hat mir diese Zeitung mitgebracht, um mich zu überzeugen.«

»War es denn auch in Wien so grauenhaft?« Rosa kann diese Frage einfach nicht zurückhalten.

Rudolf nickt düster. Seine Miene ist unsagbar traurig. »In Wien haben sie die Synagogen niedergebrannt. Statt die Juden zu beschützen, hat die Polizei den Angreifern Deckung gegeben.«

»Das ist furchtbar«, erwidert Rosa mit Nachdruck.

»Auch in Italien sind die Juden in großer Gefahr.« Katz schüttelt den Kopf.

»Wegen der Faschisten? Ich habe von den neuen Gesetzen gehört, die verabschiedet wurden. ›Gesetze zum Schutz der Rasse‹ nennt man sie, oder? Es war in der Zeit, als sich meine Tochter in der Verbannung befand, ich habe die Sache nicht gründlich verfolgt«, fügt sie in gleichsam entschuldigendem Ton hinzu.

Rudolf schüttelt erneut den Kopf. »Wir haben keine Rechte mehr. Wer angestellt ist, wird entlassen. Wer ein Unternehmen oder eine Tätigkeit wie die meine hat, darf nicht mehr arbeiten. Die Banken gewähren uns nicht länger Kredit, wir dürfen nicht einmal mehr wertvolle Güter besitzen. Sie wissen, dass ein Jude mittlerweile keine Nicht-Jüdin mehr heiraten darf?«

»Stimmt es, was man sich erzählt? Dass ausländische Juden Italien verlassen müssen?«, hakt Rosa nach.

»Absolut. Das hat man uns bereits vor zwei Monaten, im September, zu verstehen gegeben. Mussolini hat immer gesagt, er habe nichts gegen uns, doch nun heißt es, dass die nicht-italienischen Juden sechs Monate Zeit haben, um ihre Koffer zu packen und das Land zu verlassen.«

»Aber Sie sind Deutscher, und in Deutschland sieht es genauso aus. Wo werden Sie hingehen?«

»Ich werde mein Geschäft und mein Haus verkaufen. Dabei werde ich vermutlich eine Menge Geld verlieren, aber ich habe keine andere Wahl.«

»Kann Ihnen Ihr amerikanischer Verwandter dabei behilflich sein?«, fragt Rosa. »Herr Katz, gibt es irgendetwas, das ich für Sie tun kann?« Sie fühlt sich ohnmächtig angesichts der ungeheuerlichen Geschichte, die der Schneider ihr erzählt hat. Aber selbst einem einzigen Menschen zu helfen wäre schon etwas, denkt sie.

Er sieht sie derart erstaunt an, dass es ihr fast übertrieben erscheint. Dann schüttelt er den Kopf.

»Sie wissen gar nicht, wie gut mir Ihre Worte tun, Frau Rizzolli. Doch vorläufig brauche ich nichts, vielen Dank. Ein Teil meiner Familie lebt seit fünfzig Jahren in New York. Mein Verwandter …«, Rudolf sieht sich rasch um, »… ist Mitglied einer Vereinigung, die Juden bei der Ausreise aus Europa unterstützt. Wir werden das schon irgendwie schaffen.«

Die beiden schweigen. Ihre letzte Begegnung ist zu Ende. Katz lupft erneut seinen Hut und verabschiedet sich von Rosa. Sie streckt ihm die Hand entgegen, und der Schneider hält sie einen Augenblick fest. »Ich fühle mich alt, ich bin es leid zu fliehen«, gesteht er ihr. »Ginge es nur um mich, würde ich bleiben und mich Gottes Gnade anvertrauen. Aber ich habe eine Frau und zwei Kinder. Sie sind erst Anfang zwanzig, ich muss an sie denken.«

Rosa sieht ihn davoneilen. Mehrere Minuten lang bleibt sie stehen und starrt in die Strömung der Passer. Sie verspürt eine unsagbare Müdigkeit.

»Was muss noch alles geschehen?«, fragt sie sich, während sie den Weg zum Bahnhof von Meran einschlägt.

Die Begegnung zwischen Rosa und dem Schneider Rudolf Katz ist Fiktion, die in dem Dialog der beiden zur Sprache gekommenen Fakten sind es leider nicht. Die Gewaltakte gegen Juden in der Nacht zum 10. November 1938 sollten unter dem Namen Kristallnacht in die Geschichte eingehen. Er ist eine Anspielung auf das unheimliche Getöse der zerberstenden Scheiben, von dem die Straßen der deutschen Städte über Stunden hinweg erfüllt waren, als nationalsozialistische Schlägertrupps Fenster und Schaufenster zertrümmerten. Möglicherweise hat Rosa folgenden Artikel in der Ausgabe der »Dolomiten« vom 12. November gelesen, der sich als Quelle auf die Zeitung »Volksbote«[16] vom 10. November beruft. Es heißt dort:

Allenthalben setzt ein Sturm gegen die Juden ein und fast in allen größeren Städten kam es zu Massendemonstrationen gegen dieselben.

In Berlin waren bereits in den späten Nachtstunden nach Mitternacht starke Menschenansammlungen in den Straßen zu bemerken. Zwischen 4 und 5 Uhr morgens setzten dann die Hauptaktionen gegen jüdische Gebäude und Geschäfte ein. In den Morgenstunden brannten sowohl die Hauptsynagoge der Reichshauptstadt in der Fasanenstraße und die wohl noch größere und umfangreichere neue Synagoge in der Prinzregenten-Straße lichterloh. Von den zwölf jüdischen Synagogen Berlins gingen neun in Flammen auf. Um weitere Ausdehnung der Brände zu verhindern, musste die Feuerwehr eingesetzt werden.

Die Fensterscheiben der jüdischen Geschäfte wurden zertrümmert und viele Läden demoliert. Zahlreiche jüdische Kaufleute mussten in Schutzhaft genommen werden, um sie der empörten Menge zu entziehen.

In Leipzig ging ein großes jüdisches Konfektionslager in Flammen auf. Wie gemeldet wird, ergab sich, daß das Feuer vom Inhaber selbst gelegt worden sei, um in den Besitz der Versicherungssumme zu gelangen. Der Mann wurde verhaftet und nur das rasche Einschreiten der Feuerwehr konnte eine Ausbreitung des Feuers auf die umliegenden Gebäude verhindern.

Brände von Synagogen kamen auch in anderen Städten Deutschlands vor, so in München und Konstanz.

Um 17 Uhr wurde dann folgender Aufruf des Propagandaministers Goebbels verlautbart: »Die berechtigte und verständliche Empörung des deutschen Volkes über den feigen jüdischen Meuchelmord an einem deutschen Diplomaten in Paris hat sich in der vergangenen Nacht in umfangreichem Maße Luft verschafft. In zahlreichen Städten und Orten des Reiches wurden Vergeltungsaktionen gegen jüdische Gebäude und Geschäfte unternommen.

Es ergeht nunmehr an die gesamte Bevölkerung die strenge Aufforderung, von allen weiteren Demonstrationen und Aktionen gegen das Judentum, gleichgültig welcher Art, sofort abzusehen. Die endgültige Antwort auf das jüdische Attentat in Paris wird auf dem Weg der Gesetzgebung, bzw. der Verordnung, dem Judentum erteilt werden.«

Eine dieser Verordnungen wird das Verbot des Tragens von Schusswaffen sein, dessen Übertretung mit bis zu zwanzig Jahren Haft geahndet werden kann. Am Tag darauf spricht der Gauleiter Adolf Wagner auf einer großen antisemitischen Massenkundgebung im Münchner Zirkus Krone vor fünfzigtausend Menschen. Seine Rede wird über Lautsprecher auch in zwanzig überfüllte Brauhäuser der Stadt übertragen. Die Zeitung »Dolomiten« vom 12. November schreibt dazu:

> *Die Ansprache des bayrischen Gauleiters wurde beinahe fortwährend von Schmähungen gegen Juden unterbrochen. Mit lebhaften, unaufhörlichen Zurufen wurden die Erklärungen des Gauleiters aufgenommen, daß das deutsche Volk ein für allemal mit den Juden zu einem Ende kommen solle.*
> *[...] Der Kampf gegen die Juden wird bis zu ihrer vollkommenen Vernichtung geführt werden, schloss der Gauleiter.*

Ich habe auch nach dem Artikel des Korrespondenten für die »New York Times« in Berlin, Otto Tolischus, gesucht. Seit den Zeiten der bolschewistischen Revolution von 1917, so schrieb der Journalist, haben Deutschland und Europa keine derartigen Gewaltausschreitungen mehr erlebt. Erst auf eine Distanz von vielen Jahren sollte man versuchen, eine Bilanz jener zerstörerischen Wut zu ziehen. In ganz Deutschland gingen zweihundert Synagogen in Flammen auf, Tausende Geschäfte wurden zerstört, rund hundert Juden umgebracht, 30 000 wurden festgenommen und in Gefangenenlager gesteckt. Sie wurden später nach und nach wieder entlassen, aber 2000 erlagen den Misshandlungen und Entbehrungen.

Dieser von Hitler gewollte, mörderische Sturm kennzeichnet einen Wendepunkt in der Geschichte des deutschen Antisemitismus: Von diesem Augenblick an erfolgte die Judenverfolgung erbarmungslos und ohne Einschränkung in aller Öffentlichkeit. Mehr noch, sie wurde zum erklärten politischen Ziel des nationalsozialistischen Staates. Die Ereignisse jener Novembertage sind das Vorspiel zu der systematischen Vernichtung der europäischen Juden, zu der die Behörden des Reichs wenige Jahre später aufriefen. Zur Ausrottung eines gesamten Volkes. Es ist leicht, heute zu sagen, dass die Fakten auf der Hand lagen, dass man sich hinsichtlich der Bestialität des Hitler-Regimes unmöglich etwas vormachen konnte. Dennoch legten die Regierungen in aller Welt dieselbe Blindheit an den Tag. Wenige Wochen vor dem Münchner Abkommen hatte Europa die Augen vor der Besetzung des Sudetengebietes verschlossen. Nun ließ der erste Akt jener Tragödie, die im Holocaust gipfeln sollte, die öffentliche Meinung kalt.

Auf Seite zwei der »Dolomiten« vom 12. November 1938, neben einem Artikel zu den Details der neuen Rassenschutzgesetzgebung, findet sich eine kurze Mitteilung mit dem verräterischen Titel: *Achtung auf jüdische Tarnung.*

Wie aus Rom gemeldet wird, versuchen zahlreiche jüdische Handels- und Industrietreibende mit neuen anderslautenden Firmenschildern ihre Zugehörigkeit zur jüdischen Rasse zu tarnen oder sich vermögensloser Arier als Strohmänner zu bedienen. Die römische Presse stellt die verächtliche Handlungsweise arischer Elemente, die zu solchen Spielen ihre Hand bieten, an den Pranger.[17]

In Meran habe ich den ehemaligen Präsidenten der dortigen hebräischen Gemeinde getroffen. Sein Vater Carlo, ein Wiener Schreibwarenhändler böhmischer Herkunft, hatte sein Geschäft in der Kurstadt 1908 eröffnet, sich aber 1939, ebenso wie Rudolf Katz, gezwungen gesehen, seine Tätigkeit aufzugeben: Im Juni jenes Jahres hatte ihm der faschistische Gemeindeausschuss per Dekret die Lizenz entzogen. Carlo Steinhaus wurde in einem Gefangenenlager in der Provinz von Potenza interniert und 1943 nach Crotone gebracht. Von dort gelang ihm die Flucht, und er tauchte bis zum Kriegsende in einem Bergdorf unter.

Präsident Steinhaus führt mich durch die Ausstellung im Schloss Tirol, die im Sommer 2012 den Meraner Opfern der Judenverfolgung gewidmet ist. Während ich ihm über die jahrhundertealten, mit Stein und Holz befestigten Wege folge, erklärt er mir, die Meraner Juden hätten von Beginn an, mit dem Erlass der Rassengesetze von 1938, begriffen, dass die faschistischen Behörden ihnen das Leben unmöglich machen würden. Obwohl die Stadt, deren erste Synagoge 1901 eingeweiht worden war, eigentlich als eine Oase der Toleranz galt. Meran war ein Zentrum für Thermalkuren, für Tourismus und Urlauber, in dem sich jüdische Ärzte niedergelassen hatten und es rund ums Jahr eine internationale Klientel zu versorgen galt. Seit jeher lebte hier eine ansehnliche Gemeinde, die durch den Bau von touristischen Anlagen und Strukturen, mit denen man die Heilwirkung der dortigen Quellen nutzte, zum Erfolg und dem Ruf des Städtchens beitrug. Ende der dreißiger Jahre gab es rund 900 Juden in Meran, unter ihnen Doktoren, Händler, einen bekannten Bankier namens Badermann und Hoteliers, in deren prunkvollen Räumlichkeiten sich die kulturelle Intelligenz Europas traf.

Die erste Warnung hatte es am 14. Juli 1938 gegeben, als das offizielle Organ des Regimes, die Zeitung »Giornale d'Italia« das von italienischen Wissenschaftlern unterzeichnete, in zehn Punkte gegliederte sogenannte *Rassenmanifest* veröffentlichte. Unter Punkt 9 hieß es: »Juden gehören nicht zur italienischen Rasse.« Im September wurden dann antijüdische Dekrete erlassen, insbesondere das Dekret Nr. 1381, das die Abschiebung der nicht-italienischen Juden vorsah. Die »Ausländer« hatten sechs Monate Zeit, um zu verschwinden. Sechs Monate, die in Südtirol, mit Inkrafttreten der Sonderregelungen Anfang 1939, auf 48 Stunden verkürzt wurden.

Diese plötzliche Wendung kam für eine Gemeinde, die von der Geschichte bis dahin vergleichsweise verschont geblieben war, sehr überraschend. Die Dynastie der Habsburger hatte sich gegenüber Juden tolerant gezeigt. Viele von ihnen waren im Ersten Weltkrieg für den Kaiser gefallen. Auch das Königreich Italien war vergleichsweise eine Oase des Glücks gewesen. Die laut der Volkszählung vom August 1938 hier lebenden 60 000 Juden waren vollkommen integriert. Es gab eine relativ große Zahl an konfessionsübergreifenden Ehen. Für die Meraner Juden bedeutete die Etablierung des Nationalsozialismus und die Machtergreifung Hitlers 1933 somit einen größeren Bruch als für viele andere. In den Statuten der ersten nationalsozialistisch gesinnten Zellen, so erklärt mir Präsident Steinhaus, war kein »organisierter Antisemitismus vorgesehen. Übergriffe auf Juden beschränkten sich auf individuelle Einzelfälle«. Die Region sollte sich jedoch als Nährboden des Antisemitismus erweisen. Nicht zuletzt deshalb, weil innerhalb der katholischen Kirche, der in Südtirol wohl seit jeher wirkungsmächtigsten Institution, antijüdische Kräfte wirkten. Steinhaus bestätigt mir ferner, dass die Bevölkerung durch eine Kombination verschiedener Faktoren, wie dem Antifaschismus, der Sehnsucht nach dem Kaiserreich Österreich-Ungarn und einer gewissen Deutschtümelei in die Ideologie der Nationalsozialisten eingebunden war. »Die Bevölkerung war sich nicht von Anfang an der antisemitischen Dimension des Nationalsozialismus bewusst und hat diesen im Ganzen übernommen. Es war nicht der Antisemitismus, der die Menschen zum Nationalsozialismus getrieben hat, sondern umgekehrt: Der Antisemitismus war die Folge. Es bleibt jedoch ein Faktum, dass die Bewohner vor Ort zu Komplizen wurden und einige nach dem Waffenstillstand vom 8. September 1943 aktiv an den Deportationen beteiligt waren.«

Aus der Region Trentino-Südtirol sind etwa hundert Juden deportiert worden, die Hälfte von ihnen kam in Konzentrationslagern ums Leben. Dreizehn wurden allein im »Durchgangslager« von Bozen umgebracht, das vom Sommer 1944 bis zum Kriegsende existierte.

18

Der Heimat entrissen

Das Dröhnen eines Mopeds unterbricht die nachmittägliche Stille, lässt die klare, soeben von einem Gewitter reingewaschene Aprilluft vibrieren und schreckt, wie stets, die Hühner auf.

»Beeil dich, Hella! Wir wollen los!« Der blonde junge Mann drückt voll freudiger Ungeduld die Hupe.

Hella stürzt aus dem Haus, rafft mit einer Hand ihren dunkelroten Rock zusammen. Wie gern würde sie auf diesen Fahrten mit Walter Hosen anziehen. Sie hört die Schritte der Mutter hinter sich.

»Kehrst du bald zurück, Liebling?«

»Natürlich, Mutter.« Hella deutet eine vage Abschiedsgeste an, ohne sich noch einmal umzudrehen. In ihrer Stimme schwingt Ungeduld mit. Vor ihrem schlimmen Abenteuer in Süditalien war sie viel freundlicher und respektvoller, denkt Rosa. Sie sieht sie auf das unter der Linde wartende Moped zueilen. Walter gibt Gas, und die beiden sausen die Straße Richtung Neumarkt davon.

Rosa lässt sich ein wenig schwerfällig auf der Bank nieder. Sie ist zweiundsechzig Jahre alt, und jeder Tag bringt neue Sorgen. In den Monaten von Hellas Verbannung haben sich weitere tiefe Falten in ihr Gesicht, um Mund und Augen, gegraben.

Sie hat das Gefühl, als würde ihr in dem stürmischen und bedrohlichen politischen Klima, das Anfang 1939 herrscht, die Familie endgültig entrissen. Erst musste Gusti wegen ihrer radikalen politischen Überzeugungen nach Graz fliehen, wo sie seit 1935 bei Mariedl und Toni lebt und nur gelegentlich auf einen Besuch heimkommt. Dann ist Josef mit seinen gegen die Faschisten gerichteten Reden auffällig geworden, und sie findet keine Ruhe mehr, solange sie ihn nicht im Auge hat. Selbst ihr Mann Jakob ist nun dem VKS beigetreten. Sie selbst ist unschlüssig. Südtirol mit dem großen deutschen Vaterland zu vereinen und die Unterdrückung durch die Faschisten zu beenden ist in ihren Augen ein edles Ziel. Aber sie hält nichts von der Idee, sich mit einer Partei von Gottlosen zu verbünden.

Nach Hellas Verhaftung im Jahr zuvor sind ihr Haus und das gesamte Anwesen von den Carabinieri durchsucht worden, und man hat sowohl ihren Mann als auch ihren Sohn mehrfach festgenommen. Lohnt es sich, ein solches Leben zu führen? Hitler hat sie schon einmal enttäuscht, sie glaubt nicht, dass ihm das Schicksal Südtirols wirklich am Herzen liegt. Sie kennt andere Frauen, die genauso denken.

»Hör endlich auf, in der Vergangenheit zu leben, Mutter«, predigt ihr Hella, die nur bis zu ihrem zweiten Lebensjahr österreichisch-ungarische Staatsbürgerin war. »Unsere Zukunft ist Deutschland. Der Führer wird uns retten.«

»Der Führer hat uns nicht einmal gegrüßt, als er mit dem Zug vorbeigefahren ist«, kann Rosa darauf nur erwidern.

Die größten Sorgen bereitet ihr wie stets die Kleinste. Trotz der Heimkehr ihrer jüngsten Tochter ist es, als sei sie immer noch fort. Den ganzen Tag ist sie außer Haus. Oft holt dieser Walter sie ab, der, wie sie behauptet, nur ein Freund sei. Doch zu ihren Zeiten ist man nicht so mit einem Mädchen in den Tälern unterwegs gewesen, wenn man keine ernsthaften Absichten gehegt hat.

Während Rosa seufzend vor ihrem Haus sitzt, haben Hella und Walter aus taktischen Gründen eine Pause eingelegt. Sie treiben ihre Propagandatätigkeit bei Familien in besonders abgelegenen Dörfer weiter voran und müssen sich vor dem nächsten geplanten Besuch über die beste Strategie abstimmen.

Es ist bereits ein Jahr her, seit im März 1938 der Anschluss Österreichs an Deutschland Hella und ihre Mitstreiter in Aufruhr versetzt hat. Nun gilt es, möglichst viele Unterstützer des VKS zu gewinnen, den Widerstand gegen den Faschismus neu zu organisieren und zu stärken und der kommenden Entwicklungen zu harren, die schon bald und in großem Umfang stattfinden werden.

»Diese Bauersleute haben einen großen Sohn, der zum Militärdienst muss«, ruft ihr Walter in Erinnerung. »Sicherlich würde er lieber in der Wehrmacht dienen als im italienischen Heer. Den werde ich übernehmen.«

»Ich rede mit der Mutter«, stimmt Hella zu. Seit jenem ersten Treffen mit Much Tutzer ist sie ein gutes Stück vorangekommen. Ihre Wortgewandtheit und offene Art sind der Sache äußerst dienlich. »Alle fragen mich immer, ob der Führer auch Italien annektieren wird, so wie er es mit Österreich getan hat«, ergänzt sie.

»Manchmal bin ich versucht zu erwidern, dass er es tun wird, dass in Berlin bereits entsprechende Pläne geschmiedet werden.« Walter sieht Hellas vorwurfsvollen Blick und fügt eilig hinzu: »Das würde die Leute sehr ermutigen.«

»Aber es stimmt nicht«, wendet Hella ein. »Hitler wird das Bündnis mit dem Duce niemals aufs Spiel setzen.« Natürlich wäre es oft einfacher zu lügen. Viele der Familien, die sie besuchen, haben weder Radio noch lesen sie Zeitung. Man kann ihnen alles erzählen.

»Wir müssen ihnen die Wahrheit sagen«, beharrt Hella, »ihnen erklären, was geschieht, und ihnen beim Eintritt in das neue Zeitalter zur Seite stehen.«

»Manchmal heiligt der Zweck doch die Mittel«, sagt Walter, zupft einen Grashalm aus und presst ihn an die Lippen. Er entlockt ihm eine kurze, klagende Tonfolge, die wie der Anfang einer Melodie klingt.

»Das ist keine gute Strategie. Lügen fliegen irgendwann auf, und dann hat niemand mehr Vertrauen.« Hella schüttelt den Kopf. »Man braucht doch nur zu sagen, dass wir zwar nicht wie Österreich sind, dass wir es aber wie im Saargebiet machen und uns per Referendum mit Deutschland vereinen können. Dann müssen die Faschisten verschwinden.«

Walter wechselt das Thema. »Vorgestern haben die Carabinieri Karl mit einem Stapel Flugblätter erwischt. Sie haben ihn laufenlassen und nur das Material beschlagnahmt. Früher wäre er dafür schnurstracks ins Gefängnis gewandert.«

»Seit dem Führerbesuch ist alles anders. Mussolini, dieser Feigling, will politische Aufregung vermeiden. Aber er hat den Podestà angewiesen, uns Aktivisten im Auge zu behalten.«

Hella weiß, dass sie ständig überwacht wird. Ein Freund hat ihr die Kopie eines Berichts zukommen lassen, den die Carabinieri des Königlichen Polizeipräsidiums von Trient über sie verfasst haben. Er ist im Grunde lächerlich, aber dennoch ist sie darüber erbost.

13. Dezember 1938

Bisher hat Rizzolli durch ihr Verhalten keinen Anlass zu Tadel gegeben. Bei ihrer Rückkehr nach Montagna[18], hat sie ihren Verwandten und befreundeten Familien Besuche abgestattet. Sie hat im eigenen Haus Personen von pangermanischer Gesinnung empfangen, ohne dabei jedoch in irgendeiner Form für Aufsehen zu sorgen.

Am 23. November war sie mit ihrer Mutter in Niclara (Cortaccia)[19], um ihre Tante mütterlicherseits, Luise Tiefenbrunner, geborene Tiefenthaler, zu besuchen. Sie kehrten noch im Lauf desselben Tages nach Montagna zurück.

Am 26. desselben Monats suchte sie in Bozen den Zahnarzt Grones auf und kehrte gegen 20 Uhr in ihren Wohnort zurück.

Dieselbe Reise und aus demselben Grund unternahm sie am 3. des laufenden Monats.

Der Gedanke, ständig verfolgt zu werden, ist ihr zuwider. Doch sie weiß zu ihrem Glück, dass sie sich der Kontrolle zu entziehen vermag. In den letzten Jahren hat sie einiges über die Kunst des Vertuschens und Verdunkelns gelernt. Die Faschisten dürfen ruhig wissen, wie oft sie zum Zahnarzt geht, aber sie wissen nicht, was sie mit den Höflichkeitsbesuchen bei den Grundbesitzern in den Nachbartälern tatsächlich bezweckt. Sie wissen nicht, welch hitzige politische Debatten in der Stube in Pinzon geführt werden. Oder dass ihre Ausflüge mit Walter alles andere als romantische Landpartien sind.

»Das heißt nicht, dass wir nicht aufpassen müssen«, warnt der junge Mann.

»Natürlich nicht. Aber jetzt müssen auch sie aufpassen. Und zwar sehr.«

Wenige Monate später wird Hellas Vater verhaftet. Jakob Rizzolli habe sich geweigert, so die Begründung, auf einer Beerdigung den Sarg eines Faschisten zu tragen. Es ist der 15. Juli 1939.

Die Geschichte mit der Beerdigung kursiert seit jeher in unserer Familie als Erklärung dafür, weshalb mein Urgroßvater im Sommer 1939 im Gefängnis landete. Aber was war tatsächlich geschehen? Um das zu verstehen, muss man ein paar Monate zurückblicken.

Im Mai 1939 unterzeichnen Deutschland und Italien den Stahlpakt, mit dem sich das Dritte Reich unter anderem zur Anerkennung der Brenner-Grenze verpflichtet. Das gute Verhältnis zwischen den beiden Ländern darf nun auf keinen Fall mehr durch eine entlegene Bergregion aufs Spiel gesetzt werden. Die Möglichkeit, Südtirol an Deutschland abzutreten, wird von vornherein ausgeschlossen. Man besinnt sich auf den Vorschlag, den Hitler bei seinem Besuch im Vorjahr Mussolini unterbreitet hat. Wird Mussolini der

Abwanderung der »fremdsprachigen« Südtiroler ins Reichsgebiet zustimmen?

Auch diesmal ist gleich offenkundig, dass weder Hitler noch Mussolini daran interessiert sind, die direkt Betroffenen einzubinden. Ihnen wird keinerlei Möglichkeit eingeräumt, an den Verhandlungen teilzunehmen. So nimmt ein Plan Gestalt an, der das Volk der Südtiroler über Generationen hinweg spalten wird.

Die Idee ist im Prinzip einfach, hat aber furchtbare Folgen: Sie wird unter der Bezeichnung »Option« bekannt. Die in Südtirol lebenden Bürger deutscher oder ladinischer Herkunft müssen sich entscheiden, ob sie bleiben und damit auf jeglichen Minderheitenschutz verzichten oder lieber ins Reich umziehen wollen, um dort ein neues Leben zu beginnen. Für die beiden Regierungen scheint damit die Quadratur des Kreises gelungen zu sein: Italien befreit sich von einer inneren Opposition, der es nicht Herr zu werden vermag, und Deutschland gewinnt neue Kräfte. Vor allem für den Krieg, den Hitler seit Jahren plant und der inzwischen unmittelbar bevorsteht.

Es ist ein ungeheuerlicher Vorschlag. Soll man bleiben, aber dafür die eigene Kultur aufgeben und sich zu Italien, also zu jenem Land bekennen, gegen das man seit Jahren kämpft? Oder soll man sich von seinem Boden und allen Gütern trennen, um in einer neuen Heimat einem unbekannten Schicksal entgegenzugehen? Vollkommen auf die Vergangenheit verzichten oder alles auf eine ungewisse Zukunft setzen?

Am 23. Juni erzielen die italienische und die deutsche Delegation eine formale Einigung, die im Wesentlichen folgende Punkte umfasst:

1. Die Zwangsumsiedlung von rund 10 000 ehemaligen Österreichern, die durch den Anschluss zu Reichsbürgern geworden sind und sich mit oder ohne Aufenthaltsgenehmigung in Südtirol niedergelassen haben.

2. Die freiwillige Option für italienische Bürger deutscher Herkunft und Zunge, den Erwerb der deutschen und den Verlust der italienischen Staatszugehörigkeit anzustreben sowie die Abwanderung ins Reich.

3. Gesetzliche und verwaltungstechnische Maßnahmen zur Vereinfachung und Beschleunigung der entsprechenden Verfahren.

4. Wirtschaftliche Maßnahmen, um in das Reich auswandernde Immobilienbesitzer angemessen zu entschädigen.

5. Die Einrichtung eines Büros in München, das mit verkürztem Verfahren zur Ausstellung der deutschen Staatsbürgerschaft berechtigt ist.

6. Die Eröffnung der sogenannten Amtlichen Deutschen Ein- und Rückwanderungsstelle (ADERSt.) in Bozen mit Zweigstellen in Meran, Brixen, Sterzing und Bruneck.

7. Die Übergabe der Planung zur praktischen Umsetzung des Abkommens in Deutschland an Graf Magistrati von der italienischen Botschaft in Berlin und an den SS-Obergruppenführer Ulrich Greifelt sowie in Italien an den Bozner Präfekten Giuseppe Mastromattei und den Generalkonsul Otto Bene.

Als Jakob im Juli 1939 verhaftet wird, ist dieses Vorhaben gerade erst bekannt geworden. Vermutlich wird kaum noch über etwas anderes gesprochen, und die Verwirrung ist groß.

In den Gerichtsakten und Verhören findet sich kein Hinweis über irgendeine Beerdingung im Zusammenhang mit Jakobs Verhaftung, aber die Faschisten beschuldigten ihn offensichtlich, Propaganda zugunsten der Option zu betreiben. Am 14. Juli, einen Tag vor Jakobs Verhaftung, schreibt der Podestà von Montan Otto Tommasini an die Präfektur von Trient:

Giacomo Rizzolli aus Montagna, Ortsteil Pinzone, Vater der ehemals Verbannten Elena Rizzolli, ist seit einigen Tagen auf den »Gehöften« der besonders wohlhabenden Landwirte unterwegs, um ihnen den umgehenden Verkauf ihrer Güter und die Abwanderung nach Deutschland anzuraten, mit der Begründung, man werde sie andernfalls in andere Regionen des Königreichs versetzen. Derartige Aktivitäten lösen große Unruhe in der Bevölkerung aus.

In seiner Aussage weist Jakob jede Anschuldigung zurück. Er räumt ein, über das Thema in einem Optikergeschäft am Bozner Obstmarkt gesprochen zu haben, dessen Inhaberin ebenfalls verhört wird. Aber er bestreitet, jemals das Tal gezielt durchstreift zu haben, um die Bauern zum Verkauf ihrer Höfe und zur Abwanderung nach Deutschland zu überreden. Oder gar behauptet zu haben, man könne sie zu einem deutlich unter dem Wert liegenden Verkauf zwingen. »Ich habe nie gesagt, dass mögliche Profiteure oder Aufkäufer in die Gegend gelangen könnten«, erklärt er in dem Protokoll.

Die Anklage erscheint in der Tat wenig fundiert. Aus welchem Grund sollte Jakob seine Nachbarn vor »Profiteuren« warnen? Jeder weiß, dass es sie gibt. Es sind viele, und sie sind Teil einer eindeutigen politischen Strategie.

Bereits seit Jahren findet in Südtirol das statt, was der Historiker Claus Gatterer später als »Kolonisation im großen Stil« bezeichnen wird. Die italienischen Neuankömmlinge haben die Verwaltung und Führungspositionen des öffentlichen Dienstes für sich mit Beschlag belegt. Hinzu kommen die Industriegebiete: Das in Bozen entstand ab 1935. Es hat die Zahl der Italiener und den Umfang ihres Besitzes innerhalb der Stadt in nicht geringem Maße anwachsen lassen. Aber die Unternehmen passen nicht in das lokale Wirtschaftsgefüge, und die Führungskräfte sind, ebenso wie die größtenteils aus Venetien stammende Belegschaft, aus anderen Provinzen »importiert«.

Welche Ironie des Schicksals: Trotz aller Maßnahmen hat sich keine echte italienische Gemeinschaft herausgebildet. All das hat offensichtlich nicht ausgereicht, um die Neuankömmlinge in einer Gegend Fuß fassen zu lassen, die sich keineswegs leicht begreifen lässt. Zwar haben sich viele Südtiroler Bauern und Grundbesitzer infolge der Steuerlast und mangels Möglichkeit zur Kreditaufnahme gezwungen gesehen, ihre Höfe zu verkaufen, und die neuen Herren sind Italiener. Bevor man die Früchte eines Landes ernten kann, muss man jedoch dessen Seele erobern, und für eine derartige Eroberung sind zwei Jahrzehnte eben nicht genug.

Seit der Machtergreifung der Faschisten sind in der Tat fast zwei Jahrzehnte vergangen, und die Bilanz für das Regime ist nicht gerade ermutigend. Kopf und Herz der Südtiroler sind mitnichten italianisiert, die Verfolgungen haben die Menschen nur noch stärker zusammenwachsen lassen.

Jakob landet vermutlich im Gefängnis, weil er als Antifaschist und subversives Element gilt. In einer politisch wie gesellschaftlich derart heiklen Situation ist es nicht verwunderlich, dass ihn das Regime aus dem Verkehr ziehen will, zumal es gleichzeitig ein äußerst wirksames Druckmittel gegen seine Angehörigen in die Hand bekommt. Wenige Tage nach seiner Festnahme schafft man ihn ins Gefängnis von Trient. Viele meiner Verwandten erinnern sich, ihn dort besucht zu haben, so auch mein Onkel Hubert, der ihm gemeinsam mit seinem Vater Franz oft Leckereien von daheim mitbrachte. Rosa hingegen kam offenbar nicht jede Woche. Das geht aus folgendem, ein wenig fehlerhaften und sehr zärtlichen Brief hervor, den ihr Mann ihr aus dem Gefängnis schrieb:

Liebe, liebe treue Mutter!

In unserer kaum 37-jährigen Ehe waren wir wohl noch nie so lange getrennt trotz der greifbaren Nähe, wie lange noch? Das wissen wir nicht. Die Tage vergehen, Wochen dazu, sogar Monate, doch halt, diesen Monat darf ich mir nicht entschlüpfen lassen, hier hängt ja am Schluße des Monats der 30. August, der hohe Namenstag meiner lieben ersten Frau Roza dran, der darf doch nicht vergessen werden. Darum liebe, liebe Frau komm einmal her, ich sitze hier am Strohsack. Empfange Dich mit heiße Küssen herzlich und wünsche Dir, was noch komme, recht, recht viel Glück, solle Dir beschieden sein, denn nach diesen schweren Zeiten wird es schon werden, einmal anders werden.

Noch eins wollte ich sagen, der armen Gusti gedenkend, hat auch ihren Namenstag, auch der lieben Mariedl, Toni sowie Kinder, Grüße von Opapa.

Die liebe Berta ist wohl noch da? Stolz Klein-Josef und Hella besuchten mich hier in »Schönbrunn«. Hatts gefreut.

Hörte, auch Du liebe Mutter, wolltest kommen, das magst wohl lassen. Schwer würde es Dir werden zu kommen, doch wird Dir wieder einmal besser sein, was? Ja Mutter du bist schon w...

Ja, ja, ich hab halt a bißl geträumt ...

Noch zum Schluß recht herzliche Grüße und Küsse Dir liebe Mutter und alle Kinder, auf Wiedersehen. Gerade verspricht,

Vater

Die Ironie, mit der er sich auf das Gefängnis als die kaiserliche Residenz in Wien, Schönbrunn, bezieht, bringt mich zum Lachen. Doch besonders beeindruckt mich, dass er seine Frau nach siebenunddreißig Ehejahren noch immer mit »heißen Küssen« bedenkt.

Meine Mutter erinnert sich, dass die beiden in Gegenwart Dritter immer »Mutter« und »Vater« zueinander sagten, aber offenbar war ihre Beziehung auch von großer Wärme erfüllt. Es war eine Ehe voller Liebe, das haben mir immer wieder alle bestätigt. Und sie blieb es bis zum Ende.

Ich kann daher Rosas Freude begreifen, als es am Abend des 5. Oktober an ihre Tür klopfte und ihr Schwiegersohn Franz vor ihr stand. Gemeinsam mit Jakob.

Am Tag darauf schrieb Hella an ihre Schwester:

> *Liebste Gusti!*
>
> *Die Freude kannst Du Dir kaum vorstellen, als wir gerade im Bette waren, klopfte es o sanft! an die Haustüre, wie es nur Vater tun kann und richtig stand er auf einmal in seiner Größe vor uns. Franz hatte ihn herauf begleitet und Freudentränen sah man in allen Augen. Lang hat es gedauert und ich vermutete, es könnte noch schlimmer ausfallen, aber Gott Dank, nun ist er da, daheim bei Weib und Kind.*
>
> *Es wartete ihm ries Arbeit, da die Weinlese vor der Türe stand und Josef einige Tage an Grippe krank war.*

Der Grund für seine Freilassung ist unklar, aber offenbar konnte man Jakob kaum länger im Gefängnis halten, mangelhaft wie seine Verhaftung begründet war. In einem einige Jahre später, im Februar 1943, verfassten Dokument des Polizeipräsidiums heißt es: »… das fragliche subversive Element hat in jüngster Zeit ein untadeliges Verhalten an den Tag gelegt und keinen Anlass zu Beanstandungen irgendeiner Art gegeben.« Ganz offensichtlich stand Jakob, wie die gesamte Familie Rizzolli, bis zum Sturz des Faschismus unter besonderer Beobachtung.

Die Geschichte seiner Verhaftung ist kennzeichnend für einen wichtigen historischen Aspekt: Obwohl der Duce sich mit Hitler auf die Abwanderung der sogenannten »fremd-sprachigen« Südtiroler verständigt hatte, wollten die Faschisten doch nicht, dass alle fortgingen. Sie versuchten, jede entsprechende Agitation zu verhindern, indem sie diese sogar mit Gefängnis ahndeten.

Weshalb?

Der Pakt mit dem Teufel

Auf dem Frühstückstisch der Stube in Pinzon, zwischen Kaffeetassen, Schwarzbrot, Honig- und Marmeladengläsern, liegt die Tageszeitung. Der mehrspaltige Artikel auf der ersten Seite überrascht niemanden, aber er gemahnt alle an die Stunde der Wahrheit. Am 21. Oktober 1939 haben die in Rom zusammengekommenen Vertreter Italiens und Deutschlands die letzten Details zum Südtirol-Abkommen ausgehandelt. Die Bewohner der Region haben bis Ende Dezember Zeit, sich zu entscheiden: entweder Deutschland oder Italien.

»Endlich«, ruft Hella begeistert. »Deutschland erwartet uns mit offenen Armen. Wir dürfen keine Zeit verlieren!«

In ihren Augen bedeutet es das Ende des Exils und der Einschränkungen, die praktisch ihr gesamtes Leben gekennzeichnet haben. Schluss mit der Bettelei um einen Pass, den die faschistischen Behörden regelmäßig verweigert haben: Jetzt können sie alle deutsche Papiere bekommen. Schluss mit Ausflüchten und Ängsten. Das ist die Lösung all ihrer Probleme.

Jakob nippt wortlos an seinem Kaffee. Behutsam stellt er die Tasse zurück und fügt etwas warme Milch hinzu, ohne den Blick von der Zeitung abzuwenden. Sein Hut liegt neben ihm auf der Bank. Draußen warten die letzten Arbeiten der Weinlese auf ihn.

»Der Alptraum ist zu Ende! Kaum zu glauben, wir haben es geschafft!«, beharrt Hella. Sie hat mit mehr Begeisterung gerechnet. Sie kann sich das Misstrauen in den Augen ihres Vaters nicht erklären.

»Wir wissen nicht, was uns dort draußen erwartet, Liebling«, erwidert Jakob schließlich. In seiner Stimme schwingt der Zweifel mit, die Befürchtung, dass man sie mit diesem Abkommen nur einmal mehr an der Nase herumführen will.

»Aber was uns hier erwartet, wissen wir sehr wohl, oder?«, erwidert Hella ein wenig sarkastisch. »Hat dir das Gefängnis nicht genügt?« Jakob ist erst zwei Wochen zuvor entlassen worden, und bestimmt wird es zu weiteren Durchsuchungen, Festnahmen, Verdächtigungen und Kontrollen kommen. Hier kann man einfach nicht leben.

»Ich weiß, ich weiß!« Er fühlt sich angegriffen und erhebt die Stimme. »Aber ich habe nicht die Absicht, alles aufzugeben, ohne zu wissen, was mich auf der anderen Seite erwartet!« Er möchte seiner Tochter, die es kaum erwarten kann, ihre Sachen zu packen, gern in Erinnerung rufen, dass Pinzon und seine Ländereien sie seit ihrer Geburt ernähren und ihr Zuflucht bieten.

Doch Hella hat die Antwort längst parat, sie gibt sie seit Monaten auf ihren Propagandafeldzügen. »Das Reich garantiert dafür, dass jeder von uns, der nach Deutschland kommt, ein Haus derselben Größe, Felder und Weingärten erhält.«

Rosa hat die erhobenen Stimmen gehört und betritt die Stube. Diese Wortgefechte stimmen sie traurig. Die Magenschmerzen machen sich seit einiger Zeit wieder bemerkbar, verstärkt von den Spannungen innerhalb der Familie. Am liebsten würde sie sich aus allem heraushalten, aber Hellas blinde Verehrung für Hitler ist ihr unerträglich. Der Führer steht seit kurzem im Krieg mit England und Frankreich. Noch ist es kaum zu offenen Auseinandersetzungen gekommen, aber Rosa erinnert sich voller Unbehagen an den Beginn des Ersten Weltkrieges. Sie weiß, wie rasch die Begeisterung und die Verheißung eines schnellen Sieges in einem Meer aus Blut ertränkt wurden.

»Du vertraust zu sehr auf diesen Hitler. Er ist ein Ungläubiger«, warnt sie zum wiederholten Mal.

Hella zögert nicht lange mit einer Antwort: »Millionen Deutscher vertrauen ihm blind, ich bin also nicht die Einzige. Er ist ein Auserwählter. Gott ist auf seiner Seite, und er wird ihm den Sieg schenken.«

»Wie kannst du nur so etwas sagen, Hella?«, widerspricht Rosa. Aber sie weiß, dass es aussichtslos ist, Hella zur Vernunft zu bringen. Die Tochter hat sich schon vor Jahren für ihren eigenen Glauben entschieden. »Du hast den Verstand verloren. Hitler verfolgt die Kirche.«

»Mutterl, wenn du allem Glauben schenkst, was man sich so erzählt ...« Hella schüttelt ein wenig mitleidig den Kopf. Die Mutter ist schon ziemlich alt, man muss es ihr nachsehen, wenn sie bestimmte Dinge nicht begreift. Hellas Stimme wird sanfter, und sie streckt eine Hand nach ihr aus. »Das sind nur vermeintliche Verfolgungen. Die ausländische Presse versucht, uns zu verwirren und zu spalten. In Wahrheit sind wir es, die seit Jahren unterdrückt werden. Sie haben Vater ins Gefängnis geworfen! Der Nächste ist vielleicht Josef ...«

Ihr Bruder hat sich bis dahin schweigend in die Zeitung vertieft. Mit seinen Freunden hat er bereits lange über die Optionsfrage diskutiert. Viele, praktisch alle, die wie er aus wohlhabenden Verhältnissen stammen, sind sich einig. »Was die Verfolgungen betrifft, hat Hella recht«, sagt er. »Aber zwei Monate Entscheidungsfrist sind wirklich kurz. Warum diese Eile? Wir sollten erst einmal schauen, was die andern vorhaben.«

»Welche andern?«, poltert Hella los. Sie weiß, dass Josef auf ihrer Seite steht, aber er ist allzu bedächtig und zurückhaltend. Es gibt keine Zeit zu verlieren.

»Unsere Eltern. Freunde. Nachbarn«, zählt Josef auf. »Willst du etwa alleine gehen? Wenn die Mehrheit sich entscheidet hierzubleiben, ist es besser, das ebenfalls zu tun. Wichtig ist, dass wir zusammenbleiben.«

Hella zwingt sich zur Ruhe. Sie will einen klaren Kopf behalten. Diese Situation ist ihr nur allzu vertraut, alle hegen dieselben Zweifel. Sie hat schon ähnliche Diskussionen mit Fremden geführt. Wenn es ihr gelungen ist, diese zu überzeugen, warum sollte es ihr nicht auch bei der eigenen Familie möglich sein? »Glaubst du wirklich, dass so wenig genügt, um den Faschisten Einhalt zu gebieten?«, entgegnet sie im Brustton der Überzeugung. »Wenn sie beschließen, euch das Haus fortzunehmen und euch nach Sizilien zu schicken, werden sie gewiss nicht erst eure Erlaubnis einholen.«

»Sie können uns wohl schlecht alle nach Sizilien schicken.« In Josefs Stimme hat sich jedoch Zweifel eingeschlichen. »Wenn wir uns weigern zu gehen, werden sie ein für alle Mal begreifen, dass sie uns nicht unserer Heimat entreißen können. Dann …«

»Genau das ist der Punkt!«, unterbricht ihn Hella. Sie spürt wieder sicheren Boden unter den Füßen. »Wenn möglichst viele für Deutschland optieren, senden wir den Faschisten ein deutliches Signal: Wir wollen Deutsche sein. So tragen wir in jedem Fall den Sieg davon. Wenn sie uns gehen lassen, bekommen wir ebenso schönes Land in der neuen Heimat. Wenn sie beschließen, uns dazubehalten, müssen sie Südtirol ans Reich abtreten!«

»Unsinn.« Jakob hat ihnen zugehört, aber ihm scheint, als wisse keines der beiden Kinder genau Bescheid. »Mussolini wird niemals auf das mit Hitler getroffene Abkommen verzichten, in dem übrigens mitnichten davon die Rede ist, dass Südtirol an Deutschland gehen könnte. Abgesehen davon, hat Hitler nun, wo der Krieg ausgebrochen ist, andere Sorgen. Wir stehen an letzter Stelle.«

»Vielleicht hast du recht, Vater«, antwortet Hella versöhnlich. »Aber meinst du nicht, dass es selbst in diesem Fall besser wäre, an der Seite unserer deutschen Brüder zu kämpfen? Stell dir vor, Italien tritt ebenfalls in den Krieg ein. Möchtest du, dass dein Sohn die italienische Uniform trägt, ausgerechnet du, der für den Kaiser gekämpft hat? Wir wollen uns lieber mit Hitler zum Triumph vereinen. Sobald der Krieg beendet ist, wird es auch für uns eine Zukunft geben!« Sie spürt, dass sie ins Schwarze getroffen hat. Jakobs alte Uniform hängt noch im Schrank. Josef erinnert sich, wie demütigend es für ihn war, im italienischen Heer dienen zu müssen. Selbst Rosa scheint beeindruckt.

»Aber es gibt keinerlei Garantie. Wer sagt denn, dass wir als Entschädigung ebenso fruchtbares Land erhalten, nachdem wir auf unseres verzichtet haben?«, murmelt Jakob schließlich. »Werden sie uns wenigstens vorher zeigen, wo sie uns hinzuschicken gedenken?«

An diesem Punkt weiß Hella, dass sie gewonnen hat. »Natürlich werden sie das«, versichert sie. »Höchstwahrscheinlich werden sie uns in eine Region im ehemaligen Österreich schicken«, fügt sie mit einem Blick auf die Mutter hinzu. »Denk nur, Mutterl, es wäre wie eine Heimkehr! Wir wären erneut ein einig Volk.« Sie beugt sich über den Tisch, ihr Blick ist voller Leidenschaft. Sie weiß, was das Beste für alle ist, sie muss sie überzeugen. »Vater, Mutter, nach zwanzig Jahren der Entbehrungen habt ihr das Recht, dort alt zu werden, wo Freiheit und Anstand herrschen. Das Leben hier, auf diesem Boden, ist längst zur Hölle geworden, die Welschen werfen uns ins Gefängnis, wann es ihnen passt. Das haben sie mit mir und mit Vater getan, und sie werden es weiterhin tun.«

Jakob zögert. Er stopft etwas blonden Tabak in die Pfeife und zündet sie an. Dann nimmt er ein paar Züge und lässt den Hut durch die Finger gleiten. Seine Frau setzt sich neben ihn.

»Aber auch Österreich gehört nun zum Deutschen Reich, und das befindet sich im Krieg«, sagt Rosa mit schwerer Stimme. Ihr Blick verliert sich im Nichts, als folge er einem Schatten, den nur sie zu sehen vermag. »Du weißt nicht, was Krieg bedeutet, Hella«, sagt sie in sanftem Ton. »Sei froh, dass du es nicht weißt. Aber damals, als du auf die Welt kamst, konnte sich unsere Familie retten, weil sie zusammenblieb. Vereint in diesem Haus, das uns beschützt hat.«

Hella liebt ihre Mutter, doch dieses nostalgische Geschwätz ist ihr zuwider. Das war zu alten Zeiten, aber die haben sich verändert. »Mutterl, diesen Krieg haben wir verloren, und die Italiener haben uns alles genommen«, ruft sie ihr mahnend in Erinnerung. Ihre Gegend, das Südtiroler Unterland, hat die Wut der Faschisten am härtesten zu spüren bekommen. »Dieses Haus ist nicht länger unsere Zuflucht, es ist unser Gefängnis.«

Josef nickt. Er ist der Nächste auf der Liste der Faschisten, dessen ist er gewiss. Die wollen sie einschüchtern und bezwingen, und so knöpfen sie sich einen nach dem anderen vor. »Wenn wir uns entschließen zu gehen, müssen wir es auf jeden Fall gemeinsam tun«, betont er.

»Auf jeden Fall! Ich bin ganz deiner Meinung. Wir müssen alle vereint bleiben und gemeinsam für Deutschland optieren.« Hella schlägt mit der Faust auf den Tisch. Wie ein Mann, denkt ihre Mutter missbilligend.

Rosa wagt einen letzten Vorstoß: »Ich bin hier geboren und aufgewachsen. Ich will nicht in einem fremden Land sterben müssen.« Jakob hört die Traurigkeit in ihrer Stimme und legt schützend einen Arm um ihre Schulter.

»Wir werden keine voreiligen Entscheidungen fällen. Mach dir jetzt keine Sorgen«, sagt er.

»Wer spricht denn vom Sterben?«, ruft Hella mit einem Funken Gereiztheit. »Es geht darum zu leben, es geht um unsere Zukunft.«

Jakob erhebt sich vom Tisch und setzt den Hut auf. Er kann nicht länger bleiben, die Weingärten rufen. Vor allem aber hat er das Bedürfnis, sich der friedlichen Stimmung der Natur zu überlassen, den weichen Boden seiner Felder unter den Füßen zu spüren.

»Wir sprechen noch darüber«, schließt er. »Wenn die Kinder sich jedoch zum Gehen entschließen, können wir nicht viel ausrichten, um sie zurückzuhalten«, fügt er an Rosa gewandt hinzu.

»Und wenn alle andern sich zur Ausreise entschließen, werden wir sicher nicht allein hier zurückbleiben«, ergänzt Josef, während er sich ebenfalls erhebt, um seinem Vater zu folgen.

Rosa senkt erschöpft den Blick: »Wir sind doch alle in Gottes Hand.«

Auch Hella steht auf, sie kann nicht untätig bleiben. Sie weiß, dass der Kampf um die Zukunft ihres Heimatbodens von heute an noch heftiger toben wird. Sie muss hinaus, muss so viele Menschen wie möglich überzeugen.

»Ihr braucht keine Angst zu haben«, sagt sie. »In einem Land, in dem wir uns erhobenen Hauptes bewegen können, lebt es sich allemal besser.«

Sie stürzt zur Tür und hält sie dem Vater und dem Bruder auf. »Wir sollten möglichst bald aufs Gemeindeamt gehen, um das Formular zu holen und auszufüllen«, fügt sie hinzu. »Die Zeit der Demütigungen hat ein Ende.«

An diesem und den folgenden Tagen kommt es in allen Häusern Südtirols zu ähnlichen Diskussionen. Im Lauf der Wochen werden sie immer hitziger, bringen Eltern und Kinder, ja sogar Geschwister gegeneinander auf, entzweien schließlich ganze Familien.

Die gegensätzlichen Strömungen nach der Unterzeichnung des Abkommens vom 21. Oktober werden die Bevölkerung

Südtirols schon bald in zwei unversöhnliche Fraktionen spalten. Auf der einen Seite die *Optanten,* jene, die »unwiderruflich und förmlich« für sich und ihre Familienangehörigen erklären, »die deutsche Reichsangehörigkeit annehmen und in das Deutsche Reich abwandern zu wollen«, wie es auf dem orangefarbenen Optionsformular heißt, das man den Bürgern aushändigt. Auf der anderen Seite die *Dableiber,* jene, die den weißen Vordruck abgeben, auf dem sie ebenfalls unwiderruflich erklären, die italienische Staatsbürgerschaft beibehalten zu wollen. In den folgenden Jahren vertieft sich der Graben zwischen den beiden Lagern, und die Situation nimmt geradezu bürgerkriegsähnliche Züge an.

Als man im Mai 1939 beginnt, über Umsiedlung zu sprechen, ist der VKS ebenso wie der Deutsche Verband gegen die Auswanderung. Denn das würde bedeuten, deutschen Boden aufzugeben und den Grundsatz der »Einheit von Blut und Boden« zu verraten. Die Führungsköpfe der beiden politischen Gruppierungen ersuchen um eine Unterredung mit Himmler, doch der NS-Funktionär weigert sich ebenso wie Hitler, sie zu empfangen. Bei einer gemeinsamen Versammlung beschließen VKS und DV, die Entwicklung im Auge zu behalten und die Bevölkerung vorläufig zu beruhigen.

Doch als im Juli die Nachricht von der Option offiziell wird, hat der VKS bereits einen unerklärlichen Gesinnungswandel vollzogen. Er betreibt nun intensive Propaganda, um die Südtiroler zur Abwanderung nach Deutschland zu bewegen. Hier beginnt der Prozess, der die politischen Strömungen dazu führen wird, diametral entgegengesetzte Positionen zu beziehen, wobei sich der DV, und insbesondere die Katholiken um den Kanonikus Michael Gamper, zum Dableiben bekennen.

Die Kampagne des VKS setzt auf die Ängste und Wünsche

der Südtiroler. So absurd es auch klingen mag, bringt man sie zu der Überzeugung, sie könnten ihre Region gemeinsam und in gleicher Form jenseits der Grenzen wiederaufbauen. Das Reich würde ihnen allen ein Haus an einem der Heimatgegend mehr oder weniger identischen Ort überlassen. Diese Vorstellung, die sogenannte »geschlossene Abwanderung«, übt eine große Faszination aus. Gleichzeitig spielt man mit den Ängsten der Menschen und trumpft mit einer weiteren Behauptung auf: Wer dableibt, so heißt es, werde in andere Regionen abgeschoben, etwa nach Süditalien. Geradewegs nach Sizilien. Es ist eine grauenhafte Vorstellung, irgendwo in einem abgelegenen Dorf im Süden Italiens zu landen: Keiner war je dort, aber in den Augen aller ist es die Vorstufe zur Hölle. Dort schickt man die Verbannten zur Strafe hin. Auch die größten Zweifler beginnen einzulenken.

An diesem Punkt, noch bevor die Nachricht von den Zeitungen gemeldet ist, wird der Präfekt von Bozen, Mastromattei, unruhig. War er anfänglich noch überzeugt, dass nur Fanatiker und Besitzlose für die Auswanderung stimmen würden, wird ihm nun bewusst, dass ihm die Situation entgleitet. Zwei Punkte sind es, die ihm Sorge bereiten. Zum einen ist diese Massenflucht nicht gut für das internationale Ansehen des faschistischen Italiens. Vor allem aber ängstigt ihn der Gedanke an die Umsetzung eines derartigen Unternehmens in wirtschaftlicher und organisatorischer Hinsicht. Die sogenannte »sizilianische Legende«, die im Sommer noch ein Gerücht unter vielen ist, gibt den Funktionären des Regimes im Herbst Anlass zu ernster Sorge. Mastromattei dementiert. Er erklärt, dass die Option auf vollkommen freiwilliger Basis erfolge und es zu keinerlei Abschiebungen käme. In einem Artikel der »Provincia di Bolzano« sowie ihres deutschsprachigen Pendants, der »Alpenzeitung«[20] vom 8. Oktober 1939, mit dem Titel *Schaffende Zuversicht* (it.: *Serenità operosa*) macht er das erneut klar. Niemand werde »gezwungen, das Alto Adige zu verlassen«, heißt es dort, und wer sich zum Bleiben entschließe, werde nicht in andere Provinzen abgeschoben.

Doch wie glaubwürdig sind Mastromattei und andere Vertreter des Regimes in den Augen der Südtiroler? Nach fast zwanzig Jahren der Willkürherrschaft sollen sie nun seinen Worten Glauben schenken? Ausgeschlossen. Zumal er selbst die Dinge noch verschlimmert, indem er diejenigen, die willens sind zu bleiben, dafür lobt, dass sie dem faschistischen Staat die Treue halten. Die Bevölkerung schließt daraus, dass es die Option, dazubleiben und deutsch zu sein, nicht gibt: Wer bleibt, wird assimiliert, wird zum Italiener im Schwarzhemd.

Obwohl die Bevölkerung größtenteils lesen kann, werden noch immer wichtige Informationen mündlich weitergegeben, und so kommt Mastromatteis offizielles Dementi zu spät. Längst sind Gerüchte im Umlauf und vermeintlich wichtige Informationen für diese wichtige Entscheidung und haben entsprechenden Schaden angerichtet. Am Ende gewinnt der die Oberhand, der über die wirksamste Propagandamaschinerie verfügt. Ganz zu schweigen von den Einschüchterungsversuchen, zu denen es in den folgenden Monaten und Jahren kommt. Zunächst werden die Dableiber beschimpft, es folgen tätliche Übergriffe, der Boykott ihrer Geschäfte bis hin zu Brandanschlägen auf Gehöfte.

Ende Oktober 1939 beginnt der wahre Kampf. Am 26. Oktober widmen »La Provincia di Bolzano« und die »Alpenzeitung«[21] die gesamte erste Seite den »Richtlinien für die Rückwanderung der Reichsdeutschen und Abwanderung der Volksdeutschen aus dem Alto Adige in das Deutsche Reich«. In der vom Präfekten Mastromattei sowie dem Mailänder Generalkonsul Otto Bene unterzeichneten Mitteilung heißt es: »Bis zum 31. Dezember müssen sich daher alle im Gebiet des Alto Adige Gebürtigen und aus ihm Stammenden in eindeutiger und unwiderruflicher Weise nach ihrer freien Überzeugung entscheiden, ob sie Italiener bleiben, als Brüder unter Brüdern mit den anderen Bürgern des Königreiches, oder aber nach ihren tiefinnerlich wurzelnden Gefühlen deutsche Reichsangehörige werden und demgemäß ins Deutsche Reich abwandern wollen, wo sie alle vereinigt offene und herzliche Aufnahme und eine würdige und geziemende Ordnung ihres wirtschaftlichen Daseins finden werden.« In denselben Ausgaben der beiden Tageszeitungen findet sich die Zusammenfassung eines entsprechenden Kommentars aus dem »Osservatore romano«, der zu dem Schluss kommt, »[...] daß das Abkommen ein Beispiel der Gerechtigkeit in einer Frage bietet, die ganz eine Frage unserer Tage ist und bisher in der Geschichte nie auftrat«.

Das Entscheidungsrecht liegt bei den Familienvätern, die für ihre minderjährigen Kinder und Ehefrauen mitbestimmen. Frauen dürfen selbständig entscheiden, wenn sie volljährig sind, unverheiratet und außerdem über eigenen Besitz verfügen. Wer kein Formular abgibt, bleibt automatisch Italiener. Nur Bürger deutscher und ladinischer Volkszugehörigkeit dürfen wählen, aber es sind die Wähler selbst, die ihre Zugehörigkeit erklären. Ein Italiener könnte sich also als Deutscher erklären und nach Deutschland auswandern. Allerdings ist für eine Abwanderung ins Reich die »rein arische Rasse« erforderlich. Diese weist man nach, indem man die Geburts- und Heiratsurkunden der jeweiligen Vorfahren vorlegt. Das Ganze wird in einem Heftchen, dem sogenannten Ahnenpass, zusammengefasst, der in Deutschland bereits seit 1933 gebräuchlich ist und den man dort unter anderem für eine Tätigkeit im öffentlichen Dienst benötigt. Die erbrachten Nachweise sind nicht bei allen gleich umfangreich. Vermutlich spielen hierbei persönliche Ambitionen eine Rolle. Der Ahnenpass meiner Mutter, den ihre Eltern anfertigen ließen, geht zurück bis zu den Großeltern. Der von Hella, die möglicherweise an eine politische Karriere im Reich dachte, reicht sehr viel weiter zurück: Die ältesten genannten Vorfahren wurden 1645 geboren.

Man muss vor allem bedenken, dass es sich nicht um ein Votum wie bei einer Wahl handelt, bei der alle gemeinsam innerhalb von ein oder zwei Tagen zur Abstimmung aufgerufen sind, sondern um einen langen Diskussions- und Entscheidungsprozess. Es kann passieren, dass man sich für Deutschland entscheidet und es in der Woche darauf bereits bereut, da sich der Nachbar zum Bleiben entschlossen hat. Tag um Tag stimmt man sich ab und ermutigt sich gegenseitig, geschlossen zu entscheiden. Manche optieren sogar irrtümlich, aus Mangel an genauen Informationen oder weil sie die Ansichten eines Angehörigen missverstanden haben.

Abgabetermin für die ausgefüllten Formulare ist der 31. Dezember 1939. Nur für Priester gibt es eine Fristverlängerung bis zum 30. Juni 1940. Der Zeitraum der Auswanderung, die ursprünglich bis zum 31. Dezember 1942 erfolgen sollte, wird hinausgezögert. Doch bis dahin sollte sich die Lage radikal geändert haben.

Nun aber erhöht der VKS den Druck, um die Bevölkerung zur geschlossenen Entscheidung für das Reich zu bewegen. Der Deutsche Verband ist dagegen der Meinung, dass sowohl die faschistische als auch die nationalsozialistische Diktatur bald stürzen werden, und mahnt zur Geduld, um einen gefährlichen Sprung ins Ungewisse zu vermeiden. Am selben Tag, an dem Mastromattei die »sizilianische Legende« zu dementieren versucht, schreibt Michael Gamper für die Zeitung »Volksbote« einen Artikel, in dem er in eindringlichen Worten daran erinnert, dass die Vorfahren der Südtiroler Bauern, die nun den Boden bestellen, vor unzähligen Generationen hergekommen seien und daher eine tief verwurzelte Blutsbande zwischen allen bestünde. Seine Worte haben sicherlich eine große Wirkung. Doch die Menschen sind verunsichert: Wenn alle fortgehen, sind die wenigen Zurückbleibenden allein in der Gewalt der Faschisten. Vor allem unter den Alten gibt es viele, die angesichts der zum Auswandern entschlossenen Kinder befürchten, im Stich gelassen zu werden.

Eine wichtige Rolle spielt der Zeitfaktor: Für die Entscheidung haben sie gerade einmal zwei Monate Zeit, von Ende Oktober bis Ende Dezember. Innerhalb von kaum mehr als acht Wochen sollen die Südtiroler einen Beschluss fällen, der ihr Leben und die Geschichte ihres Landes, zumindest auf dem Papier, vollkommen umkrempeln wird. Nach Generationen auf einem Hof muss man sich innerhalb von sechzig Tagen entscheiden, ob man ihn für immer verlässt. Darüber hinaus ist es allein das Familienoberhaupt, das diese schreckliche Entscheidung für seine Frau und die minderjährigen Kinder mitträgt. Außerdem gilt es, Freunde und Nachbarn, die man gern mitnehmen würde, zu überzeugen. Zu guter Letzt muss man auch an den Umzug denken, sich genau überlegen, was man brauchen wird und was nicht. Ohne die geringste Vorstellung von dem Ort, an dem das neue Leben beginnen soll.

Es herrscht Chaos.

Nach wiederholten Bitten um Klärung ist der Reichsführer SS Heinrich Himmler – in seiner Rolle als Reichskommissar für die Festigung des deutschen Volkstums und als oberste Instanz in der Optionsfrage – der Erste, der mögliche Bestimmungsorte nennt. Er bringt Galizien ins Gespräch, ohne zu bedenken, dass gerade dort viele Südtiroler im Ersten Weltkrieg gefallen sind. Damit gewinnen die Dableiber Punkte. In einer ihrer Propaganda-Flugschriften heißt es: »Wofür wollt Ihr Euch entscheiden? [...] Südtirol oder Galizien! Gibt es einen schreienderen Gegensatz? [...] Wohnen sollt Ihr in Hütten, aus denen die polnischen Bewohner vertrieben wurden, arbeiten auf Höfen, von denen man die Besitzer samt Weib und Kind verjagt hat.«[22] Während sich durch Hitlers Politik und den Krieg die Situation in Europa allmählich verändert, kommt es im Lauf der folgenden Jahre zu weiteren Vorschlägen in Frage kommender Gebiete wie Burgund, Südkärnten und die Steiermark oder die Krim.

Alle versuchen, die Lage irgendwie zu durchschauen, aber das ist ein schwieriges Unterfangen. So entscheiden sich zum Beispiel die meisten Priester zum Bleiben. Der Nationalsozialismus mit seiner heidnischen Ideologie ist kein Freund der Kirche, und Verfolgungen anders gesinnter Pfarrer sind in Deutschland an der Tagesordnung. Doch auch innerhalb des Klerus gehen die Meinungen auseinander. Der Bischof von Brixen, Johannes Geisler, der zunächst eine vermeintliche Neutralität an den Tag gelegt hat, entschließt sich mit der Begründung, ein Hirte müsse »seiner Herde folgen«, zur Option. Er steht unter dem Einfluss eines der hitzigsten Befürworter Deutschlands, des Generalvikars der Diözese, Alois Pompanin.

Die Mitglieder des VKS wandern indes von Haus zu Haus, um das Reich als Paradies auf Erden und eine Ansiedlung im Ausland als die ideale Lösung darzustellen. Dabei lassen sie keine Gelegenheit aus, an die jahrelange Unterdrückung und daran zu erinnern, dass sich alle nach der Befreiung vom Faschismus sehnen. Es wird viel diskutiert und oft heftig gestritten. Abgesehen von wenigen Ausnahmen, ist die Mehrheit nicht wirklich überzeugt. Wer sich für die Option entscheidet, hofft, der Krieg möge die Abreise verhindern, wer den Entschluss fällt zu bleiben, fragt sich, ob er nicht den Fehler seines Lebens begeht. Alle setzen auf Zeit. Am Ende gehen 70 000 fort, die meisten von ihnen im Jahr 1940.

Ich treffe Leopold Steurer, einen angesehenen Südtiroler Historiker, der sich gründlich mit jener tragischen Zeit auseinandergesetzt hat. Er erläutert mir einige wichtige Details. So entschieden sich beispielsweise die jungen Männer, die im verhassten italienischen Heer dienen sollten oder gar bereits im Afrikafeldzug an der Front standen, oft zügig für die Option, um nach Hause zurückkehren zu können. Angesichts der Perspektive, ihre Söhne für immer zu verlieren, optierten schließlich auch die Eltern für die Abwanderung. Frauen waren sehr viel schwieriger zu überzeugen: Wenn sich die Ehefrauen unabhängig hätten entscheiden dürfen, so Steurer, wäre der Prozentsatz der Optanten sicherlich geringer ausgefallen. Sie hatten erst wenige Jahre zuvor einen Konflikt miterlebt und wollten nicht in ein Land gehen, das sich bereits im Krieg befand. Italien hingegen war noch nicht in Kämpfe verwickelt, umso weniger waren sie daher bereit, ihre Häuser und Güter zu verlassen.

Viele Deutsche gaben auch gar keine Stimme ab, nicht weil sie unbedingt italienische Staatsbürger bleiben wollten, sondern um gegen diese Wahl zu protestieren, die ihr Volk spaltete.

Am 31. Dezember 1939, dem Tag, an dem die Entscheidungsfrist abläuft, berichtet »La Provincia di Bolzano«[23]:

> *Gestern Abend hat es in Bolzano (im Offizierszirkel) ein Essen mit anschließendem Empfang gegeben, an dem, neben allen Vertretern der deutschen Delegation, der Staatssekretär für Inneres, die Präfekten und Verbandsführer von Bolzano und Trento sowie die Zivil- und Militärbehörden der Provinz teilgenommen haben. [...] Am Eingang zum Empfangssaal [...] spielte eine Kapelle die deutsche und die italienische Hymne auf und salutierte mit dem römischen Gruß. Sodann begannen die Tänze, die in lebhafter Weise bis Mitternacht andauerten.*

Es ist der letzte fröhliche Abend für das faschistische Regime in Südtirol. Nach diesem Wirbel aus Tänzen und römischen Grüßen werden Anfang 1940 die Ergebnisse bekanntgegeben: eine vernichtende Niederlage. Mastromattei hatte dem Duce versichert, dass nicht mehr als 50 Prozent optieren würden, doch in Wahrheit waren es 87 Prozent. Natürlich sind es keine unumstößlichen Ergebnisse. Das Thema bleibt nach wie vor strittig. Zumal man sich am Beginn eines Weltkrieges befindet. Darüber hinaus führt die Zusammenarbeit von Nationalsozialisten und Faschisten in eine große bürokratische Verwirrung.

Mastromattei verliert jedenfalls innerhalb weniger Wochen seinen Posten. Gleichzeitig holt man in Rom zu einem vernichtenden propagandistischen Gegenschlag aus: Wir sind im Begriff, so die offizielle Verlautbarung, ein Gebiet zurückzukaufen, das wir uns im Ersten Weltkrieg mit dem Blut 600 000 gefallener Soldaten erkämpft haben. Eine derart massive Abwanderung verursacht Italien ausgerechnet in dem Augenblick immens hohe Kosten, in dem das Land sich anschickt, in den Krieg einzutreten.

Aber auch die Optanten haben keinen Grund zur Fröhlichkeit. Die Zeit des Aufbruchs ist gekommen. Die Parole heißt nun: so spät wie möglich fortgehen.

Rosa ist noch wach. Sie sitzt am Tisch in der Stube und bringt Ordnung in ihre Papiere, sortiert sie säuberlich. Vor ihr liegt das Tagebuch. Nun braucht sie die Verfolgungen durch die Faschisten nicht mehr zu fürchten. Aber sie hat ganz andere Befürchtungen.

Das Jahr neigt sich dem Ende zu, und das gerade vergangene Weihnachtsfest könnte das letzte in dem großen Haus in Pinzon gewesen sein. Die Nacht ist bereits seit einer Weile hereingebrochen, und die Kälte hat eine dünne Schicht Rauhreif auf die Scheiben gelegt. Felder und Wälder sind schneebedeckt.

Die gefrorenen Zweige der Bäume zeichnen sich wie magere, flehend erhobene Arme vor dem bleiernen Himmel ab.

Der große Kachelofen thront wie immer in seiner Ecke, und die Pendeluhr schlägt im Takt der Zeit. Hin und wieder wird die Stille durch das Knacken des arbeitenden Holzes im Haus unterbrochen. Jede Stufe, jede Diele hat ihren eigenen Klang. In der friedlichen Stille der Nacht erkennt Rosa all diese Stimmen. Sie umhüllen sie, als wollten sie ihr Trost spenden, während sie ein ums andere Mal die vor ihr liegenden Papiere überfliegt.

Jakob hat für Deutschland optiert, wie ihre Kinder und die Verwandten in Entiklar. Sie bleiben vereint. Aber um welchen Preis? Josef hat sehr darauf gedrängt, gemeinsam zu unterzeichnen. Für ihn ist es das Wichtigste zusammenzubleiben: nicht nur als Familie, sondern im Sinne aller Südtiroler. Hella und Gusti sind begeistert. Sie hegen nicht die Spur eines Zweifels daran, dass das Deutsche Reich das Gelobte Land ist, wo endlich das Deutschtum siegen wird. Berta und Mariedl haben sie aus der neuen Heimat dazu gedrängt, doch rasch zu kommen. Die Zukunft der Kinder, so haben Rosa und Jakob sich gesagt, zählt mehr als die Vergangenheit der Alten.

Rosa faltet ein amtliches Schreiben zusammen und steckt es in einen Umschlag, auf den sie »Jakob« notiert. Den Text kennt sie auswendig. »Der Unterzeichnete [...], in Kenntnis der zwischen der italienischen Regierung und jener des deutschen Reiches getroffenen [...] Abkommen, erklärt [...], die deutsche Reichsangehörigkeit annehmen und in das deutsche Reich abwandern zu wollen«[24]. Unterschrift: Jakob Rizzolli. Das mit Stempel versehene Datum ist der 27. Dezember 1939. Es ist die Bescheinigung für den Auswanderungsantrag, den Jakob auf dem Gemeindeamt von Montan gestellt hat. Rosas Anwesenheit und Unterschrift waren nicht erforderlich gewesen. Das Wort des Ehemanns hat genügt, und sie ist froh darüber: Niemals hätte sie es fertiggebracht, ihren Namen unter jene Worte zu setzen, die sie zum Exil verdammen.

Rosa wählt eine Feder und zieht das Tintenfass heran. Sie schreibt mit ruhiger Hand, ohne Tränen in den Augen. Die furchtbaren Schmerzen in der Hüfte haben nachgelassen, als wenn auch sie ihrer Resignation gewichen wären. Sie legt die Hand auf den Ledereinband ihres Tagebuches und lässt den Daumen über den allmählich bereits vergilbenden Schnitt gleiten. Es raschelt, während sie die Seiten durchblättert. Irgendwo mittendrin ist jener Eintrag, der den Beginn allen Unglücks markiert: den tiefen Riss im November 1918.

»Und das ist das Ende«, sagt sich Rosa. Sie schreibt den Namen nieder, der ihrem ganzen Leben Sinn gegeben hat: »Pinzon«. Gefolgt von dem Datum der letzten Katastrophe: »1939«. Dann beginnt sie zu schreiben, bedächtig, liebevoll, begleitet von dem Geräusch der Feder, die, dem letzten Seufzer eines gebrochenen Herzens gleich, kratzend über das Papier fährt.

In trauriger Stimmung ging der Heilige Abend und das hohe Weihnachtsfest vorüber und wehmütig mit Tränen in den Augen klang das Lied »Stille Nacht, heilige Nacht«.

Wir sollen unsere Heimatscholle, unser geliebtes, herrliches Landl verlassen müssen, denn hier sollen nur mehr welsche Menschen leben und wer sich nicht zu dieser Nation bekennt, muß innerhalb 2 Jahren von hier verschwunden und ins Deutsche Reich übersiedelt sein.

Einen schweren, großen Kampf haben wir armen Südtiroler zu bestehen, ein Opfer bringen, was noch nie da war. Doch wir sind aufs Äußerste gefaßt, denn wir sind Deutsche und wollen es bis zu unserem Ende bleiben. Unsere Eltern, Groß- und Ur-Urgroßeltern haben uns die deutsche Sprache gelernt und Kirche und Schule halfen fleißig mit. *So nehmen wir halt Abschied von dem Ort wo unsere Wiege stand, wo im Friedhof unsere teuren Toten schlummern. Alles, was uns als heiliges Andenken rührt, nehmen wir mit in die neue Heimat, noch unbestimmt wohin wir kommen. Fort von der welschen Brut, die uns über 20 Jahre belogen und betrogen hat, Gott gab uns die Kraft zum deutschen Bekenntnis.*

> *Es ist ein nettes Plätzchen auf der Welt, wo uns der Herrgott hat hingestellt.*
> *Schon die Ahnen in uralter Zeit, bauten ihr Nest hier und haben sich gefreut.*
> *Und waren auch nicht alle begütert und reich, Heimaterde ist immer so mild und weich.*
> *Schon das Glöcklein im Turm hat seinen eigenen Klang, hier bleib und arbeite dein Leben lang.*
> *So haben's die Alten als Erbstück vermacht und alles o sonnig für die Zukunft gedacht.*
> *Doch die bösen Geister konnten das nicht sehen, alles was einst war soll jetzt vergehen!*
> *Schnüre dein Bündel und reise nur aus, hier kommen Andere und bewohnen Dein Haus.*
> *Andreas Hofer, steig heraus aus deinem Grab, es geht wieder um unser Gut und unser Hab.*
> *Und wenn Tränen wie Bäche so rinnen, es kommt vom Volk in Südtirol drinnen!*

Bald schließen wir das alte Jahr und sind froh, wieder viel Leid und Seufzer hinter uns zu haben. Ich staune überhaupt noch Nerven zu haben, oder habe ich Eiserne erhalten? […], das traute Kirchlein, das Gotteshaus, gab mir die nötige Kraft und die Gesundheit um stark zu sein. So und jetzt will ich mit Geduld abwarten, der Dinge, die 1940 für uns aufbewahrt hat.

Rosas letzte Seite

Im Juli 1940 fesselt die Krankheit Rosa in ihrem Haus in Pinzon ans Bett. Sie wird nicht mehr aufstehen. Am 25. September stirbt sie, die Ärzte haben nichts mehr für sie tun können. Weit fort von hier versinkt indes Europa im Krieg. Das nationalsozialistische Deutschland hat England angegriffen, und der Luftkrieg tobt.

Während ich den letzten Akt dieser Geschichte niederschreibe, denke ich, wie gern ich an ihrem Bett gestanden hätte, als ihr Leben zu Ende ging. Ich hätte ihre Hand gehalten, ihr zuhören können. Sie hätte mir bestimmt noch viel zu sagen gehabt. Aber ich durfte nur jene Worte lesen, die sie ein Leben lang zusammengetragen hat, um sie ihren Nachkommen zu hinterlassen, nun, nachdem sie für immer die Augen geschlossen hat. Als Gott sie zu sich rief, war es ihr sicher ein Trost zu wissen, dass ihre Stimme sie überleben würde.

Rosa ist allein von uns gegangen, so wie sie auch allein in jenen für Europa so erschütternden Jahren zwischen den Kriegen gekämpft hat. Ihr über alles geliebter Mann hat ihr gegeben, wonach sie sich sehnte: Wärme und aufopfernden Einsatz für die Familie. Doch dann haben sich ihre Kinder von den machtvollen Wogen der Geschichte mitreißen lassen. Vor allem Hella. Rosa hat versucht, sie zu belehren, indem sie aus dem Wissen der Vergangenheit schöpfte, aber die Jugend dachte nur an die Träume von einer Zukunft. Sie sind alle fortgegangen, alle, bis auf den besonnenen Josef, den Erben, und die ironische und kluge Elsa, die bis zum Ende an ihrer Seite blieb.

Rosa ist gestorben, weil sie in einer verrückt gewordenen Welt nicht mehr zu leben vermochte. Laut der Familiengeschichte hat ein Lebertumor sie dahingerafft. Sie hat ihr Leben lang unter Gallensteinen gelitten, war nie bei guter Gesundheit. Dennoch sagt mir irgendetwas, dass die Wahrheit komplexer ist. Im Dezember 1939 hatte Rosa zugestimmt, die Heimat zu verlassen. Sie sah sich gezwungen, eigenhändig die Wurzeln zu kappen, die sie auf diesem Boden verankerten, auf dem sie das Licht der Welt erblickt hat. Sie hat es vorgezogen zu sterben. Vielleicht auch, weil sie ihre Heimat und ganz Europa nicht erneut in einen Konflikt stürzen sehen mochte, der noch furchtbarer werden sollte als der ihrer Jugend.

So hat sie es am Ende geschafft, in ihrem Haus in Pinzon zu bleiben. Sie ist neben der Kapelle der Madonna von Loreto begraben, im Schatten des Glockenturms, neben ihrem Vater Johann, dort, wo auch ihr geliebter Jakob und ihre kleine Hella ruhen. In den Häusern, auf den Feldern und in den Weingärten rings um Pinzon können sich viele alte Leute noch an sie erinnern. Südtirol hat die bezwungenen italienischen Truppen, die triumphierenden Nationalsozialisten und schließlich die siegreichen Alliierten über seine Berge marschieren sehen. Die Familie Rizzolli-Tiefenthaler hat ihre Ländereien behalten, am Ende musste keiner von ihnen auswandern. Von den Südtirolern, die im Zuge der Option fortgegangen waren, sind viele gleich nach Ende der Feindseligkeiten zurückgekehrt, sind aus dem Exil errettet worden, nachdem Europa vom Alptraum des Nationalsozialismus befreit worden war.

Rosa hat die Augen in dem Glauben geschlossen, dass ihre Träume erloschen seien, aber in Wahrheit waren sie nur aufgeschoben. Ihre Träume sind noch immer lebendig, und die Geschichte ist nicht zu Ende.

Dank

Das ist der wohl längste Dank, den ich je geschrieben habe. Aber bisher habe ich auch noch nie Recherchen betrieben, in die derart viele Personen eingebunden und die mit derart viel Leidenschaft und Erinnerungen verknüpft waren. Auch auf die Gefahr hin, ermüdend zu wirken, möchte ich alle möglichst genau erwähnen.

Es gibt einen Grund, weshalb in all meinen Büchern der erste Dank stets meinem Mann Jacques Charmelot gilt: Sein Heldenmut im Dienst der Sache kennt keine Grenzen. So haben wir im Jahr 2012 eine einzige lange gemeinsame Reise unternommen: ins Südtirol zu Beginn des 20. Jahrhunderts. Es war nicht gerade eine erholsame Kreuzfahrt, und vom Anfang bis zum Ende hat Jacques mir unermüdlich zur Seite gestanden. Danke »Jakob«.

Auch meiner Familie bin ich zu allergrößtem Dank verpflichtet, insbesondere meiner Mutter Herlinde. Ohne ihre Hilfe beim Aufspüren von Verwandten, dem Ausgraben von Erinnerungen, Erforschen von Geheimnissen der Vergangenheit und ohne ihre dauerhafte Unterstützung des Projektes hätte ich es niemals geschafft. Einen ganz herzlichen Dank an meine Schwester Micki für ihre unverzichtbare Mithilfe und Anteilnahme und an meinen Bruder Winfried, der seine Erinnerungen mit mir teilte. Besondere Erwähnung verdienen auch Gerlinde Rizzolli, Graziella Rizzolli und der inzwischen leider von uns gegangene Hans-Jörg Rizzolli, die mich in das große Haus in Pinzon eingelassen und mir einen reichen Schatz an Dokumenten, Briefen und Fotografien zur Verfügung gestellt haben. Gerlinde hat darüber hinaus einen ganzen Tag lang den Einmarsch eines Fotografen-Teams in Kauf genommen, dem wir das Bild auf der Rückseite des Schutzumschlags verdanken. Blut ist tatsächlich dicker als Wasser. Das haben auch all die anderen Familienmitglieder bewiesen, die mir bei meinen Recherchen begeistert und offenherzig zur Seite gestanden haben: Zu ihnen gehören vor allem meine Onkel Hubert, Norbert und Heinrich Deutsch sowie Herbert und Hilde Tiefenbrunner mit ihren Töchtern Margret und Christine, die mich auf dem Castel von Entiklar empfangen haben; außerdem Bertas Tochter Sigrid Hammerle, Hellas Sohn Günther Brenner, Mariedls Töchter Waltraud und Rosemarie Gruber-Wenzer.

Ein Buch, an dem man zwei Jahre arbeitet, bedarf eines geduldigen Verlegers, deshalb gilt mein Dank dem Verlag Rizzoli und seinem großzügigen Entgegenkommen. Insbesondere danke ich Paolo Zaninoni und der unermüdlichen und unglaublich ausdauernden Lektorin Michela Gallio. Aber auch allen anderen Mitarbeitern des Redaktions-Teams, die sich in großartiger Weise über Arbeitszeiten, Wochenenden und Urlaube hinwegsetzten, möchte ich meinen Dank aussprechen. Ebenso den beiden Stützen meiner Recherche in historischen Archiven, Francesco Casolo und Davide F. Jabès, den beiden Pfeilern der Übersetzung deutschsprachiger Originaltexte ins Italienische, Chicca Galli und Francesco Peri, und der alles überspannenden redaktionellen Koordinatorin Silvia Rossetti. Außerdem dem Experten für Eisenbahngeschichte Silvio Gallio, der mir beim Lesen der deutschen Kurrentschrift behilflichen Annette Hübner, den Übersetzern Chiara Voleno, Tiziana Sterza und Patrick Baumann, der exzellenten redaktionellen Überarbeitung durch Sara Grazioli und durch das Lektoratsbüro Studio Littera von Michela Cosili.

Ein eigener Absatz sei den Südtiroler Historikern, Journalisten und Intellektuellen gewidmet, die meinen Versuch, die Geschichte meiner Familie zu erzählen und gleichzeitig den im Hintergrund spielenden, kontroversen historischen Ereignissen gerecht zu werden, durch unverzichtbare Beiträge unterstützten. Meine besondere Wertschätzung gilt Günther Pallaver, seiner Bereitwilligkeit und Freundschaft, aber auch der Geschwindigkeit, mit der er das gesamte Buch gelesen und wertvolle Vorschläge und Anmerkungen vorgebracht hat. Von Herzen danke ich außerdem Leopold Steurer, Federico Steinhaus, Florian Kronbichler, Gerhard Mumelter, Germana Nitz und ihrem Ehemann Hans Schmieder, dem Chefredakteur der »Dolomiten«, Toni Ebner, sowie schließlich dem unverzichtbaren Paolo Pagliaro. Ein ganz eigener Dank für die besondere Beratung in Fragen des Weinbaus gilt meinem Freund Franz Haas. Ich danke allen, die ich interviewt und um ein Urteil über verschiedene historische Aspekte gebeten habe: Monsignore Josef Gelmi, dem italienischen Botschafter in Wien, Eugenio D'Auria, der Schriftstellerin Sabine Gruber, der Historikerin Alessandra Tarquini.

Eine wertvolle Unterstützung waren mir die zahlreichen eifrigen Helfer in den Archiven in Italien, Österreich und Deutschland. Mein Dank gilt allen: Hannes Obermair, dem Direktor des Stadtarchivs Bozen; Andrea Di Michele vom Südtiroler Landesarchiv; den Leitern des Staatsarchivs Bozen, Harald Toniatti, sowie Pietro Vezzani; Carlo M. Fiorentino vom zentralen Staatsarchiv in Rom; Andrea Edoardo Visone und Steffania Ruggeri vom Archiv des italienischen Außenministeriums; Niccolò Tognarini vom historischen Archiv der Europäischen Union; Clemens Mayer-Wolthausen vom Zentrum für Antisemitismusforschung; Ivan Tognarini von der Universität Siena; Margherita D'Egidio und Antonino di Bartolo für die in Wien erfolgten Recherchen.

Danke auch an Cesare Cicardini, Gianluca Crivellin und Valentina Marzona, die für ihre fotografische Arbeit den

Elementen getrotzt haben, ebenso wie an Giorgio Armani, der mir, in Zusammenarbeit mit Stella Giannetti, die Kreationen seines Hauses zur Verfügung gestellt hat.

Sicherlich habe ich jemanden vergessen, denn eigentlich bin ich einer ganzen Provinz zu Dank verpflichtet. Während ich für meine Arbeit kreuz und quer durch Südtirol gereist bin, habe ich alte Bande und Erinnerungen zurückerhalten.

Glossar

Ahnenpass: persönliches Dokument zum Nachweis der »arischen Abstammung« und der »Reinheit des Blutes« mittels einer detaillierten Stammtafel. Der im nationalsozialistischen Deutschland eingeführte Ahnenpass wurde in Südtirol für diejenigen zur Pflicht, die sich als Optanten für die Abwanderung ins Deutsche Reich entschieden.

Balilla-Uniform: Knaben-Uniform der faschistischen Jugendorganisation in Italien. Sie ist nach dem jugendlichen Volkshelden Balilla (eigentl.: Giovan Battista Perasso) benannt, der im Genueser Volksaufstand gegen Österreich (1746) eine entscheidende Rolle spielte.

Deutscher Verband (DV): ein nach dem Ersten Weltkrieg entstandener Zusammenschluss aus zwei Parteien, der Deutschfreiheitlichen Partei und der Tiroler Volkspartei. Es handelte sich nicht um eine Fusion, sondern um eine Koalition, bei der beide Parteien ihre Unabhängigkeit wahrten. Den Wahlen von 1921 zufolge repräsentierte der DV nahezu die Gesamtheit der Südtiroler. Zu den Führungsköpfen gehörten lokal bekannte Persönlichkeiten wie der Bürgermeister von Bozen, Julius Perathoner, der ehemalige österreichisch-ungarische Minister, Friedrich Toggenburg, der ehemalige Abgeordnete der österreichischen Nationalversammlung, Eduard Reut-Nicolussi, sowie Wilhelm Walther, der von 1921 bis 1924 Abgeordneter in Rom war.

Deutsche Volksgruppe Südtirol (DVS): Diese Organisation existierte nur von März bis November 1937. Sie war auf Betreiben Berlins als Koalition aus dem Deutschen Verband (DV) und dem Völkischen Kampfring Südtirols (VKS) entstanden. Der Bruch war jedoch vorhersehbar. Die Gegensätze zwischen dem eher moderaten DV und dem nationalsozialistisch gesinnten VKS erwiesen sich als unvereinbar.

Gauleiter: Titel der obersten Funktionäre der NSDAP. Der Gauleiter kümmerte sich um die Angelegenheiten der Partei innerhalb eines bestimmten Gebietes, des sogenannten Gaus, sowie um Fragen und Belange der Bürger. Die Gauleiter wurden von Hitler persönlich unter seinen treuesten Anhängern ausgewählt und unterstanden nur ihm. Sie bildeten den ursprünglichen Kern der Partei und erlangten mit der Zeit teilweise eine gewisse Unabhängigkeit.

Geschlossener Hof: ein über mehrere Generationen im Familienbesitz gebliebener Gutshof. Das Gut wird nicht zwischen den verschiedenen Nachkommen aufgeteilt, sondern bleibt in der Hand eines einzigen Erben, in der Regel des ältesten Sohnes. Der geschlossene Hof ist ein in Tirol übliches, jahrhundertealtes Rechtsinstitut, welches Frauen jedoch stark benachteiligte, bis 2001 die erbrechtliche Gleichstellung beider Geschlechter per Gesetz festgeschrieben wurde.

Heimwehren: in den 1920er Jahren in Österreich entstandene paramilitärische Einheiten. Die unter den Bürgern rekrutierten Truppen kämpften gegen die Sozialdemokraten. Sie beriefen sich auf die Prinzipien des Austrofaschismus und distanzierten sich von Demokratie und Parlamentarismus. Sie wurden nicht nur politisch, sondern auch finanziell von Mussolini unterstützt.

Kachele: Nachttopf.

Kaiserjäger: Infanterie-Regiment der kaiserlichen Armee Österreichs und später Österreich-Ungarns.

Kaiserlich und königlich (k. und k.): Zusatz für alle staatlichen Institutionen an der Spitze der öffentlichen Verwaltung in Österreich-Ungarn zwischen 1867 und 1918. Beispielsweise hieß die Flotte »kaiserliche und königliche Kriegsmarine« (abgekürzt: »k. und k. Kriegsmarine«).

Katakombenschulen: die einzige Möglichkeit für Südtiroler Kinder, in der Zeit der faschistischen Repressionen Deutsch zu lernen. Diese Geheimschulen waren verboten, die Lehrer wurden verfolgt und streng bestraft. In der Zeit der Katakombenschulen von 1923 bis 1939 hatte vor allem die deutschsprachige Bevölkerung des Südtiroler Unterlandes unter den Verfolgungen durch die Faschisten zu leiden.

Kreisleiter: direkte Untergebene der Gauleiter, als deren verlängerter Arm sie auf dem jeweiligen Gebiet dienten.

Marende: Südtiroler Brotzeit, die als Zwischen-, aber auch als Hauptmahlzeit gelten kann.

Option: in Hitlers und Mussolinis Augen die Lösung des Südtirol-Problems. Im Oktober 1939 vereinbarten sie, alle Südtiroler deutscher Zunge vor die Wahl zu stellen: Entweder sie verließen ihr Land, auf dem ihre Vorfahren seit rund 1300 Jahren gelebt hatten, und »kehrten heim ins Reich«, oder aber sie blieben auf ihrem Grund und Boden und verzichteten auf jeglichen Minderheitenschutz. Die Bevölkerung spaltete sich in sogenannte »Optanten« und »Dableiber«. Über achtzig Prozent, rund 200 000 Personen, entschieden sich für die Abwanderung, doch infolge des Verlaufs des Zweiten Weltkrieges verließen schließlich nur 75 000 das Land, und viele von ihnen kehrten heimlich zurück.

Plent: die in Südtirol übliche Bezeichnung für it.: »Polenta«, eine aus Maisgrieß hergestellte Beilage.

Schüttelbrot: würziges, knuspriges Brot, dessen Teig durch »Schütteln« gelockert und in die charakteristische flache Fladenform gebracht wird.

SS-Obergruppenführer: Dienstgrad der Waffen-SS, der bei heutigen Streitkräften etwa dem des Generalleutnants vergleichbar ist. In der Allgemeinen SS konnte er jedoch auch einem anderen Rang entsprechen.

Südtiroler Unterland: auch **Bozner Unterland** (it.: *Bassa Atesina*) ist das Gebiet in Südtirol zwischen Branzoll und Salurn, durch das die Etsch, die Autobahn und die Brenner-Eisenbahn verlaufen.

Südtiroler Volkspartei (SVP): eine ethnische Sammelpartei christlich-sozialer Prägung. Bis vor wenigen Jahren repräsentierte sie über 80 Prozent der Deutsch und Ladinisch sprechenden Bevölkerung Südtirols, während sie bei den Regionalwahlen von 2008 nur noch auf einen Stimmenanteil von 65 Prozent kam. Die im Mai 1945 gegründete Partei forderte zunächst das Selbstbestimmungsrecht und in einem zweiten Schritt den Autonomiestatus für Südtirol. Bis 1964 war sie die einzige deutschsprachige Partei auf Provinz- und Regionalebene. Seit den ersten Regionalwahlen 1948 stellt sie den Präsidenten der autonomen Provinz Bozen, hält die absolute Mehrheit der Sitze des Provinzrates (Consiglio provinciale) und ist die einzige im italienischen und europäischen Parlament vertretene Partei der deutschen Minderheit in Italien.

Tiroler Schützen: ein zwischen dem 16. und 20. Jahrhundert bestehender paramilitärischer Freiwilligenverband aus Südtiroler Bürgern, der sich um den Schutz der Region kümmerte. Die Tradition wird in der Gegend noch immer fortgesetzt. Die Tiroler Schützen fördern und bewahren lokales Brauchtum und übernehmen bei Veranstaltungen und Kundgebungen repräsentative Funktionen.

Völkischer Kampfring Südtirols (VKS): hat seine Wurzeln in einigen kleinen Geheimorganisationen junger Leute (darunter zahlreiche Studenten), die sich zwischen 1928 und 1933 mit dem Ziel zusammenfanden, die deutsche Kultur zu schützen und zu verbreiten. Der VKS wurde 1934 in Abgrenzung sowohl zum Deutschen Verband als auch zu katholischen Organisationen gegründet, deren Vertreter man als zu kompromissbereit und zu nachgiebig gegenüber dem feindlichen italienischen Staat erachtete. Auch wenn sich der VKS nicht explizit auf die NSDAP berief, übernahm er doch deren hierarchische Organisationsstruktur und das grundsätzliche Programm.

Weinsuppe: eine cremige Suppe aus Wein, Rinderbrühe, Eigelb und Sahne. Sie wird mit einer Prise Zimt gewürzt und mit in Butter gerösteten Brotwürfeln als Vorspeise serviert.

Welsche: in deutschsprachigen Ländern unter anderem Bezeichnung für italienisch sprechende beziehungsweise aus Italien stammende Personen. Mit »Welschtirol« ist das »italienische Tirol«, also das Trentino, gemeint.

Ortsnamen

Ahrntal – Valle Aurina
Aue – Avio (Trentino)
Auer – Ora
Bergisel – Monte Isel
Bozen – Bolzano
Brenner (Pass und Gemeinde) – Brennero
Brixen – Bressanone
Bruneck – Brunico
Castelfelder ist ein zwischen Auer, Neumarkt und Montan in der Provinz Bozen gelegener Hügel. Er gibt den aus verschiedenen Epochen stammenden Festungsruinen, die dort zu finden sind, ihren Namen.
Dolomiten – Dolomiti
Eisacktal – Val d'Isarco
Entiklar – Niclara
Etsch – Adige
Etschtal – Valle dell'Adige
Fennberg – Favogna
Fleimstal – Val di Fiemme
Glen – Gleno
Görz – Gorizia
Halla, auch Ahl – Ala (Trentino)
Innichen – San Candido
Kalditsch – Doladizza
Kärnten – Carinzia
Klockenkarkopf, auch Glockenkarkopf – Vetta d'Italia
Kurtatsch – Cortaccia
Margreid – Magrè
Marling – Marlengo
Meran – Merano
Montan – Montagna
Moor in Tirol – Mori
Neumarkt – Egna

Nonstal – Val di Non
Passeiertal – Val Passiria
Passer (Fluss) – Passirio
Pustertal – Val Pusteria
Ritten – Altopiano del Renon
Salurn – Salorno
St. Michael an der Etsch – San Michele all'Adige
Signat – Signato
Sterzing – Vipiteno
Südtirol – Alto Adige, auch Sudtirolo
Talfer (Fluss) – Talvera
Überetsch-Unterland – Oltradige-Bassa Atesina
Vinschgau – Val Venosta
Voralberg (das westlichste Bundesland Österreichs)

Anmerkungen

1 Das ist der Text der von Franz Joseph Haydn komponierten habsburgischen Kaiserhymne.

2 Zitat aus den »Bozner Nachrichten« vom 10.10.1920. In digitalisierter Form zugänglich unter: http://dza.tessmann.it.

3 Zitat entnommen aus: »Volksbote« vom 1.11.1923 S.2. In digitalisierter Form im Internet zugänglich unter: http://dza.tessmann.it

4 Volkslied zu einigen Versen eines Gedichts von Cäsar Flaischlen.

5 Giovan Battista Perasso, gen. Balilla, war ein jugendlicher italienischer Volksheld. Angeblich war er es, der am 5.12.1746, im Kontext des Österreichischen Erbfolgekrieges, durch einen Steinwurf den Volksaufstand in Genua gegen österreichische Truppen ausgelöst hat. (A.d.Ü.)

6 Anm. d. Übers.: Die Zeitung »La Provincia di Bolzano« hat ein deutschsprachiges Pendant, die »Alpenzeitung«, die von der Autorin im Text allerdings nicht erwähnt wird. Ich nenne sie hier, sowie an anderen Stellen, wo im italienischen Text aus »La Provinca di Bolzano« zitiert wird, da die dortigen Artikel exakt in deutscher Übersetzung in der »Alpenzeitung« zu finden sind, wo ich sie entsprechend entnommen habe. Die »Alpenzeitung« findet sich in digitalisierter Form im Internet unter: dza.tessmann.it. Hier ist der am 6.1.1932 in beiden Zeitungen erschienene Leitartikel gemeint.

7 Anm. d. Übers.: Dieses und die folgenden Hitler-Zitate habe ich seiner »Ansprache am Ehrentag des Reichsarbeitsdienstes« vom 9.10.1936 entnommen, sie entsprechen inhaltlich ziemlich exakt den Hitler hier im Text auf Italienisch in den Mund gelegten Worten.

8 Friedl Volgger, »Mit Südtirol am Scheideweg«, Haymon-Verlag, Innsbruck 1984, S.22

9 Friedl Volgger, Mit Südtirol am Scheideweg, s.o. S.22

10 Der italienische Name für Margreid (A.d.Ü.).

11 Faschistischer Frauenverband in Italien während der Mussolini-Herrschaft (A.d.Ü.).

12 Adolf Hitler, Mein Kampf, Bd.2, Kapitel 13. Zitiert nach einem

online zur Verfügung stehenden Text. Vgl. z. B. http://www.magister.msk.ru/library/politica/hitla004.htm

13 Anm. d. Übers.: Es erscheint sinnvoll, hier aus der als Audiodatei im Internet zugänglichen Rede Hitlers vom 7.5.1938 in Rom zu zitieren.

14 Zitiert nach einem Online-Tagebuchauszug (vergl.: http://www.erinnern.at/bundeslaender/tirol/unterrichtsmaterial/tirol-in-der-ersten-republik-im-nationalsozialismus-und-in-der-nach-kriegszeit/4_-franz-g-melichar-die-option-der-sa1-4dtiroler)
Der weiter unten zitierte Tagebucheintrag vom 8.5. ist derselben Quelle entnommen.

15 Dieses sowie alle im Text folgenden Zitate aus der Tageszeitung »Dolomiten« sind in digitalisierter Form im Internet-Archiv unter http://dza.tessmann.it zu finden.

16 Vgl. ebenfalls unter http://dzy.tessmann.it.

17 Vergl. dazu die digitalisierte Ausgabe unter:
http://dza.tessmann.it/tessmannPortal/Zeitungsarchiv/Seite/Zeitung/4//12.11.1938/87348/2

18 Der italienische Name für Montan, zu dessen Gemeinde Pinzon gehört (A. d. Ü.).

19 Italienische Bezeichnung für Entiklar (Kurtatsch) (A. d. Ü.).

20 Die Autorin nennt hier nur die »Provincia di Bolzano«, nicht jedoch das deutsche Pendant, die »Alpenzeitung«, der nachfolgendes Zitat entnommen ist. Vgl. dza.tessmann.it. Anm. d. Übers.:

21 Die nachfolgenden Zitate stammen jeweils aus der Alpenzeitung vom 26.10.39 (unter: dza.tessmann.it)

22 Anm. d. Übers.: Für die deutsche Ausgabe zitiert nach einem »Dableiberflugblatt«: Zitiert aus einem »Dableiberflugblatt«, das dem Wortlaut des hier zitierten italienischen Textes ziemlich exakt entspricht. Vergl. den Link: http://www.erinnern.at/bundeslaender/tirol/unterrichtsmaterial/tirol-in-der-ersten-republik-im-nationalsozialismus-und-in-der-nachkriegszeit/4_-franz-g-melichar-die-option-der-sa1-4dtiroler

23 Anm. d. Übers.: Ausnahmsweise ließ sich kein entsprechender Artikel in der »Alpenzeitung« finden, daher habe ich hier aus dem italienischen Original übersetzt.

24 Zitiert nach dem amtlichen Optionsformular. Vergl. z. B. das digitalisierte Formular unter: http://www.erinnern.at/bundeslaender/

tirol/unterrichtsmaterial/tirol-in-der-ersten-republik-im-natio-
nalsozialismus-und-in-der-nachkriegszeit/4_-franz-g-melichar-
die-option-der-sa1-4dtiroler

Das Porträt zeigt Rosa Tiefenthaler. Es hängt auch heute noch in der Eingangshalle des Hauses in Pinzon.

Oben: Blick auf das kleine Dorf Pinzon, gesehen von der Straße, die nach Neumarkt führt.

LINKE SEITE:

Oben links: Rosa als junge Frau vor ihrem Haus in Pinzon, auf dem Weg, der zur Kirche führt.

Oben rechts: Rosas Vater Johann Tiefenthaler, dem in der Region viel Grund gehörte. Er war Weinproduzent und Weinhändler.

Unten: Die Familie Rizzolli-Tiefenthaler. Rosa und Jakob mit (von links): Elsa, Gusti, Josef, Berta und Mariedl. Die Jüngste, Hella, ist noch nicht geboren.

Rechts: Hella Rizzolli in traditionellem Dirndl vor der kleinen Kirche in Pinzon.

Rechts: Elsa Rizzolli mit ihren Kindern Herlinde und Hubert.

Links: Elsas Ehemann Franz Deutsch (rechts) mit einem Kameraden während des Ersten Weltkrieges.

LINKE SEITE:

Oben: Hella mit einigen Mädchen, denen sie in den dreißiger Jahren heimlich Deutschunterricht erteilte.

Unten: Gusti Rizzolli mit Gitarre vor einem der Weingärten der Familie. Sie war die musikalischste von Rosas Töchtern.

Rechts: Berta Rizzolli und ihr Mann Oskar Hammerle an ihrem Hochzeitstag.

Oben: Rosa mit ihrem Schwiegersohn Oskar auf dem Stephansplatz in Wien.

Linke Seite:
Oben: Josef Rizzolli und seine Frau Maria Gamper an ihrem Hochzeitstag.

Unten: Jakob Rizzolli gemeinsam mit Tochter Berta und Enkeltöchterchen Sigrid auf den Straßen von Wien.

Rechts: Die beiden Tiefenthaler-Schwestern Luise (links) und Rosa (rechts).

Links: Rosa und Jakob in den dreißiger Jahren, noch immer in tiefer Liebe verbunden.

Unten: Das Haus in Pinzon heute. Deutlich erkennbar die Fresken von Johann Tiefenthaler auf dem angrenzenden Gebäude.